Mitteilungen der Gruppe Deutscher Kolonialwirtschaftlicher Unternehmungen

ERSTER BAND

Inhalt

WALTER DE GRUYTER & CO · BERLIN W 35

1939

Druck von Walter de Gruyter & Co., Berlin W 35

Untersuchungen zur praktischen Förderung des deutschen Plantagenbaus sind im Jahre 1938 von der Gruppe Deutscher Kolonialwirtschaftlicher Unternehmungen eingeleitet worden. Aus diesen Arbeitsprogrammen veröffentlichen wir nachstehend Gutachten und Berichte. Die Arbeiten werden fortgesetzt.

Der Leiter der Gruppe

Deutscher Kolonialwirtschaftlicher Unternehmungen

Dr. Weigelt

INHALTSVERZEICHNIS

ZUR FRAGE DER BANANEN-VERWERTUNG

Gutachten, erstattet im Auftrage der Gruppe
Deutscher Kolonialwirtschaftlicher Unternehmungen

Von **H. Fink** und **W. Kleber**

Institut für Gärungsgewerbe und Stärkefabrikation der Universität Berlin

Die Frage der Verwertung von Bananen, insbesondere derjenigen, die als Erzeugnis deutscher Farmer in Kamerun anfallen, ist heute um so mehr von Bedeutung geworden, als es uns einerseits im Kampf um die Nahrungsfreiheit des Deutschen Volkes an hochwertigen Nahrungsmitteln — und ein solches stellt die Kamerun-Banane ohne Zweifel dar — fehlt, andererseits bei jeder Ernte drüben große Mengen dieser wertvollen Frucht aus verschiedenen Gründen nicht verschifft werden können.

Ehe wir unsere eigenen Versuche zur Erhaltung und Verwertung der Bananen begannen, haben wir die schon sehr umfangreiche Literatur gesichtet und im folgenden die wesentlichsten Daten zusammengestellt.

Nach König (1) besteht die Banane zu etwa 40% aus Schale und 60% aus Fruchtfleisch. Die Schale enthält etwa 14,7% Trockensubstanz mit 1,6% Invertzucker. Das lufttrockene Fruchtfleisch der reifen Banane, d. h. so wie es unmittelbar nach dem Schälen der Frucht anfällt, hat folgende durchschnittliche Zusammensetzung:

Wassergehalt	74,95%
Stickstoffhaltige Substanz	1,40%
Fett	0,43%
Zucker	16,20%
Stickstofffreie Extraktivstoffe	5,37%
Rohfaser	0,60%
Asche	1,05%

Der in der reifen Banane vorhandene Zucker besteht aus Rohrzucker und Invertzucker, auf ersteren entfallen 9,5%, d. h. mehr als die Hälfte des vorhandenen Zuckers ist Rohrzucker. Nach demselben Autor haben geschälte und dann gedörrte Bananen folgende Zusammensetzung:

		berechnet auf Trockensubstanz.
Wasser	29,17%	
Zucker	54,54%	77,00%
Stickstoffhaltige Substanz	5,25%	7,41%
Asche	5,33%	7,52%
Fett	2,25%	3,18%
Rohfaser	2,07%	2,92%

Vor der Reife gepflückte Früchte wurden getrocknet und gepulvert. Das erhaltene Bananenmehl wurde untersucht und ergab nach König (loc. cit.) folgende Werte:

Wasser	12,04%
Stickstoffhaltige Substanz	3,94%
Fett	1,03%
Stickstoffreie Extraktstoffe	77,90%
Asche	3,50%
Rohfaser	1,59%

Die stickstoffreien Extraktivstoffe bestanden neben anderen Stoffen aus:

1,52%	Rohrzucker
3,30%	Invertzucker
66,10%	Stärke.

Im unreifen Zustand enthält die Banane ihre Kohlehydrate in der Hauptsache in Form von Stärke. Die Umwandlung der Stärke in Zucker erfolgt während des Reifestadiums durch die Tätigkeit von stärkeabbauenden Fermenten, den Amylasen, die man auch Diastasen nennt. Nach S. Ranganathan jr. (2) zeigten Extrakte von Bananen verschiedener Reifestadien keine diastatische Wirkung. Diese Erscheinung soll auf der amylasehemmenden Wirkung des Gerbstoffs beruhen, der in reichlicher Menge in der Frucht wie auch in der Schale vorhanden ist. Nach einer neueren Arbeit von Enzio Emiliani (3) läßt sich die Wirkung der Amylase in gerbstoffhaltigen Pflanzenteilen in der Weise bestimmen, daß man die Einwirkung des Gerbstoffs auf das Ferment verhindert. Das geschieht am einfachsten, indem man das zu prüfende Material mit einer Gelatinelösung verreibt. Der Gerbstoff soll nach Griebel (4) in unreifen Bananen in löslicher, in reifenden in unlöslicher Form vorkommen. Beim Trocknen unreifer Bananen gerinnt dieses Sekret unter Braunfärbung, woraus sich die Geschmacklosigkeit des daraus erhaltenen Bananenmehles erklärt. F. Scurti und G. L. Pavarino (5) fanden, daß in normal reifenden Bananen mit dem Reifungsvorgang ein Rückgang des Gerbstoffgehaltes parallel geht. Bei Temperaturen um 0° hört die Gerbstoffzersetzung auf und löslicher Gerbstoff diffundiert in das Schalengewebe. Durch Einwirkung von Luftsauerstoff entstehen braune Oxydationsflecken, gleichzeitig bleibt die Frucht hart mit scharfem zusammenziehenden Geschmack und frei von Aroma.

Bezüglich des Vitamingehaltes der Banane sollen nach Eddy und Kelvagg (6) die Vitamine A und C in reichlicher Menge vorhanden sein. Ein Fall von Kinderskorbut wurde mit Bananen und Milch vollständig geheilt. Der Gehalt der Banane an Vitamin B entspricht ungefähr dem des Tomatensaftes (?), ihr fehlt aber das Vitamin D. Das Vitamin E soll in geringen Mengen enthalten sein.

Dahingegen fand F. V. v. Hahn (7) bei eigenen Versuchen, daß weder die frische noch die getrocknete Banane Beri-Beri zu verhindern vermag. Aus seinen Versuchen mit Meerschweinchen ergab sich, daß Vitamin C enthalten ist. In Trockenbananen soll der Gehalt an Vitamin C sehr gering sein. Trockenbananen wie auch frische Bananen sollen aber reichliche Mengen an D-Vitamin aufweisen. Die Banane wird daher aus diesen und anderen Gründen als ausgezeichnetes Nahrungsmittel erklärt. Das Schweizer Patent (8) Nr. 125592 stellt die Behandlung von Bananen in Form von Mehl und in dünner Schicht mit ultravioletten Strahlen unter Schutz. Es wird hierdurch ein Produkt erhalten, das in seinen Eigenschaften dem Lebertran ähnlich und reich an Vitaminen sein soll.

Über die Anwendung von Bananenzucker als Kohlehydrat bei Milchgemischen für gesunde Kinder spricht sich N. O. Pearce (9) sehr günstig aus. Es verursachte keine Ernährungsstörungen. Bei Störungen der Verdauung trat eine günstige Wirkung ein. Außerdem wurde ein hoher Hämoglobingehalt aufrecht erhalten. Margaret Cammack Smith und Louise Otis (10) untersuchten die Verwertbarkeit des Eisens der Banane (Fe-Gehalt = 0,0024%) zur Hämoglobinbildung und fanden, daß diese nach der chemischen Methode 90—100% beträgt. Zur vollständigen Verwertbarkeit sind geringe Zusätze von Kupfer erforderlich.

Die wichtigste der nicht flüchtigen organischen Säuren der Banane ist nach Ph. L. Harris und George L. Poland (11) die l-Äpfelsäure, die sich als freie Säure in der Frucht vorfindet. Der Gehalt an l-Äpfelsäure steigt während der Reifung zu einem Maximum an. Er schwankt zwischen 0,053—0,373% bei eßreifen Bananen. Die Titrationsazidität beträgt 2,8—5,4 ccm Normalnatronlauge für 100 g, für die reife Frucht etwa 4,8 ccm.

Über die Konservierung von Bananen durch Trocknung ist schon mehrfach gearbeitet worden, zum Teil sind auf diesem Gebiete schon Patente von verschiedenen Staaten erteilt. Der Schutz des Französischen Patentes Nr. 631779 vom 2. 7. 1926, Patentinhaber Cartel Colonial, S. A., Cote d'Ivoire (12) erstreckt sich auf die Trocknung von Brei aus entschälten Bananen bei sehr hohem Vakuum bei Temperaturen von 20—40° C, und zwar so lange, bis er den größten Teil seines natürlichen Wassergehaltes verloren hat. Dieselbe Firma (13) erwarb am 9. 7. 1926 ein weiteres französisches Patent, Nr. 632227, das die Herstellung von Mehl aus natürlichen gezuckerten Bananen bei Entwässerung im Hochvakuum unter Anwendung sehr dünner Schichten schützt.

Die Industrial Waste Products Corporation, Dover, Delaware (14) verfährt zur Gewinnung von trockener Stärke aus Bananen in der Weise, daß die Bananen mit Hilfe von Wasser zunächst in einen gleichmäßigen

1*

Brei übergeführt werden. Die erhaltene Masse wird dann von den Fasern befreit und in heißer Luft zerstäubt.

Die Food Concentrates Inc. N. Y. (15) ließ sich durch das amerikanische Patent 1958702 vom 29. 8. 1930 ein Verfahren schützen, das zur Trocknung von fruchtzuckerhaltigen pflanzlichen Stoffen, z. B. von Bananenbrei dient. Dabei wird das Ausgangsmaterial unter Durchleiten eines heißen Trockengases in einer Trockenkammer fein versprüht.

Die Gewinnung von Spiritus und Hefe aus Bananenmehl wurde schon 1912 von C. Nagel (16) studiert. Das Mehl zu den Versuchen wurde aus Gemüsebananen oder aus unreifen Obstbananen hergestellt, indem die Früchte geschält, in Scheiben geschnitten, an der Sonne oder bei künstlicher Wärme getrocknet und zu Mehl gemahlen wurden. Es wurde nun versucht, einmal die in den Bananen enthaltenen Enzyme zur Verzuckerung bei der Herstellung von Bananenmaischen zu verwenden und andererseits auch die Bananenstärke mit Malzauszug zu verzuckern. Nach der Vergärung der Maische wurde der erzeugte Alkohol bestimmt.

Dabei wurde zunächst Bananenmehl mit Wasser bei 48° R mehrere Stunden gemaischt. Die Alkoholausbeute betrug aber nur 3 Liter je 100 kg Mehl. Nagel schließt daraus, daß Bananendiastase auf unverkleisterte Stärke nur sehr langsam und sehr schwach einwirkt.

In einem zweiten Versuch wurde das Mehl etwa 3 Stunden mit Wasser ausgezogen, der Auszug gewonnen und der Rückstand, der die Bananenstärke enthielt, mit Wasser gekocht und dann die Verzuckerung mittels des wieder hinzugesetzten Bananendiastase-Auszugs eine Stunde bei 60—64° C ausgeführt. Die Maische verzuckerte aber nicht vollständig. Der aus dieser Maische gewonnene Alkohol entsprach einer Menge von 22,8 Litern reinen Alkohols je 100 kg Mehl. Das Bananenmehl besaß ein zu geringes diastatisches Vermögen, um die Stärke vollständig zu verzuckern.

Bei einem dritten, vierten und fünften Versuch wurde zur Verzuckerung ein Malzauszug verwandt. Dabei wurde das Mehl einmal vor der Verzuckerung gekocht, das zweite Mal wurde nach Zusatz von etwas Malzauszug gekocht und das dritte Mal wurde die Stärke durch zweistündiges Kochen bei zuletzt 3 Atmosphären unter Druck aufgeschlossen. Die Alkoholausbeuten betrugen je 100 kg Bananenmehl im ersten Fall 42 Liter, im zweiten Falle 45,2 Liter und im dritten Fall 47,8 Liter reinen Alkohols. Aus einer aus Bananenmehl mit Zusatz von 30% Darrmalzschrot hergestellten Lufthefewürze wurden 20% Hefe vom Einmaischmaterial gewonnen.

Bei einer weiteren Arbeit desselben Autors wurden in Stücken getrocknete Bananen aus Kamerun zur Herstellung von Spiritus untersucht. Diese Trockenbananen hatten folgende Zusammensetzung:

Wasser	12,45%
Stickstoff	0,4785%
Rohprotein	2,99%
Stärkewert	74,25%

Das Aufschließen der Stärke geschah einmal durch Kochen des Trockenbananenmehles mit Wasser unter Zusatz von etwas Diastaseauszug zur Verflüssigung des Stärkekleisters und das andere Mal durch Kochen des Mehles unter einem Druck von 3 Atü während 1½ Stunden. Im ersten Fall wurde eine Alkoholausbeute von 42,4, im zweiten Versuch von 42 Litern reinen Alkohols je 100 kg der getrockneten Bananen erzielt.

Nach E. L. Lapersonne (17) können aus 1 t Bananen 116 Liter reinen Alkohols gewonnen werden. Die Maische wird dabei mit etwas Kakaopülpe angestellt. Es lassen sich auch grüne Bananen direkt verarbeiten. Das Löslichmachen der Stärke erfolgt dabei unter Druck in schwach salzsaurer Lösung. Die Fermentation erfolgt in eisernen Kesseln bei 40° C unter der Einwirkung gewisser Schimmel- und Hefearten, die in Symbiose arbeiten (Dauer 12—24 Stunden).

Eigene Versuche

Die aufgeführten Arbeiten lassen zum Teil genauere Angaben über die Versuchsanstellung und Auswertung vermissen. Es erschien notwendig und war in Ausführung des Auftrages der Gruppe Deutscher Kolonialwirtschaftlicher Unternehmungen erwünscht, die Angaben der anderen Autoren zu überprüfen und damit unsere Kenntnis über die Banane und ihre Rolle als Rohstoff zu erweitern.

Unsere Versuche richteten sich zunächst darauf, ein haltbares Dauerprodukt herzustellen.

Zu diesem Zweck wurden reife Bananen geschält, in einem großen Porzellanmörser ohne Wasserzusatz zu einem homogenen Brei verrieben und schließlich auf einer mit Gasflammen beheizten Bronzewalze getrocknet. Die erhaltene Trockenmasse, die wir mit „Produkt I" bezeichnet haben, stellt einen wohlschmeckenden, zu Stangen aufgerollten Film dar, der sein Bananenaroma nicht verloren hat und zudem einen angenehmen bitteren Caramelgeschmack aufweist, wodurch der Genuß noch erhöht wird.

Produkt II wurde durch Mahlen von Produkt I erhalten. Der erhaltene „Bananenzucker", der zum Teil auch Nichtzuckerstoffe enthält, in der Hauptsache aber aus Rohrzucker und Invertzucker besteht, stellt ein hochwertiges Nährmittel, insbesondere zum Süßen von Kindernahrung dar. Der Wert dieses Produktes kann noch dadurch erhöht werden, daß man die Trocknung des Bananenbreies im Vakuum bei Temperaturen von 40—50° C vornimmt, wodurch dann die vorhandenen Vitamine nicht oder nur wenig geschädigt werden. Außerdem läßt sich nach dieser Arbeitsweise auch ein sehr helles Produkt erzielen. Letzteres war uns noch nicht möglich, weil uns eine Vakuumtrockenwalze fehlt.

Produkt III wurde in ähnlicher Weise hergestellt wie Produkt II. Nur wurde der Bananenbrei durch Kneten der geschälten reifen Bananen in einer Teigknetmaschine erhalten. Die Trocknung des Breies erfolgte dann außerdem nicht auf einer Bronze-, sondern auf einer Stahlwalze mit Dampfheizung. Produkt III ist erheblich dunkler als Produkt II. Das erklärt sich einmal durch die höhere Temperatur der Stahlwalze gegenüber der Bronzewalze, dann aber auch durch die Bildung dunkelgefärbter Reaktionsprodukte des Gerbstoffs, der im Bananenbrei enthalten ist, mit dem Eisen der Trockenwalze. Nach Geschmack und Aussehen würde sich dieses Produkt nach unserer Ansicht als Streckmittel für Kakao eignen.

Der Trockenfilm von Produkt II und III konnte unmittelbar nach dem Verlassen der Trockenwalze noch nicht gemahlen werden, weil er noch zu feucht war. Er mußte noch über 24 Stunden in einem warmen, trockenen Raum nachgetrocknet werden.

Falls diese Art der Trocknung in Kamerun durchgeführt werden sollte, so könnte man die Nachtrocknung sehr einfach an der Luft vornehmen. Nur müssen dazu vorher die Temperatur- und Feuchtigkeitsschwankungen zwischen Tag und Nacht untersucht werden.

Man wäre jedenfalls schon jetzt in der Lage, nach Errichtung einer geeigneten Trocknungsanlage, jede Menge an Bananenüberschuß zu trocknen und damit in eine haltbare Dauerware überzuführen, die zu den verschiedensten Zwecken Anwendung finden kann. Wesentlich ist, daß in Kamerun und nicht hier getrocknet wird, weil dadurch eine sehr erhebliche Ersparnis zu erzielen ist, die etwa 82% der jetzigen Fracht für frische Bananen beträgt. Davon entfallen 40% auf den Schalenanteil und 42% auf den Wassergehalt des Fruchtfleisches.

Aus unreifen grünen Bananen haben wir Produkt IV erhalten. Dazu wurden die Bananen geschält, das Fruchtfleisch in dünne Scheiben geschnitten und bei 105° C im Trockenschrank getrocknet. Die getrockneten Scheiben wurden dann gemahlen. Das auf diese Weise hergestellte Bananenmehl besteht in der Hauptsache aus Stärke.

II.

Nachdem die Möglichkeiten der Trocknung von Bananen untersucht waren, haben wir uns mit der Gewinnung von löslichen Extraktstoffen, deren Vergärung und weiterhin mit der Gewinnung von Alkohol aus Bananen befaßt.

Zur Gewinnung von Extraktstoffen wurden geschälte reife Bananen des Handels durch eine Fleischmühle zu einem gleichmäßigen Brei zermahlen und dieser Brei nach dem in Brauereilaboratorien üblichen Kongreßmaischverfahren gemaischt, das der Vollständigkeit halber und wegen gewisser kleiner Abweichungen hier aufgeführt sei.

100 g Bananenbrei von etwa 25% Trockensubstanz werden in einen Maischbecher eingewogen, mit 200 ccm 45° C warmen Wassers eingeteigt und dann im Maischbad 30 Minuten bei dieser Temperatur gehalten. Dann wird in 25 Minuten auf 70° C aufgeheizt, 100 ccm 70° C heißen Wassers zugesetzt und noch eine Stunde bei dieser Temperatur gehalten. Die Becher werden dann rasch abgekühlt, mit destilliertem Wasser auf 450 g aufgewogen und durch ein Faltenfilter (Schleicher & Schüll Nr. 560) filtriert. Aus Bananen dreier verschiedener Lieferungen erhielten wir folgende Werte:

Tabelle 1

Wassergehalt	Extrakt der Kongreßwürze	Extraktausbeute, bez. auf 100 g Bananen Tr.S.	pH	Farbe der Würze
76,92%	4,56%	88,38%	4,52	farblos bis hellgelb
73,93%	5,43%	93,37%	4,90	"
78,85%	4,49%	95,32%	4,63	"

Die erzielten Extraktausbeuten von 88—95% sind als recht günstig zu bezeichnen. Im Vergleich dazu liegen die Extraktausbeuten bei Malzmaischen bei etwa 75—80%. Bei Malzmaischen wird beim Erreichen von 70° C mittels Jodlösung auf vollständige Verzuckerung geprüft und diese Zeit vom Erreichen von 70° C bis zur Verzuckerung als Verzuckerungszeit angegeben. Es wurde nun auch bei der Bananenmaische bei 70° C auf noch vorhandene Stärke geprüft. Es stellte sich dabei heraus, daß bei der ersten Prüfung, d. h. also schon beim Erreichen von 70° C, die gesamte Maische verzuckert war.

Wir prüften daraufhin die Verzuckerung unmittelbar nach dem Einmaischen bei 45° C und stellten ebenfalls vollständige Jodnormalität fest. Schließlich haben wir auch eben zermahlenen Bananenbrei mit etwas destilliertem Wasser aufgeschlämmt filtriert und im Filtrat auf Stärkereaktion geprüft. Auch hier fiel das Ergebnis negativ aus. Wir können also mit ziemlicher Bestimmtheit sagen, daß in der reifen Banane die Kohlehydrate bereits restlos in Form von Zucker vorliegen, jedenfalls bei den Bananen, die uns hier zur Verfügung standen. Beim Löslichmachen der Extraktstoffe, beim Maischen von reifen bis überreifen Bananen handelt es sich also mehr um einen physikalischen als um einen enzymatischen Vorgang der Lösung. Eine Aktivierung der amylolytischen Enzyme, sei es durch Verschiebung des pH oder durch Veränderung der Maischkonzentration, erübrigt sich deshalb, wir haben daher lediglich den Einfluß der Maischdauer auf die Höhe der Extraktausbeute näher studiert. Zu diesem Zwecke haben wir Maischversuche angestellt, bei denen die Temperatur von 70° C 1, 2, 3 und 4 Stunden gehalten wurde, und haben dabei die in der folgenden Tabelle zusammengestellten Ergebnisse erhalten.

Tabelle 2

Maischdauer bei 70° C	Wassergehalt des Bananenbreies	Extrakt der Kongreßwürze	Extraktausbeute bezogen auf 100 g Tr.S.
1 Stunde	78,85%	4,49%	95,32%
2 Stunden	78,85%	4,47%	94,88%
3 Stunden	78,85%	4,48%	95,10%
4 Stunden	78,85%	4,52%	95,99%

Die Ergebnisse der Tabelle 2 zeigen, daß durch Verlängerung der Maischdauer keine wesentliche Extraktzunahme zu erzielen ist. Die nach einer Stunde erreichte Extraktausbeute liegt nur um 0,7% hinter der nach 4 Stunden erzielten Ausbeute zurück.

Es sei an dieser Stelle schon gesagt, daß bei allen Maischversuchen die Würzen nur sehr langsam filtrierten, so daß wir uns gezwungen sahen, die mit Maische beschickten Filter mit den Filterstutzen über Nacht im Eisschrank zwecks restlosen Ablaufs aufzubewahren. Die Untersuchungen konnten dann immer erst am nächsten Morgen fortgeführt werden. Mit derartigen Filtrationsschwierigkeiten ist natürlich auch bei technischen Arbeiten zu rechnen.

Schließlich haben wir noch versucht, das Aufwärtsmaischen zu umgehen und den Bananenbrei sofort mit 70° C heißem Wasser einzumaischen; dabei haben wir folgende Resultate gefunden:

Tabelle 3

Eingemaischt bei ° C	Wassergehalt des Bananenbreies	Extraktgehalt der Würze	Extraktausbeute, bez. auf 100 g Tr.S.	Maischdauer
45°	73,93%	5,44%	93,28%	1 Std. 55 Min
70°	73,93%	5,27%	90,46%	1 Stunde

Die durch Maischen bei 70° erzielte Extraktausbeute liegt trotz 55 Minuten kürzerer Maischdauer nur um etwa 3% niedriger als beim Kongreßmaischverfahren. Das bedeutet für die spätere Maischarbeit in der Praxis, daß man zwecks Zeit- und Wärmeersparnis ruhig bei 70° C maischen kann, wenn man dafür einen kleinen Extraktverlust in Kauf nehmen will.

Die gefundenen Extraktausbeuten wurden alle pyknometrisch ermittelt. Diese zwar quantitative Art der Extraktbestimmung gibt aber über die Art der Extraktstoffe keinen näheren Aufschluß. Wir wissen aus den Verzuckerungsproben unserer Maischversuche, daß es sich bei diesen Extraktstoffen um Abbauprodukte der Stärke handelt, die mit Jod keine Reaktion mehr geben, also um Stoffe, die mindestens bis zur Stufe des Achroodextrins abgebaut sind. Um über die Menge der reduzierenden Zucker, die doch den größten Anteil in den pyknometrisch ermittelten Extraktstoffen bilden, Aufschluß zu bekommen, haben wir daher Zuckerbestimmungen ausgeführt nach Kjeldahl-Bertrand.

Unter reduzierenden Zuckern ist diejenige Menge an Zucker zu verstehen, die dasselbe Reduktionsvermögen besitzt wie die in der Würze enthaltenen reduzierenden Stoffe.

Die Bestimmung des reduzierenden Zuckers erfolgt nach der Methode von Kjeldahl-Bertrand durch maßanalytische Bestimmung des bei der Reduktion von Fehlingscher Lösung abgeschiedenen Cuprooxydes.

Zu unseren Zuckerbestimmungen nahmen wir Extraktlösungen, die wir durch Maischen von Bananenbrei nach dem Kongreßmaischverfahren gewonnen hatten. Von dieser Würze wurden in einem 100-ccm-Meßkolben 10 ccm mit destilliertem Wasser auf 100 ccm verdünnt und davon 10 ccm zur Bestimmung angewandt. Auf diese Weise erhielten wir die Menge des in der Bananenwürze enthaltenen reduzierenden Zuckers. Den restlichen Gehalt an Rohrzucker, der Fehlingsche Lösung direkt nicht reduziert, bestimmten wir ebenfalls nach Kjeldahl-Bertrand, indem wir den Rohrzucker durch Behandlung mit Säure in Invertzucker überführten. Zu diesem Zwecke werden 75 ccm Würze in einem 100-ccm-Meßkolben mit 5 ccm 37%iger Salzsäure (spez. Gew. 1,19) versetzt, in etwa 3 Minuten auf 70° C erhitzt und 5 Minuten bei dieser Temperatur gehalten. Dann wird rasch abgekühlt. Durch Zusatz von 3 ccm 50%iger Natronlauge wird vorsichtig neutralisiert und der Meßkolben dann mit destilliertem Wasser auf genau 100 ccm aufgefüllt. Von dieser Lösung wurden 10 ccm in einem 100-ccm-Meßkolben mit destilliertem Wasser auf 100 ccm verdünnt und von der verdünnten Lösung 10 ccm zur Bestimmung angewandt. Damit erhielten wir den Gehalt der Lösung an Gesamtzucker. Die Differenz Gesamtzucker minus Invertzucker ergibt den Gehalt an Rohrzucker; bei den durchgeführten Zuckerbestimmungen erhielten wir folgende Werte:

Tabelle 4

Wassergehalt d. Bananenbreies	Gesamtzucker i. d. Würze % Plato	Invertzucker i. d. Würze % Plato	Rohrzucker i. d. Würze % Plato	Zuckerausbeute bez. a. 100 g Bananen Tr.S.	Extraktausbeute, durch Pyknom. ermittelt
77,59%	4,64	3,76	0,88	92,84	93,47
77,28%	4,45	3,95	0,50	87,59	—,—

Wie aus vorstehender Tabelle ersichtlich, besteht der gewonnene Extrakt fast ausschließlich aus „reduzierendem Zucker". Zu diesem gehören aber zum Teil auch die Achroodextrine, die ohne weiteres nicht vergärbar sind. Daß ein gewisser Anteil an Achroodextrinen in der Würze auch noch vorhanden sein muß, beweist unser Gärversuch mit untergäriger Brauereihefe, den wir in Tabelle 6 angeführt haben. Danach ist die gewonnene aufgekochte Bananenwürze zu 70,7% mit Brauereihefe vergärbar. Unter den in der Brauerei waltenden Bedingungen können die sog. Grenzdextrine von Hefe nicht weiter angegriffen werden, da durch das Kochen der Würze die Diastase zerstört wird.

Bezüglich der Bestimmung des Wassergehaltes des Bananenbreies haben wir festgestellt, daß eine Trocknungsdauer von 5 Stunden bei 105° C notwendig ist, um zur Gewichtskonstanz zu kommen, wie folgende Zahlen zeigen:

Tabelle 5

Trocknungsdauer	Gefundener Wassergehalt
4 Stunden	75,40%
5 Stunden	75,50%
6 Stunden	75,50%

Nachdem die Gewinnung von Extraktstoffen aus Bananen recht günstig verlaufen war, wurde nunmehr versucht, diese mit Brauereikulturhefe zu vergären. Zu diesem Zweck wurde Bananenbrei nach dem angegebenen Kongreßmaischverfahren gemaischt. Von der gewonnenen Würze wurden 200 ccm in einen 500 ccm fassenden Stehkolben eingemessen und am Rückflußkühler, der oben mit einem Wattebausch verschlossen war, 15 Minuten zur Sterilisation gekocht. Der Kolben blieb über Nacht am Rückflußkühler hängen, damit die Würze beim Abkühlen den das Hefeleben fördernden Sauerstoff aufnehmen konnte. Am nächsten Morgen wurde der Kolben unter sterilen Bedingungen abgenommen und mit 3 Platinösen Hefe der Rasse 1103 beimpft. Der Kolbeninhalt wurde dann unter täglichem Aufschütteln der am Boden sitzenden Hefe 10 Tage der Gärung überlassen. Danach wurde die abgegorene Würze durch ein Faltenfilter filtriert und das Filtrat auf seinen Vergärungsgrad untersucht. Dabei erhielten wir folgende Werte:

Tabelle 6

Konzentration der Würze vor d. Vergärung	Vergorene Würze				
	Scheinbarer Extrakt	Wirklicher Extrakt	Alkohol	Scheinbare Endvergärung	Wirkliche Endverg.
5,18%	0,67%	1,52%	1,83%	87,1%	70,7%

Wenn der scheinbare Endvergärungsgrad der Bananenwürze auch um etwa 7% höher liegt als durchschnittlich bei Malzwürzen, so könnte sich die Bananenwürze doch zur Mitverwendung an Stelle von Malzwürze zur Bierbereitung unter besonderen Verhältnissen eignen, falls ein Versuch mit einigen Zentnern ein günstiges Ergebnis besonders bezüglich des Geschmacks und anderer Eigenschaften, wie z. B. der Bekömmlichkeit, bringen wird. Hierüber kann natürlich auf Grund von kleinen Laboratoriumsversuchen nichts gesagt werden.

Wie bereits in Tabelle 1 angeführt, hat die Bananenwürze ein pH von etwa 4,5—4,9, Malzwürzen haben ein solches von etwa 5,6—5,8. Nach den heutigen Ansichten ist dieses pH der Malzwürze vom Standpunkt des Brauerei-Biologen aus gesehen ungünstig, da eine Würze mit einem derartigen pH für Infektionen sehr anfällig ist. Es wird in der Brauerei daher darauf hingearbeitet, entweder durch das Brauverfahren oder mit Hilfe der biologischen Säuerung ein pH von etwa 5,2 einzustellen. Es könnte daher nur von Vorteil sein, einen Rohstoff mitzuverarbeiten, der von sich aus schon eine Würze mit niedrigerem pH, dazu hohem Vergärungsgrad und relativ niedrigem Stickstoffgehalt liefert, wie das bei der Bananenwürze der Fall ist.

Es fragt sich nun, ob die Bananenwürze auch genügend Pufferstoffe enthält. Diese Frage haben wir nun näher untersucht und die Titrationsazidität und -alkalität elektrometrisch bestimmt. Zu diesem Zweck wurde Bananenbrei nach dem Kongreßmaischverfahren gemaischt und in je 20 ccm Filtrat das pH durch Zusatz von n/10 Natronlauge bzw. n/10 Salzsäure auf 7,07 bzw. 4,27 verschoben. Die gefundenen Werte sind in der folgenden Tabelle zusammengestellt.

Die festgestellte Pufferung im pH-Bereich von 4,27—7,07 ist als sehr gut zu bezeichnen im Vergleich zu Malzwürzen, die für die gleiche pH-

Tabelle 7

Wassergehalt des Bananenbreies	Extrakt der Bananenwürze % Plato	pH	Titrationsazidität je 100 ccm Würze, ccm n/10 NaOH pH 4,90—7,07	Titrationsalkalität je 100 ccm Würze, ccm n/10 HCl pH 4,90—4,27	Pufferung pH 4,27—7,07
73,93%	5,43	4,90	12,10	7,20	19,30

Spanne mit etwas weniger, und zwar etwa 14—16 ccm n/10-Säure bzw. n/10-Lauge verbrauchen. Demnach würde sich auch in diesem Punkte die Bananenwürze durchaus der Malzwürze anpassen. Die Art der Pufferstoffe haben wir nicht näher untersucht, da diese Frage im Zusammenhang mit dieser Arbeit zunächst nicht interessiert und zum anderen dazu langwierige Untersuchungen notwendig wären.

Von den in der Banane enthaltenen Enzymen interessierte uns zunächst der Gehalt an Diastase. Bekanntlich läßt die Diastase in der Banane sich nicht direkt bestimmen. Als Bestimmungsmethode wandten wir die Methode von Windisch-Kolbach an. Bei der Ausführung der Bestimmungen stießen wir aber auf sehr erhebliche Schwierigkeiten insofern, als der Gerbstoffgehalt der Bananen störend wirkt. Wir sind im Augenblick noch damit beschäftigt, die Bestimmungsmethoden in der Weise zu modifizieren, daß wir durch Zugabe von steigenden Mengen an Gelatinelösung den Einfluß des Gerbstoffes auszuschalten versuchen. Über die Ergebnisse unserer Untersuchungen in dieser Richtung werden wir weiter unten zusammen mit unseren weiteren Studien über den Enzymgehalt der Banane berichten.

Das Bisherige zusammenfassend ist zu sagen, daß die Gewinnung von löslichen Extraktstoffen aus der Banane durchaus gelingt und daß diese Stoffe auf Grund der hohen Vergärbarkeit mit Brauereihefe, des günstigen pH und der sehr guten Pufferung und des relativ niedrigen Eiweißgehaltes sich zur Mitverwendung bei der Bierbereitung unter gegebenen Umständen eignen. Das gilt zunächst zwar nur auf Grund unserer Untersuchungen im Laboratorium. Es bleibt abzuwarten, ob ein Versuch in der Praxis mit einigen Zentnern Schüttung das erwartete günstige Ergebnis zeitigt. Der Verwendung von Bananen als Malzsurrogat zur Bierbereitung steht im Inland jedoch noch das Reinheitsgebot entgegen, wonach nur Malz, Hopfen, Hefe und Wasser verwendet werden dürfen. Bei der Bierbereitung in Kamerun würde der Verwendung von Bananen dagegen vielleicht nichts im Wege stehen.

Die Gewinnung von Alkohol aus Bananen

Zur Gewinnung von Alkohol aus Bananen haben wir zunächst wieder je 100 g Bananenbrei nach dem Kongreßmaischverfahren gemaischt und dann die Gesamtmaische ohne zu filtrieren mit obergäriger Brennereihefe der Rasse M zur Vergärung angesetzt. Zur Gärung wurde die Maische in 1-Liter-Stehkolben im Thermostaten bei 30° C aufbewahrt. Die Kolben wurden täglich 3 mal kräftig aufgeschüttelt. Die Hefegabe betrug 1 g je 100 g Bananenbrei. Die Alkoholausbeute wurde nach 3, 5 und 7 Tagen bestimmt. Dabei erhielten wir folgende Ausbeuten:

Tabelle 8

Gärzeit in Tagen	Alkoholausbeute bez. auf 100 g Bananentrockensubstanz
3	15,93 g
5	21,06 g
7	26,82 g

Diese Alkoholausbeuten sind selbst nach 7 Tagen Gärdauer verhältnismäßig niedrig. Da die Konzentration der Brennereimaischen durchschnittlich etwa 16% Balling beträgt, vermuteten wir, daß unsere Maischen, die nur etwa 5% Balling aufwiesen, für die Vorgänge mit Brennereihefe zu verdünnt waren. Wir gingen deshalb daran, Bananenbrei ohne Wasserzusatz nach dem Kongreßmaischverfahren zu maischen und die Maische zu vergären. Der Versuch brachte das erwartete günstige Ergebnis.

Tabelle 9

Gärzeit in Tagen	Wassergehalt des Bananenbreies	Alkoholausbeute aus 100 g Bananenbrei in g	Alkoholausbeute aus 100 g Bananentr.-substanz in g
3	74,85%	8,16	32,45
4	74,85%	9,02	35,87

Nach den in Tabelle 7 angegebenen Zuckerwerten enthalten 100 g Bananenbrei etwa 20,5 g Zucker. Theoretisch müßten daraus 10,25 g Alkohol entstehen. Wir erhielten bei unserem Versuch (Tabelle 9) 9,02 g, das sind 88 % der theoretischen Alkoholausbeute. Dieses Ergebnis ist als günstig zu bezeichnen. Um die Maischarbeit zu sparen, gingen wir noch einen Schritt weiter und setzten Bananenbrei ungemaischt direkt zur Vergärung an. Auch hierbei erhielten wir dasselbe günstige Ergebnis.

Tabelle 10

Gärzeit in Tagen	Wassergehalt des Bananenbreies	Alkoholausbeute aus 100 g Bananenbrei in g	Alkoholausbeute aus 100 g Bananentr.-substanz in g
3	74,85%	8,92	35,47
4	74,85%	8,20	32,60

Demnach lassen sich reife Bananen auch ungemaischt mit gleicher Alkoholausbeute wie gemaischt auf Alkohol vergären. Das bedeutet für die technische Gewinnung von Sprit einen ungeheuren Fortschritt, weil damit die gesamte Maischarbeit in Wegfall kommt. Die Aufschlußapparate, wie Henzedämpfer und Kessel, können dadurch entbehrlich gemacht werden. Es tritt also schon bei der maschinellen Einrichtung einer Bananenbrennerei eine ganz erhebliche Kostenersparnis auf. Hierzu kommt dann ferner noch eine ganz beträchtliche Zeitersparnis im laufenden Betrieb.

Zusammenfassend können wir sagen, daß die Gewinnung von Alkohol aus reifen Bananen günstig ausgefallen ist, zumal ziemlich hohe Ausbeuten an Alkohol bei geringem Zeit- und Kostenaufwand erzielt werden können. Die höher liegenden Ausbeuten von Nagel, dessen Arbeiten eingangs erwähnt worden sind, erklären sich dadurch, daß er das mitverwendete Malz nicht berücksichtigt hat.

Nebenbei haben wir versucht, durch Vergärung von Bananenbrei mit Tokayerweinhefe einen Bananenwein zu gewinnen. Hierzu wurden 3000 g Bananenbrei mit 100 ccm Tokayerhefekultur in einer 5-Liter-Flasche bei 20° C zur Weingewinnung angesetzt. Am nächsten Morgen war aber ein Teil des Substrates durch äußerst starke CO_2-Entwicklung durch den Gärverschluß hindurch übergeschäumt. Nach unserer Schätzung war nur etwa noch die Hälfte in der Flasche zurückgeblieben. Das gesamte Gärgut haben wir dann in eine 7-Liter-Flasche übergegossen und weiter vergoren. Nach 3 Wochen war die Gärung zu Ende. Die vergorene Flüssigkeit wurde durch ein Tuch von den Trestern abgepreßt und in 2 ¾-Liter-Flaschen gefüllt. Diese haben wir im Eisschrank bei 7° C aufbewahrt. Eine vor kurzem angestellte Kostprobe ergab aber, daß der gewonnene Wein im Geschmack nicht unseren Erwartungen entsprach. Sicher lassen sich aber nach dem inzwischen bekannt gewordenen Sherrisierungsverfahren von Schanderl-Geisenheim die gewünschten Geschmacks- und Aromanuancen erzielen.

Schließlich haben wir noch versucht, einen Bananenlikör herzustellen. Hierzu haben wir 500 g Bananenbrei mit 2500 ccm 80%igem Alkohol 5 Tage ausgezogen. Danach wurde durch ein Tuch filtriert und auf diese Weise ein rein gelber, klarer alkoholischer Auszug gewonnen. Dieser wurde mit Kapillarsyrup gesüßt und mit destilliertem Wasser auf Trinkstärke von 38% verdünnt. Die Geschmacksprobe ergab einen gut trinkbaren Likör mit allerdings etwas schwachem Bananenaroma.

III

Wie wir bereits früher mitteilten, stießen wir bei der Bestimmung der diastatischen Kraft im Bananenbrei auf erhebliche Schwierigkeiten. Wir glaubten, wie bereits von Emiliani (loc. cit.) angenommen, daß der hohe Tanningehalt der Banane auf die Amylasewirkung stark hemmend wirkt. Emiliani empfiehlt, das zu prüfende Material mit einer Gelatinelösung zu verreiben, um damit die Wirkung des Tannins aufzuheben. Wir haben nun nach diesem Vorschlag versucht, in dem Brei reifer Bananen eine Amylasewirkung nachzuweisen. Die Bestimmung der diastatischen Kraft erfolgte wieder nach der Methode von Windisch-Kolbach (18). Bei allen unseren Versuchen konnten wir in keinem Fall eine Amylasewirkung nachweisen.

Trotz des negativen Ausfalls dieser Versuche ist die Abwesenheit von stärkeabbauenden Enzymen nicht bewiesen, denn wir wissen, daß die Kohlehydrate der Bananen im unreifen Zustand der Frucht zunächst in Form von Stärke, im ausgereiften oder besser gesagt, im überreifen Stadium dagegen als Zucker vorliegen. Damit ist die Arbeit von stärkeabbauenden Enzymen erwiesen. Wir nahmen zu unseren Untersuchungen reife bzw. überreife Bananen, d. h. also solche, deren Fruchtfleisch, zerquetscht und mit destilliertem Wasser aufgeschlämmt, mit Jod keine Reaktion mehr gab. Die Tätigkeit der Amylase hatte also zu dem Zeitpunkt unserer Untersuchung vermutlich schon ihr Ende erreicht. Wir nehmen nun an, daß die Amylasen der reifen Bananen nach vollständiger Verzuckerung des Fruchtfleisches abgebaut oder zerstört werden, oder aber, daß die Bestimmung der diastatischen Kraft nach der von uns angewandten Methode nicht möglich ist. Letzteres halten wir aber für wenig wahrscheinlich. Es ist vielmehr anzunehmen, daß in der grünen, noch fast ausschließlich stärkehaltigen Banane zunächst Amylasen bis zu einem gewissen Maximum gebildet werden und diese dann die Verzuckerung bewirken, wobei die amylolytische Kraft allmählich bis zum vollständigen Verschwinden nach erfolgter Verzuckerung abnimmt. Die Klärung dieser Frage, die technologisch weniger bedeutend, wissenschaftlich aber sehr interessant ist, kann demnach nur dann vorgenommen werden, wenn uns Untersuchungsmaterial schon vom Tage des Schnittes an bis zur ausgereiften Frucht zur Verfügung steht. Und das ist praktisch nur in Kamerun durchführbar.

Ehe wir uns den Untersuchungen über die proteolytischen Enzyme[1]) der Banane zuwandten, haben wir uns zunächst über den Eiweißgehalt der Banane orientiert. Zu unseren Versuchen nahmen wir wieder Bananenbrei. Wir erhielten aus Bananen verschiedener Lieferungen folgende Werte:

Tabelle 11

Wassergehalt des Bananenbreies	Gesamtstickstoff je 100 g Trockensubstanz	Rohprotein je 100 g Trockensubstanz	Rohprotein je 100 g Trockensubstanz i. Mittel
75,53%	0,742%	4,64%	4,17%
74,30%	0,703 %	4,39%	
76,44%	0,650%	4,06%	
77,45%	0,576%	3,60%	

[1]) Als proteolytische Enzyme bezeichnet man eine Reihe von Fermenten, die imstande sind, Eiweißkörper oder deren höher molekulare Spaltprodukte abzubauen.

Es handelt sich demnach, wie auch schon bekannt, um eine sehr eiweißarme, dafür aber kohlehydratreiche Frucht.

Auch die Bananenschalen haben wir auf ihren Eiweißgehalt untersucht und folgende Zahlen gefunden:

Tabelle 12

Wassergehalt der Schale	Gesamtstickstoff je 100 g Trockensubstanz	Rohprotein je 100 g Trockensubstanz
86,56%	1,055%	6,59%

Zur Feststellung eventuell vorhandener proteolytischer Enzyme in der Banane haben wir als Maß die Bestimmung der Eiweißbausteine, der Aminosäuren, herangezogen. Diese niedrigsten und kleinsten Spaltstücke der Eiweißkörper können mittels der Formoltitration bestimmt werden.

Bei unseren Versuchen gingen wir wieder von Bananenbrei aus reifen Früchten aus. Je 100 g Bananenbrei wurden mit 350 ccm destillierten Wassers eine Stunde lang bei 20, 30, 40, 50, 60 und 70° C in Glasbechern gemaischt. Danach wurden die Becher abgekühlt, auf das ursprüngliche Gewicht aufgewogen und filtriert. Im Filtrat wurden die in der nachstehenden Tabelle aufgeführten Bestimmungen ausgeführt.

Tabelle 13

Maischtemperatur ° C	Maischdauer Min.	Gesamtstickstoff in 100 ccm Filtrat in mg	Extrakt	pH	Formolstickstoff in 100 ccm Filtrat in mg
20	60	15,75	4,71	5,05	6,43
30	60	13,59	4,76	5,05	5,42
40	60	14,29	4,78	5,05	5,67
50	60	14,46	4,82	4,95	5,93
60	60	11,73	4,78	4,90	5,84
70	60	12,75	4,81	4,95	5,67

Mit steigender Maischtemperatur nimmt der Gesamtstickstoffgehalt des Filtrats ab. Wir erklären uns diese Erscheinung in der Weise, daß bereits gelöstes Eiweiß mit dem ebenfalls in Lösung gehenden Gerbstoff mit steigender Temperatur mehr Reaktionsprodukte bildet, die dann wegen ihrer Unlöslichkeit aus dem Filtrat verschwinden.

Bezüglich des gebildeten Formolstickstoffs ist zu sagen, daß im Temperaturbereich von 20—70° C keine merkliche Zunahme zu verzeichnen ist. Auch bei 50° C ist keine wesentliche Steigerung festzustellen. Bei den geringen Schwankungen der Werte unter sich, die jedoch praktisch ziemlich gleich sind, ist anzunehmen, daß ein Eiweißabbau zu niedrig-molekularen Bruchstücken, den Aminosäuren, kaum oder gar nicht stattfindet. Alle diese Feststellungen beziehen sich natürlich nur auf den Zustand der ausgereiften Frucht, in der vielleicht noch nieder-molekulares Eiweiß vorhanden ist, und es gilt hier in gleichem Maße das für die Bestimmung der diastatischen Kraft bereits Gesagte.

Die biologische Gewinnung von Eiweiß aus Bananenzucker als Kohlenstoffquelle haben wir an zwei Hefezüchtungsversuchen eingehend studiert. Als Stellhefe verwendeten wir eine bei vielen Züchtungen auf anderer Kohlenstoffquelle gewonnene Lüftungshefe. Die Züchtung erfolgte nach der an diesem Institut ausgearbeiteten Standard-Methode. Bei unserer ersten Züchtung erhielten wir an Hefeausbeute, bezogen auf die angewandte Zuckermenge, 40,5% und an Eiweißausbeute, bezogen auf die angewandte Zuckermenge, 19,7%. Die Hefe hatte einen Eiweißgehalt, bezogen auf Trockensubstanz, von 50,38%.

Die zweite Züchtung ergab an

Hefeausbeute	45,7%
Eiweißausbeute	20,9%
Eiweißgehalt der Hefe in Trockensubstanz	46,13%.

Es wäre demnach möglich, auf diese Weise eine eiweißreiche Futterhefe zu gewinnen. Die Ausbeuten dieser Laboratoriumsversuche sind als normal zu bezeichnen. Im Großen wurde dieses Verfahren wohl für Sulfitablauge, Holzzuckerwürzen und Kartoffelmaischen erprobt, jedoch noch nicht für Bananenmaischen. Es ist aber anzunehmen, daß keine nennenswerten Schwierigkeiten auftreten, zumal die Ansätze im Laboratorium nicht mehr als normal schäumten. Es wäre auch verfrüht gewesen, schon mit einem Großversuch zu beginnen, solange nicht vorher genaue Rentabilitätsberechnungen durchgeführt sind.

Wenn man diese auf Bananenmaische gewonnene Eiweißschlempe mit frischem unvergorenen Bananenbrei im günstigsten Nährstoffverhältnis mischen und trocknen würde, so könnte ein hervorragendes Kraftfutter erzeugt werden. Es fragt sich dabei in erster Linie, wie hoch die Trocknungskosten sich in Kamerun stellen werden, die von hier aus nicht ohne weiteres abzuschätzen sind.

Nebenbei haben wir noch versucht, die Herstellung eines Erfrischungsgetränkes aus Bananen vorzubereiten. Hierzu haben wir reife Bananen mit einer Fruchtpresse abgepreßt. Den gewonnenen stark zuckerhaltigen

Bananensirup haben wir mit Leitungswasser und auch kohlensäurehaltigem Wasser (Sprudel) auf Trinkkonzentration verdünnt. Der Geschmack dieses Getränkes war aber höchst unangenehm.

IV

Gewinnung von Alkohol aus Bananen im Großversuch

Am 27. Juni erhielten wir 4 Zentner Kamerunbananen für unseren Großversuch zur Alkoholgewinnung. Die gelieferten Bananen waren zwar im handelsüblichen Sinne reif, jedoch war die Verzuckerung des Fruchtfleisches noch nicht so weit vorgeschritten, wie es für unseren Versuch notwendig war. Wir ließen die Früchte daher noch einige Tage bei etwa 23—24°C liegen, wobei täglich mittels der Jodprobe auf Verzuckerung geprüft wurde. Erst 8 Tage nach der Lieferung war letztere vollständig. Wir gliederten unseren Versuch in zwei Teile und zwar:

A. Vergärung der Bananen ohne Schalen.

B. Vergärung der Bananen mit Schalen.

A. Vergärung der Bananen ohne Schalen

Die Bananen wurden geschält und auf einer Fruchtmühle mit zwei Steinwalzen zu Brei vermahlen. Trotz engster Stellung der Walzen war der Brei nicht ganz frei von kleinen Klumpen. Für den späteren technischen Betrieb würden wir daher die Zerkleinerung auf Mühlen spezieller Bauart vorschlagen.

Der gewonnene Bananenbrei hatte ein Gewicht von 47,5 kg. Er wurde quantitativ in ein Kupfergefäß von 230 Liter Fassungsvermögen gebracht, mit 36 kg Wasser verdünnt, auf 30° C erwärmt und mit 1 kg Brennereihefe der Rasse M zur Vergärung angesetzt. In den ersten 12 Stunden war die Gärung so heftig, daß das Gärgut mehr als seinen zugedachten zweifachen Steigraum gebrauchte und über Nacht aus dem Gefäß überschäumte. Es wurde dann so gut wie möglich der übergestiegene Brei in das Gefäß zurückgegeben und das Gärgut alle 5—6 Stunden gerührt. Das Gärgefäß konnte nur mit einem lose aufsitzenden Deckel abgedeckt werden. Nach 72 Stunden Gärdauer stellten wir durch Laboratoriumsversuche fest, daß der Alkoholgehalt des Gärgutes nicht mehr zunahm. Die vergorene Maische wurde nun sofort abgebrannt. Wir erhielten nach zollamtlicher Erhebung 28,5 kg Rohbrand mit 11,0% Alkohol. In der folgenden Tabelle haben wir die Betriebsausbeute zusammengestellt.

Tabelle 14

Wassergehalt des Bananenbreies	78,9%
Zuckergehalt in 1 kg Bananenbrei ohne Schalen	174,5 g
Zuckergehalt in der angewandten Menge von 47,5 kg	8,29 kg
Theoretisch zu erzielende Alkoholausbeute	4,15 kg[1] (100%ig)
Wirklich erzielte Alkoholausbeute	3,14 kg
Ausbeutefaktor des praktischen Versuches	75,8%
Ausbeutefaktor des Laboratoriumsversuches	89,5%
Wirklich erzielte Alkoholausbeute, berechnet auf 100 kg Bananentrockensubstanz ohne Schalen	31,3 kg = 39,7 Liter
Wirklich erzielte Alkoholausbeute aus 100 kg frischen Bananen ohne Schalen	6,61 kg = 8,38 Liter

Wie aus vorstehender Tabelle ersichtlich ist, bleibt der Alkoholausbeutefaktor um rund 13,5% hinter dem Laboratoriumsfaktor zurück. Das erklärt sich einmal durch das Überschäumen während der Gärung und den damit verbundenen Zucker- und Alkoholverlust. Zum anderen standen uns nur lose abgedeckte Gefäße ohne Kohlensäurewäsche zur Verfügung, wodurch während der Gärdauer ein Teil des gebildeten Alkohols mit den abziehenden CO_2-Gasen flüchtig ging. Trotz allem deckt sich der Alkoholfaktor aber noch mit dem Ausbeutefaktor in Brennereien, die noch mit abgedeckten Gefäßen arbeiten. In einer neu zu errichtenden Brennerei würde man in geschlossenen Gärkesseln mit Kohlensäurewäsche vergären und durch diese Arbeitsweise sehr nahe an den Laboratoriumsfaktor herankommen. Durch unseren Versuch ist gezeigt, daß der Weg der Alkoholgewinnung aus Bananen auf die von uns vorgeschlagene Weise auch in der Praxis durchaus gangbar ist.

B. Vergärung der Bananen mit Schalen

Die zu diesem Versuch verwendeten Bananen wurden von den Strünken getrennt und ebenso wie die geschälten Bananen auf einer Steinwalzenmühle zerquetscht. Die Zerkleinerung der Schalen war dabei ziemlich unvollständig. Zur Vergärung wurden 98 kg Bananenbrei mit Schalen mit 73,5 kg Wasser auf 30° C erwärmt und mit 1 kg Brennereihefe der Rasse M angesetzt. Auch bei diesem Versuch war die Vergärung nach 72 Stunden beendet. Nach dieser Zeit zeigte sich aber auch schon ein

[1]) Diese nach der Gay-Lussacschen Formel errechnete Ausbeute ist praktisch nur bis zu 85—95% erreichbar. Das ist bei der Beurteilung der wirklich erzielten Ausbeuten und der Ausbeute-Faktoren in Rechnung zu setzen.

schwach saurer Geruch, der sich durch eine schwache Infektion der Maische durch die auf den Schalen haftenden Organismen erklärt. Es ist daher für die Zukunft angebracht, bei der Vergärung der Bananen mit Schalen das gesamte Gärgut vor dem Anstellen kurz zu sterilisieren.

Aus diesem Versuch erhielten wir nach zollamtlicher Feststellung 23,0 kg Rohbrand mit 16,5% Alkohol. Die Zusammenstellung der Betriebsausbeute enthält die Tabelle 15.

Tabelle 15

Wassergehalt des Bananenbreies	80,6%
Zuckergehalt von 1 kg Bananenbrei mit Schalen	120,4 g
Zuckergehalt in der angewandten Menge von 98 kg	11,80 kg
Theoretisch zu erzielende Alkoholausbeute	5,60[1]) (100%ig)
Wirklich erzielte Alkoholausbeute	3,80 kg
Ausbeutefaktor des praktischen Versuchs	67,9%
Ausbeutefaktor des Laboratoriumsversuches	64,0%
Wirklich erzielte Alkoholausbeute, berechnet auf 100 kg Bananentrockensubstanz mit Schalen	20,0 kg = 25,4 Liter
Wirklich erzielte Alkoholausbeute aus 100 kg Bananen mit Schalen	3,87 kg = 4,92 Liter

Der Versuch mit Schalen zeigte ein ungünstigeres Ergebnis als der Versuch ohne Schalen. Der verhältnismäßig niedrige Ausbeutefaktor von 67,9% kann einmal dadurch verursacht sein, daß gegen Ende der Hauptgärung ein Teil des Alkohols durch die auf den Schalen sitzenden Organismen zu Essigsäure oxydiert wurde, zum anderen aber, und das halten wir für wahrscheinlich, daß der durch die Schalen verursachte hohe Gerbstoffgehalt auf die Hefe schädigend wirkt. Als drittes kommt noch hinzu, daß auch bei diesem Versuch in einem abgedeckten und nicht in einem geschlossenen Gefäß vergoren wurde, so daß auch hierdurch ein Teil der Verluste zu erklären ist.

Ausschlaggebend für den niedrigen Ausbeutefaktor ist aber doch der Tanningehalt des Gärgutes. Diese unsere Vermutung wird durch Beobachtungen in einer anderen Abteilung unseres Institutes durchaus bestätigt. Wir sind daher der Ansicht, daß es wegen zu niedriger Alkoholausbeuten nicht ratsam ist, Bananen mit Schalen zu vergären. Bei den sicherlich billigen Arbeitskräften in Kamerun dürfte das Schälen der Bananen auf keine allzu großen Schwierigkeiten stoßen.

Nach dem Abtreiben des Alkohols haben wir die Schlempe beider Versuche untersucht. Wir fanden:

---

[1]) Siehe Fußnote auf Seite 19.

Tabelle 16

A. Schlempe aus Brennversuch ohne Schalen:

Wassergehalt	98,72%
Rohprotein auf 100 g Trockensubstanz bez. .	19,75%.

Tabelle 17

B. Schlempe aus Brennversuch mit Schalen:

Wassergehalt	97,61%
Rohprotein bez. auf 100 g Trockensubstanz .	15,75%.

Der Rohproteingehalt[1]) der Bananenschlempe ist etwas niedriger als der übliche Rohproteingehalt einer Brennerei-, z. B. einer Kartoffel-Schlempe. Beim Versuch mit Schalen ist zudem der Rohproteinanteil geringer als beim Versuch ohne Schalen.

Ob es sich lohnt, die Bananenschlempe zu trocknen, um damit ein Eiweißfutter zu gewinnen, richtet sich nach den Trocknungskosten in Kamerun.

Es ist hier noch zu erwähnen, daß wir zu Anfang unserer Arbeiten auch die Möglichkeit der Silierung von Bananenschalen geprüft haben. Hierzu wurden die Schalen in kleinere Stücke geschnitten und mit einer Reinkultur von Milchsäurebakterien in einem 3 Liter fassenden Stutzen eingesäuert. Nach 4 Wochen langem Stehen bei 20° C hatte das Sauergut vollkommen frischen Geruch und Geschmack.

Als Ergänzung haben wir noch hinzuzufügen, daß in neuerer Zeit auch an anderer Stelle Untersuchungen an Bananen, insbesondere über ihren Vitamingehalt, durchgeführt wurden. Philip L. Harris und George L. Poland (20) fanden im Tierversuch, daß der Vitamin-A-Gehalt sich zwischen 71—95 internationalen Einheiten in 34 g bewegt, der B_1-Gehalt zwischen 4 und 5 Einheiten. Der Vitamin-C-Gehalt betrug nach dem biologischen Versuch etwa 57 internationale Einheiten in 34 g.

Über den Gehalt der Bananen aus Italienisch Somaliland an Vitaminen berichten Luigi de Caro und Amedea Locatelli (21). Danach enthalten die frischen Bananen je 1 g:

1 Einheit Vitamin A
0,2 internationale Einheiten Vitamin B_1
4 Einheiten Vitamin B_2
1,6 internationale Einheiten Vitamin C
weniger als 0,2 internationale Einheiten Vitamin D.

---

[1]) Hierunter versteht man die Summe des anorganischen plus organischen Stickstoffs mal 6,25 (Umrechnungsfaktor auf Eiweiß).

In getrockneten Bananen als Pulver oder in Stücken fand man je 1 g:

1 Einheit Vitamin A
0,6 internationale Einheiten Vitamin B_1
0,7 internationale Einheiten Vitamin C.

Durch das Trocknen werden nach der Äußerung dieser Autoren unter Berücksichtigung der verschiedenen Wassergehalte der Produkte $^2/_3$ des Vitamins A und $^4/_5$ des Vitamins C zerstört, während das Vitamin B_1 unverändert erhalten bleibt.

Zusammenfassung

Auf Grund der mit der Gruppe Deutscher Kolonialwirtschaftlicher Unternehmungen getroffenen Vereinbarung vom 25. Januar 1938 beschäftigten wir uns mit der Untersuchung von Bananen mit dem Ziel, neue Verwendungsmöglichkeiten, speziell in gärungstechnischer Hinsicht, zu finden. Unsere Untersuchungen ergaben bisher:

1. Aus Bananen lassen sich zuckerhaltige Extraktstoffe mit einer Ausbeute von rund 95%, bezogen auf schalenfreie Trockensubstanz, gewinnen. Diese zuckerhaltigen Extraktstoffe bestehen zu 93% aus reduzierendem Zucker, davon sind bis zu 70,7% mit untergäriger Brauereihefe und bis zu 88% mit Brennereihefe vergärbar.
2. Die Auszüge stellen lichtgelbe, vergärbare Lösungen dar mit einem pH von 4,5—4,9 und einer Pufferung von etwa 19 ccm n/10-Lauge. Sie kämen deshalb unter gegebenen Verhältnissen als Surrogat bei der Bereitung bierähnlicher Getränke in Frage, wobei das Malz ganz oder teilweise ersetzt werden könnte.
3. Zu Brei zermahlenes Bananenfruchtfleisch wurde auf einer mit Dampf geheizten Walze zu Trockenprodukt (Bananenzucker) verarbeitet, das sowohl zur menschlichen Ernährung wie zu Futterzwecken geeignet sein dürfte. (Wenn nach Ansicht des Reichsgesundheitsamtes die augenblickliche Marktlage nicht nach neuen kohlehydratreichen Produkten verlangt, so kann unter bestimmten Umständen sich doch eine größere Nachfrage ergeben.)
4. Es wurde auf das Vorhandensein proteolytischer und diastatischer Enzyme gefahndet.
5. Nach einem in unserem Institut schon früher entwickelten Verfahren wurde mit Bananenbrei als Kohlenstoffquelle Futterhefe (Torula utilis) mit einer Ausbeute von mindestens 45,7% Hefetrockensubstanz, bezogen auf die angewandte Zuckermenge, gewonnen. Aus 100 kg frischem, schalenfreiem Bananenbrei würden demnach 11,2 kg Futterhefetrockensubstanz zu erzielen sein oder, wenn man den Wassergehalt der

Hefe zu durchschnittlich 80% annimmt, 56,0 kg abgepreßte Futterhefe. Diese Futterhefe eignet sich für sich oder in Mischung mit frischem schalenfreiem Bananenbrei und nachfolgender Trocknung zur Herstellung eines hochwertigen Eiweißkraftfutters, wobei zu bemerken ist, daß bei letzterer Arbeitsweise je nach dem Mischungsverhältnis die Menge des anfallenden Futters entsprechend steigt.

Beide Produkte, besonders die Gemische, könnten unter gegebenen Verhältnissen ohne weiteres auch für menschliche Ernährung in Frage kommen.

6. Weitere Versuche haben ergeben, daß sich unter alleiniger Verwendung von Bananenmaische Preßhefe (Bäckereihefe), die heute vorwiegend aus Rohrzucker bzw. Rübenzuckermelasse gewonnen wird, herstellen läßt. Im Gegensatz zur Futterhefe ist bekanntlich der Preis für Bäckereihefe ein vielfacher, so daß hier die Verwendung von Bananen am ehesten wirtschaftlich erscheint. Im Gegensatz zu der in Melasse gezüchteten Bäckereihefe, die herb schmeckt, hatte die „Bananenhefe" einen blumigen, an den Rohstoff erinnernden Geschmack und Geruch. Sie befriedigte auch sehr in bezug auf die Farbe.

7. Durch Anwendung eines neuartigen Verfahrens (H. Fink und Matthias Schmidt), das früher an Kartoffeln und Rüben ausgearbeitet worden ist, konnte aus Bananenschalen ein Eiweißkraftfuttermittel mit ca. 18—24% Rohprotein gewonnen werden, dessen Verdaulichkeit und Ausnutzung im Tierkörper allerdings noch bestimmt werden müßte.

8. Ein Silageversuch mit Bananenschalen unter Anwendung einer Reinkultur von Milchsäurebakterien verlief positiv.

9. Unsere Versuche zur Gewinnung von Alkohol aus Bananen ergaben im Laboratoriumsversuch eine Ausbeute von 88% bezogen auf Zucker.

10. Zwei Großversuche in der Praxis ergaben bei der Vergärung ohne Schalen trotz ungünstiger Betriebsverhältnisse eine Alkoholausbeute von 75,8%, bezogen auf Zucker, und bei der Vergärung mit Schalen eine Ausbeute von 67,9%.

    Aus 100 kg frischen, schalenfreien Bananen sind demnach
    mindestens . . . . 8,38 Liter
    und aus 100 kg frischen Bananen
    mit Schalen . . . . 4,92 Liter
    reiner Alkohol zu gewinnen,
    oder, berechnet auf 100 kg Bananen-Trockensubstanz ohne Schalen . . . . 39,7 Liter

und auf 100 kg Bananentrockensubstanz mit
Schalen . . . . 25,4 Liter r. Alkohol.

11. Ein Versuch zur Herstellung eines Erfrischungsgetränkes aus Bananensaft führte nicht zu dem erwarteten Erfolge.

12. Die Vergärung von Bananenbrei mit Tokayer-Weinhefe zur Gewinnung eines Bananenweines ergab ein nicht ansprechendes Getränk. Doch müßten hier eingehendere Versuche durchgeführt werden. (Sherrisierung?)

13. Durch Extraktion von Bananenfruchtfleisch mit 96%igem Alkohol und Verdünnen des auf diese Weise gewonnenen Extraktes mit Kapillarsirup und destilliertem Wasser auf Trinkstärke konnte ein trinkbarer Likör hergestellt werden.

Literatur-Verzeichnis

1. König, Chem. Zusammensetzung d. Nahrungs- u. Genußmittel 1903, S. 638, 651, 861, 868, 1486, 1488, 1498.
2. S. Ranganathan jr., Journ. Indian Inst. Science Serie A 11, 80—83, Bangalore; referiert in Chem. Zentralblatt 1928, II S. 2478.
3. Enzio Emiliani, R. Ist. Lombardo, Sci. Lettere, Rend. Cl., Sci. mat. natur. 70, 429—34, 1937. Mailand, ref. im Chem. Zentralblatt 1938, Nr. 6, S. 1374.
4. Griebel, Zeitschrift f. d. Untersuchung d. Nahrungs- u. Genußmittel 48, 221—27, 1924.
5. F. Scurti und G. L. Pavarino, Ann. Speriment. agrar. 15, 91—99, 1934, Turin; ref. im Chem. Zentralblatt 1935, I, S. 3612.
6. Eddy und Kelvagg, Wiener med. Wochenschrift 78, 1148—1150, ref. im Chem. Zentralblatt 1928, II, S. 2165.
7. F. V. v. Hahn, Zeitschrift f. Vitaminkunde 1930, S. 205, ref. im Chem. Zentralblatt 1931. Bd. I, S. 1127.
8. Jaeger, Freiburg (Schweiz), Schweizer Patent 125592 vom 9. 5. 1927.
9. N. O. Pearce, Arch. Pediatrics 52, 292—301, Mai 1935, Minneapolis; ref. im Chem. Zentralblatt 1935, II, S. 1397.
10. Margaret Cammack Smith und Louise Otis, J. Home Econ. 28, 395—98, Juni 1936, Tucson ref. im Chem. Zentralblatt 1936, II, S. 1013.
11. Philip L. Harris und George L. Poland, ref. im Chem. Zentralblatt 1938, I, S. 1247.
12. Cartel Colonial S. A., Côte d'Ivoire F. P. 631779 vom 2. 7. 1926.
13. Cartel Colonial S. A., Côte d'Ivoire F. P. 632227 vom 9. 7. 1926.
14. Industrial Waste Products Corporation, Dover, Delaware, A. P. 609993 vom 3. 1. 1922.
15. Food Concentrates Inc. N. Y., ref. im Chem. Zentralblatt 1934, II, S. 2006, A. P. 1958702 vom 29. 8. 1930.
16. C. Nagel, Zeitschrift f. Spiritusindustrie 1912, S. 185 u. S. 341.
17. E. L. de Lapersonne, Bull. Assoc. Chimistes Sucr. Dist. 48, 28—32, 1931, ref. im Chem. Zentralblatt 1931, II, S. 1071.

18. Windisch-Kolbach, Wochenschr. f. Brauerei 1925, Nr. 24.
19. Der Forschungsdienst, Februar 1937, Bd. 3, Heft 3, S. 115. Zeitschrift f. Spiritusindustrie 1937, Nr. 9.
20. Philip L. Harris und George L. Poland, Research Laborat. United Fruit Comp. New York; Food Res. 2, 311—319, 1937; ref. im Chem. Zentralblatt 1938, I, Nr. 1, S. 102.
21. Luigi de Caro und Amadea Locatelli, Quad. Nutriz. 4, 32—42, 1937 Mailand, Carlo Erba S. A. Biolog. Unters. Labor.; ref. im Chem. Zentralblatt 1938, I, Nr. 8, S. 1915.

BERICHT ÜBER DIE REISE NACH KAMERUN

Ausgeführt im Auftrage der Gruppe Deutscher Kolonialwirtschaftlicher Unternehmungen vom 11. Januar bis 6. Juli 1938

(BOTANISCHE UNTERSUCHUNGEN)

Von **Walter Domke**

Botanisches Museum und Institut für Kolonialbotanik, Berlin-Dahlem

Allgemeiner Teil

Aufgabe des Berichtenden war, die Verhältnisse auf den deutschen Pflanzungen am Kamerunberg aus eigener Anschauung kennenzulernen, um für die Aufgaben wissenschaftlicher Mitarbeit Anhaltspunkte zu gewinnen.

Im Verfolg dieser Aufgabe wurden folgende, im Botanischen Museum Berlin-Dahlem befindlichen Sammlungen angelegt:

etwa 1500 vorwiegend trocken präparierte Pflanzen,
etwa 1000 lebende Pflanzen (Keimpflanzen und Stecklinge),
etwa 400 Boden- und Gesteinsproben von etwa 100 Profilen,
etwa 900 photographische Aufnahmen.

Da über das ganze in Frage kommende Gebiet von der Deutschen Seewarte in Hamburg Wetterstationen mit Thermo-, Hygro- und Heliographen verteilt sind, und die von den Pflanzungsbeamten gemachten klimatologischen Beobachtungen regelmäßig nach Hamburg geschickt werden, waren Messungen dieser Art nicht mehr notwendig. Die Meßapparate befinden sich — soweit festgestellt werden konnte — auf freien Plätzen des jeweiligen Stationsgeländes, also nicht direkt in den Pflanzungsfeldern. Dies genügt zwar für allgemeine klimatologische Beobachtungen, aber von besonderem Wert für die Pflanzungen wäre noch die zusätzliche Aufstellung von Hygro- und Photometern direkt innerhalb der verschiedenen Kulturen, deren Luftfeuchtigkeit und Lichtverhältnisse zweifellos recht verschieden sind, woraus sich wichtige Schlüsse für die betreffende Kultur ergeben können.

So zeigte das Schleuderpsychrometer beispielsweise folgende Werte:

11,30 Uhr	— primärer Busch	— etwa 90%	Luftfeuchtigkeit
12,30 Uhr	— Bananenfeld	— etwa 60%	Luftfeuchtigkeit
13,00 Uhr	— Kakaofeld	— etwa 70%	Luftfeuchtigkeit

Die Messungen fanden am gleichen Tage statt.

Lichtsummenmessungen, die für die Frage der optimalen Pflanzweiten und Zwischenkulturen wichtig sind, müssen in Zukunft ebenfalls ausgeführt werden, da wahrscheinlich gerade dieser für das Pflanzenwachstum bedeutungsvolle Faktor im Gebiet des Kamerunberges wesentlich andere Werte aufweist als in Sumatra.

Die Pflanzensammlung enthält alle in bestimmbarem Zustand gefundenen angepflanzten und spontan aufgetretenen Gewächse. Sie ist als Grundlage einer im Laufe der Zeit zu vervollständigenden Kollektion sämtlicher im Gebiet vorkommenden Kultur- und Wildpflanzen gedacht. Nach ihrer Bearbeitung wird unter Heranziehung der bereits in Dahlem befindlichen Sammlungen (Mildbraed und andere) die Möglichkeit bestehen, Fragen, wie sie oft auf den Pflanzungen gestellt wurden, über Art, Varietät und Verwandtschaft, Lebensbedingungen und Verbreitung, Nutzen und Schaden aller, vorzüglich aber der innerhalb der Pflanzungsareale auftretenden Gewächse schnell zu beantworten [1]).

Zunächst werden zwei Arbeiten in Angriff genommen.

1. Zusammenstellung aller Unkräuter mit genaueren Angaben über Nutzen, Schaden, Duldung und Bekämpfung, mit Bestimmungstabellen und möglichst mit Abbildungen.
2. Zusammenstellung aller Pflanzen der Nebenkulturen, der trop. Obste, Genußmittel, Drogen, Öle usw. liefernden Vertreter, ferner der Schatten- und Gründüngungspflanzen [1]).

Erst wenn leichte Gelegenheit geboten ist, selbst zu bestimmen oder durch Einsendung von Proben schnell Auskunft zu erhalten, wird es nicht mehr vorkommen, daß wertvolle Obstbäume für unnütz, relativ wertlose Gewächse für brauchbar (z. B. für Leguminosen) gehalten oder wichtige Gründüngungspflanzen übersehen und vernichtet werden.

Eine Pflanzung sei — heißt es — ein Gartenbetrieb im großen, in dem jedes Gewächs seinem Werte nach bekannt sein soll. Erst dann wird eine maximale Ausnutzung, ohne Raubbau zu betreiben, möglich sein.

Die in den Warmhäusern des Dahlemer Botanischen Gartens befindliche Sammlung lebender Pflanzen, die übrigens die Transporte zum größten Teil gut überstanden hat und bisher recht befriedigend gedeiht, ergänzt und vervollständigt die bereits vorhanden gewesenen Sammlungen. Es befinden sich jetzt in Dahlem fast alle im Gebiet vorkommenden Sorten

---

[1]) Alle Probesendungen und Anfragen können bereits jetzt an das oben genannte Institut z. H. des Verfassers gerichtet werden. Anweisungen zum Sammeln und Präparieren von Pflanzen und zur Entnahme von Bodenproben werden auf Wunsch zugeschickt.

der Banane, der Ölpalme, des Kakaos ferner Hevea, Kaffee, eine ganze Reihe tropischer Obst- und Gemüsepflanzen, auch einige Zier- und Wildpflanzen. Dieses Material wird zu Kulturversuchen und für Lehrzwecke Verwendung finden. Sehr zu begrüßen wäre es, wenn Pflanzungsleiter und -Assistenten während ihres Europa-Urlaubs auch einmal die ausgedehnten Dahlemer Anlagen (Warmhäuser, Garten, Bibliothek, Herbarium, Schaumuseum) besuchen würden.

Die Boden- und Gesteinsproben wurden zum ersten Mal in diesem Umfange unter gleichen Gesichtspunkten auf allen besuchten Pflanzungen von solchen Stellen genommen, die zur Klärung bestimmter Fragen geeignet erschienen oder die von den Pflanzungen aus bestimmten Gründen angegeben wurden.

Da für eine bestimmte Kulturpflanze über die fördenden oder hemmenden Bodenfaktoren speziell aus Kamerun nur unbefriedigende Erfahrungen vorliegen, wurden wiederholt und auf verschiedenen Böden nahe beieinander gelegene Stellen freudigen und kümmernden Wachstums innerhalb ein und derselben Kultur ausgewählt, um zunächst einmal die Analysen deutlich voneinander verschiedener Stellen zu erhalten. In gleicher Absicht wurden Böden primären Busches und älteren Kulturlandes gegenübergestellt, ebenso Lokalitäten mit bzw. ohne Vorkulturen (Mais, Erdnuß, Makabo, Cocoyam, ...) oder mit bzw. ohne Gründüngung, Bodenbearbeitung usw. Bei den bisher fertig bearbeiteten ersten 18 Horizonten mit 55 Einzelproben hat sich diese selektive Probenahme insofern als recht brauchbar erwiesen, als die unterschiedlich wirkenden Bodenfaktoren — seien es chemische oder physikalische — leichter ins Auge springen. Ein abschließendes Urteil wird natürlich erst nach Fertigstellung sämtlicher Profile abgegeben werden können (vgl. den Bericht des Herrn Prof. Utescher in diesem Band).

Anfangs wurden die Proben mit einem Bohrer entnommen, der sich aber nicht bewährte, weil die erhaltenen Mengen zu klein waren oder die Art des Bodens die Arbeit unmöglich machte. Es wurden daher durchweg Probelöcher bis zu 120 cm Tiefe in den Boden getrieben und mit einem dem Görbingschen Löffel nachgebildeten Gerät alle 20 bis 25 cm etwa den natürlichen Bodenhorizonten entsprechend Proben entnommen. Jeder Probe wurde möglichst auch das Gestein des Untergrundes beigefügt, um geologische und petrographische Einblicke zu erhalten. Ebenso gehören zu fast jeder Probe Aufzeichnungen über Untergrundverhältnisse, Mächtigkeit der Krume, Meereshöhe, Neigung, klimatische Verhältnisse, Geschichte der Bearbeitung und der in der Nähe des Probeloches wachsenden hauptsächlichsten Unkräuter, um diese später vielleicht als Bodenanzeiger verwenden zu können.

Außer den Bodenproben zur Analyse wurden auch von einigen Stellen größere Mengen (bis 20 kg) genommen, um mit ihnen Düngevorversuche in Warmhäusern anstellen zu können.

Um die Einheitlichkeit der zukünftigen **Probeentnahmen von Böden** im gesamten Pflanzengebiet zu sichern, sei die Berücksichtigung folgender Punkte empfohlen:

1. Das zu untersuchende Feld muß in allen Teilen hinsichtlich Bodenbearbeitung und Kultur möglichst gleichartig sein.
2. Abweichende Stellen (besonders Fehlstellen!) sind gesondert zu behandeln.
3. Zu den Proben einer Stelle sind möglichst folgende Fragen auf einem beigelegten Blatt zu beantworten:

   Welche Höhenlage? Welche Neigung besitzt die Fläche? Liegt die Stelle in einer Senkung oder auf einer Erhebung? Sind Wasserstellen in der Nähe? Wie hoch liegt der Grundwasserspiegel? Welche Unkräuter wachsen ringsum? (evtl. Sammeln von Belegexemplaren). Welcher Art und von welchem Alter ist die Kultur? Was war vorher vorhanden und etwa bis wann? Wie wurde der Boden bisher bearbeitet? Womit und mit welcher Menge, wann zum letztenmal und in welcher Art wurde gedüngt?
4. Möglichst gleichmäßige Verteilung der Probestellen über die Fläche. Pro ha wenigstens 20, besser aber etwa 40 bis 50 ca. 100 cm tiefe und ca. 30 cm weite Löcher.
5. Entnahme der Einzelproben (möglichst nicht bei Regen) aus jedem Loch mit einem Bodenheber. Hierbei ist peinlich darauf zu achten, daß die Bodenarten der einzelnen Schichten nicht (auch nicht in geringem Maße) vermengt werden.
   a) Sind verschiedene Horizonte (z. B. durch verschiedene Färbung) an den Wänden des Loches zu erkennen, so werden von jedem Horizont entsprechend seiner Dicke 1 bis 2 ca. 1000 g schwere, von Steinen befreite Proben getrennt entnommen; z. B.
      1. Horizont, ca. 15 cm dick ergibt Probe 1: 0— 15 cm tief.
      2. Horizont, ca. 70 cm dick ergibt Probe 2: 20— 40 cm tief
      und Probe 3: 50— 70 cm tief.
      3. Horizont, ab 85 cm Tiefe gibt Probe 4: 85—100 cm tief.
   b) Sind keine auffallenden Horizonte zu erkennen, so sind etwa alle 20 cm Proben zu entnehmen.
6. Alle Proben werden in wasserfesten Papier- oder dicht gewebten Leinenbeuteln möglichst an der Luft abgetrocknet; niemals trocknen auf heißen Öfen oder auf heißen Platten.

Jede Probe muß die genaue Beschriftung enthalten und wird einzeln noch einmal mit Papier umhüllt.

Zusammengehörige Proben eines Loches werden als solche markiert und auch zusammengelassen.

Die Untersuchung der Böden haben die Herren Prof. Dr. Utescher, dem Kamerunböden schon früher vorgelegen haben, und Dr. Abel in der Reichsstelle für Bodenforschung in Berlin, Abteilung für Bodenkunde, übernommen. Für die bakteriologischen Untersuchungen erklärte sich Herr Prof. Dr. Stapp an der Biologischen Reichsanstalt in Berlin-Dahlem bereit.

Die Untersuchung der Proben berücksichtigt im allgemeinen folgende Punkte: Korngröße, Humusgehalt, Glühverlust, freie Tonerde, hygroskop. Wasser, Azidität und Austauschazidität, Kalium, Calcium, Eisen, Stickstoff, Phosphorsäure (vgl. den Bericht d. Herrn Prof. Utescher). Die Analysen sollen so durchgeführt werden, daß möglichst noch 1939 Freilandversuche in Kamerun angesetzt werden können.

Nach den richtungweisenden Bodenanalysen ist **der Feldversuch** bisher durch keine andere Methode zu ersetzen gewesen. Durch ihn wird sich vor allem die Rentabilität einer Düngung feststellen lassen.

Hauptsächlich zwei Fragen sind durch ihn zu beantworten:

1. Welches Düngungsbedürfnis hat der Boden?
2. Welches ist die wirtschaftliche Höhe der Düngegabe?

Zur Anlage eines Feldversuches wird (nach Becker-Dillingen) eine Fläche von möglichst gleicher Beschaffenheit, Oberflächengestaltung, Bearbeitung usw. ausgewählt. Als Testpflanzen haben sich Gründüngungspflanzen als brauchbar erwiesen, obwohl von der Reaktion einer Gründüngungspflanze nicht direkt auf die einer bestimmten Kulturpflanze geschlossen werden darf.

Zu der ersten Frage (Welches Düngebedürfnis hat der Boden?) ist der Versuch etwa wie folgt anzustellen:

Das Versuchsfeld ist in viermal so viele Teile zu teilen, als man Teilstücke mit verschiedenen Düngemitteln zu machen beabsichtigt. Die möglichst gleich großen und möglichst nebeneinander liegenden Teilstücke sind am besten quadratisch zu halten, ihre Größe betrage etwa 10 × 10 m, an geneigten Flächen dürfen sie nicht übereinander liegen, zwischen ihnen können etwa 1 m breite Trennungswege und ca. 60 cm tiefe Gräben gezogen werden; unterläßt man diese Abgrenzungen, so dürfen natürlich die Randstreifen der Teilstücke später keine Beurteilung erfahren.

Der Versuch hätte somit etwa folgendes Aussehen:

1	2	3	1	2	3
4	5	6	4	5	6
6	5	4	6	5	4
3	2	1	3	2	1

1 : ungedüngt
2 : K, P, 1 N.
3 : K, P, 2 N.
4 : K, P.
5 : K, N.
6 : P, N.

Zu der zweiten Frage (Welches ist die wirtschaftliche Höhe einer Düngegabe?) erhält der Versuch folgende Form:

1	3	2	3
2	4	1	4
1	3	2	3
2	4	1	4

1 : P, K. — 1 : P, N.
2 : P, K, 1/2 N oder 2 : P, N, 1/2 K
3 : P, K, 1 N — 3 : P, N, 1 K
4 : P, K, 2 N — 4 : P, N, 2 K usw.

Bei der Anstellung von Feldversuchen ist nicht allein die Menge des Düngemittels, sondern auch Art und Jahreszeit zu berücksichtigen. Die Pflanzen müssen möglichst von der Jugend bis zur Ernte die beigebrachten Nährstoffe ausnützen können.

Von größter Bedeutung wäre auch die Untersuchung des Bodens in seiner natürlichen Lagerung an Ort und Stelle (Bodentemperatur, Wasser- und Luftkapazität, Grundwasserspiegel, Durchlässigkeit . . .). Solche Untersuchungen konnten naturgemäß in der zur Verfügung stehenden Zeit nicht begonnen werden; sie gehören zum Aufgabengebiet einer Versuchsstation.

Als Ziel der bodenkundlichen Untersuchungen sehe ich die Ausarbeitung geologisch-agronomischer Bodenkarten (wie sie etwa H. Stremme bespricht), die unter Berücksichtigung der von Dr. Semmelhack (Deutsche Seewarte, Hamburg) geleiteten klimatologischen Beobachtungen als Grundlagen für die notwendigen Meliorations- und Anbaumaßnahmen dienen sollen.

Die Lichtbilder sind im allgemeinen gut gelungen. Sie stellen dar wesentliche Erscheinungen der Landschaft, des primären und sekundären

Busches, des Bodens, der Kulturen, außerdem Pflanzer- und Stationshäuser, Fabrikanlagen, alte und neue Arbeiterhütten, -häuser und -dörfer, Arbeitsvorgänge, Episoden aus dem Leben auf den Pflanzungen usw. Nach Ordnung, Durchsicht und Beschriftung steht diese Sammlung, die die gegenwärtigen Verhältnisse im Pflanzungsgebiet illustriert, zur Verfügung. Sie befindet sich im Botanischen Museum Berlin-Dahlem. Eine Diapositivsammlung der wesentlichsten Bilder ist bereits fertiggestellt (allgemeines Format 6 × 6 cm).

Die Hauptkulturen

Über die vier Hauptkulturen des Gebietes, Banane, Ölpalme, Kautschuk und Kakao, hat Herr F. Jarl bereits besonders von der wirtschaftlichen Seite her referiert. Hier sollen noch einige Punkte vom biologischen Standpunkt aus betrachtet werden.

Die Banane

Im Gebiet finden sich folgende Arten:

Musa sapientium L., Heimat O.-Indien, Fruchtbanane, Zuckerbanane, Jamaicabanane, ohne Samen.

Musa sapientium var. paradisiaca L., Heimat O.-Indien, Plante oder Mehlbanane, meist ohne Samen.

Musa Cavendishii Lambert, Heimat S.-China, Zwergbanane oder Kanarische Banane, nicht selten mit Samen.

Musa elephantorum K. Schum. u. Warb., Heimat W.-Afrika, Wildbanane, auch wohl Bakwiribanane genannt, häufig mit Samen.

Musa textilis L. Née, Heimat Philippinen, Faserbanane, stets mit Samen (nur einige sterile Exemplare gesehen).

Die folgenden Ausführungen beziehen sich vor allem auf die Zuckerbanane, deren Produktion in Kamerun keineswegs unbefriedigend und sogar noch steigerungsfähig ist.

Ein Fortschritt dürfte zu erreichen sein einmal durch Maßnahmen, die auf eine direkte Erhöhung der Erträge abzielen, dann aber auch durch eine vielseitigere Ausnützung der Stauden.

Die Banane benötigt für optimales Wachstum etwa 1,5—2 cbm eines mittelschweren, triefgündigen, humösen, bakterien- und kalireichen Bodens mit stets genügender Feuchtigkeit (aber ohne stagnierendes Wasser!), hohe Temperaturen, Luftfeuchtigkeit und hohen Lichtgenuß. Ihre natürlichen Standorte findet sie daher meist in den Uferbezirken von Wasserläufen, die Waldgebiete passieren. Wärme und Luftfeuchtigkeit genügen im Gebiet bis etwa in die Höhenlage von Soppo (ca. 700

Abb. 1. Kräftige Bananen zur Trockenzeit auf humusreichem Boden

Abb.. 2. Unter Wassermangel leidende Bananen auf humusarmen Boden

Abb. 3. Zuviel Holz stört Übersicht und Arbeit

Abb. 4. Dichte Grasdecke

Abb. 5—6. Dichte Grasdecken behindern die Wurzelentwicklung der Kulturen

bis 800 m. ü. M.). Nur Musa Cavendishii, die ich über Buea im sekundären Busch bei etwa 1200 m ü. M. gesund und in gutem Fruchtzustand sah (Eingeborenenpflanzung), dürfte am Berg mit Erfolg bis 1000 m angebaut werden können. In Buea selbst befindet sich eine kleinere, aber ausgezeichnet stehende Kultur eines Amerikaners.

Der große Lichthunger der Banane verlangt eine völlig schattenfreie Kultur. Es sind daher von Bananen, die mit Hevea oder Ölpalmen im Mischpflanz stehen, keine nennenswerten Ernten zu erwarten.

Der **Wasserführung** des Bodens wird in manchen Fällen noch nicht die gebührende Achtung geschenkt. Bei den hohen Regenmengen des Gebietes muß der Anlage ausreichender Drainagen größte Aufmerksamkeit gewidmet werden. Dabei kommt es nicht allein auf das Abfließen stagnierenden Bodenwassers an, sondern die Wassermassen neuer Niederschläge führen dem Boden gleichzeitig die für Wurzelatmung und Bodengare nötigen Sauerstoffmengen zu. Für sehr wesentlich halte auch ich daher die von Herrn Jarl vorgeschlagenen Terrassierungsanlagen, die besonders auf abfallendem Gelände den Höhenlinien etwa parallel verlaufend zwar die Wasserbewegung im Boden fördern, dabei aber das Abschwemmen der schon oft recht schwachen Oberkrume verhindern.

Es wird oft über das Umfallen der Stauden infolge Welkens während der sog. Trockenzeit geklagt, und ich konnte gelegentlich selbst beobachten, wie bei völlig ruhiger Luft ohne äußere Einwirkungen Stauden umknickten. Ein bereits mäßiger Wind kann bei einem solchen Zustand der Stauden natürlich verheerende Zerstörungen anrichten. Wenn es daher Gelände und Wirtschaftlichkeit erlauben, sollten auch Bewässerungsanlagen eingerichtet werden. Vom Gebiet sind mir derartige Versuche, die ich allerdings nicht persönlich, sondern nur aus Photographien kennengelernt habe, lediglich von einer Stelle bekannt geworden. Aber auf den Kanarischen Inseln z. B. werden solche aus Zuführungskanälen, gemauerten Haupt- und Verteilungsrinnen bestehenden Bewässerungssysteme ausgeführt. Wirtschaftlichkeit vorausgesetzt, sind solche Anlagen nur nach eingehendem Studium der Geländeverhältnisse möglich, selbstverständlich auch der hydrographischen Konstitution des Gebietes, das ja nunmehr durch die geplanten geodätischen Arbeiten endlich bekannt werden wird.

Von größter Bedeutung aber für Höhe und Erhaltung des Ertrages bei der Banane ist die Behandlung des Bodens, der in vielen Fällen im Gebiet eine nur dürftig ausreichende Humuskomponente besitzt. *Humus zu erhalten und zu vermehren oder sogar erst zu schaffen, erscheint mir besonders für die Banane als eine der dringendsten Forderungen.*

An der in den letzten Jahren auf den meisten Pflanzungen eingeführten Methode, das Holz des Neuschlages nicht zu verbrennen, sondern langsam verrotten, d. h. in Humussubstanz, also in Nährboden für die Bodenbakterien übergehen zu lassen, sollte auf jeden Fall festgehalten werden.

Die auf einigen Pflanzungen bereiteten Komposte aus den verschiedensten organischen Abfällen, die natürlich nicht offensichtlich Krankheitskeime enthalten dürfen (z. B. Schalen von braunfaulem Kakao usw.), bilden eine wertvolle Humusquelle. Diese sollte so vergrößert werden, daß wenigstens die Pflanzstellen daraus einen Zuschuß erhalten können. So ergab z. B. die Analyse eines auf einer Pflanzung hergestellten einjährigen Kompostes (vorwiegend Ölpalmenabfall) 12,8% Humus (Reichsstelle für Bodenforschung). Dieser Kompost bringt also einen humusfreien Boden bei einem Mischungsverhältnis von nur 1:3 auf 3—4 % Humusgehalt. (Die untere Grenze des Humusgehaltes der fruchtbaren russischen Tschernosomböden liegt bei etwa 4%.)

Es sei hier eine Anweisung zur Bereitung von Kunstmist gegeben, der dem Stallmist sehr ähnlich ist. Alle gesunden (!) organischen Wirtschaftsabfälle und die beim Schappieren, bei der Bananenernte, Bananenverarbeitung (Schalen und Bündelachsen!) und in den Ölfabriken anfallenden (möglichst krautigen) Pflanzenmassen (auch Torfmull, wenn zur Verfügung) werden etwas zerkleinert und unter gleichzeitiger und gleichmäßiger Befeuchtung (auf 100 kg trockene organische Masse etwa 300 Liter Wasser) möglichst auf einer Betonplatte mit Randwulst in Stapeln von etwa 5 m Breite, 10 m Länge und 50 cm Höhe ausgebreitet. Hierauf werden auf je 100 kg Masse etwa 3,5 kg Kalkstickstoff gleichmäßig übergestreut und dann alles festgetreten, eine neue Schicht aufgestapelt, wieder mit Wasser befeuchtet, mit Kalkstickstoff bestreut usw., bis eine Höhe von 2 Metern erreicht ist. Die Temperatur steigt (in Europa) schnell auf 60 bis 70° C. Der Stapel ist stets genügend feucht zu halten und immer wieder festzutreten, seine Wände sollen möglichst senkrecht gehalten werden. Um Nährstoffverluste durch Regen zu vermeiden, ist der Stapel zu überdachen. Zur Erzielung einer gleichmäßigen Kompostierung muß jeder Stapel nach einer gewissen Zeit, die für Kamerun noch festzustellen wäre, umgestochen werden, da es im Innern des Stapels stets unzersetzte Stellen gibt. In Europa wird nach 3 Monaten umgestochen; in Kamerun kann das Umstechen vielleicht bereits nach 1½ bis 2 Monaten vorgenommen werden, möglicherweise auch schon früher. Die Reife des Stapels ist erreicht, wenn keine unzersetzten Pflanzenteile mehr vorhanden sind, und eine erdige braune bis schwarz-braune Masse vorliegt. Sie bleibt noch einige Zeit liegen, wird stets noch gleichmäßig weiter befeuchtet und mit einer etwa faustdicken, festgeklatschten Erdschicht bedeckt. Der Kunstmist soll jetzt ein

Kohlenstoff/Stickstoffverhältnis von 15 bis 20:1 aufweisen (Probe einsenden!). Er besitzt etwa den gleichen Stickstoffgehalt wie der Stallmist, aber weniger Phosphorsäure und Kali, jedoch wieder mehr Kalk. Er ist in erster Linie Humusdünger und kein Nährstoff. Dieser wird am besten erst entsprechend dem jeweiligen Bedarf nach der Humusdüngung gesondert verabreicht. Von der Verwendung sog. Stallmist-Ersatzdünger, die auf dem Markt oft vielversprechend angepriesen werden (z. B. Humunit, Nettolin, Huminal, Biohum usw.) wird für den Großbetrieb abgeraten, weil der Preis meist derart hoch ist, daß die Wirtschaftlichkeit in der Praxis oft sehr gering oder überhaupt nicht vorhanden ist.

Eine wesentliche Bereicherung erfährt der Kompost durch Beimengungen von Stallmist, der allerdings im Gebiet in nennenswerten Mengen vorläufig kaum zu beschaffen sein wird. Dennoch sollte da, wo es irgend möglich ist, größerer Wert auf die Haltung von Schafen gelegt werden, die in kleineren Herden auf vereinzelten Pflanzungen ohne Schwierigkeit mit den anfallenden Futtermengen auskommen und gut gedeihen; Krankheiten wurden — soweit ich weiß — bisher nicht beobachtet. Eine Vermehrung des Ertrages der mit solchem Kompost behandelten Bananenfelder war deutlich zu bemerken.

Aber alle diese Möglichkeiten der Humusbeschaffung stehen sowohl hinsichtlich der Wirtschaftlichkeit als auch der nachhaltigen Wirkung erst an zweiter Stelle gegenüber der **Gründüngung**, die bei richtiger Wahl zugleich eine wichtige Futterquelle für Vieh bilden kann.

Es ist völlig unangebracht, eine „Verqueckung" des Bodens, wie bei manchen Gräsern, beim Anpflanz von Gründüngungspflanzen zu befürchten. Bei manchen Gräsern, in Kamerun insbesondere bei dem Eisengras (Paspalum conjugatum) verqueckt der Boden nur deshalb, weil die Ausläufer dieser Pflanzen infolge bestimmter Imprägnationen nach ihrem Absterben nur sehr schwer verrotten und außerdem zu einem so dichten Filz sich zusammenschließen, daß die Bodenatmung behindert wird. Die zur Verwendung kommenden Gründüngungspflanzen besitzen aber keine oder wenigstens nicht derartig widerstandsfähige Ausläufer. Im Gegenteil, eine gute Gründüngungspflanze erhöht nicht allein die Humusmenge, sie fördert sogar die Versorgung des Bodens mit Sauerstoff. Denn die weitverzweigten Systeme der Wurzeln und Nebenwurzeln bilden nach ihrem Absterben im Boden feine Kanäle, in die die Luft eindiffundieren kann. Handelt es sich um die deswegen schon meist bevorzugten Leguminosen, so erhält der Boden noch einen bedeutenden Gewinn an Stickstoff.

Es war auch verschiedentlich zu beobachten, wie kräftige Decken von Gründünger selbst hartnäckige und bösartige Gräser (z. B. das genannte

3*

Eisengras, selbst Elefantengras, Arten von Panicum und Cynodon Dactylon, . . .) zum Absterben brachten.

Als Gründüngungspflanzen haben sich die im Gebiet auch wiederholt vorhandenen, oft aber nicht mehr bekannten Leguminosen Pueraria phaseoloides und Centrosema pubescens bewährt. Beide sind mehrjährig, produzieren große Blattmassen und fruchten nicht schwer an eingestellten Klettergerüsten. Calopogonium mucunoides ist weniger zu empfehlen, da es nur eine kurze Lebensdauer besitzt und auch weniger organische Substanz bildet.

Die kletternde Lebensweise der genannten Pflanzen erfordert naturgemäß eine ständige Beobachtung. Wird diese allerdings unterlassen, was aber bei dem geringen Arbeitsaufwand gegenüber dem bedeutend höheren beim Schappieren nicht vorzukommen braucht, so gleichen die Bananenfelder — wie ich es sogar hier und da sah — bald einer Hopfenkultur.

Besser wäre es gewiß, wenn sich für Kamerun ebenso wirksame, jedoch nicht kletternde Gründüngungspflanzen finden ließen, die wegen der Gefahr des Wurzelschimmels auch möglichst nicht holzig sein dürften, leicht Frucht ansetzten und gleichzeitig ausdauernd wären. Die Versuche müssen sich etwa erstrecken auf Arten der Gattungen Cassia, Crotalaria, Indigofera, Tephrosia, Desmodium, Canavalia, Phaseolus u. a.

Mit der Gründüngung muß, wenn der Erfolg nachhaltig sein soll, eine **Mineraldüngung** Hand in Hand gehen. Welche Düngemittel und Mengen für die einzelnen Böden geeignet sind, werden die Bodenanalysen und die danach anzustellenden Freilandversuche ergeben. Die bereits durchgeführten Versuche anderer Gebiete sind in Kamerun nachzuprüfen.

Der **Windschaden** während der Übergangszeiten wird als relativ bedeutend angegeben (stellenweise 80% Ausfall und mehr der Einzelernte). Das Stehenlassen von zu schmalen, weniger als 150—200 m breiten Buschstreifen als Windschutzstreifen hat sich als unwirksam erwiesen. Es muß auch auf Grund der Angaben in der Literatur die Wirksamkeit solcher Schutzstreifen bezweifelt werden, weil durch diese Streifen die Wirbelbildung gefördert wird; überdies sterben schmale, oft vielleicht noch ohne Rücksicht auf Geländeverschiedenheiten gezogene Streifen infolge Störung ihres biologischen Gleichgewichtes über kurz oder lang ab. Wichtiger erscheint mir, ausgedehnte Waldreserven, z. B. auf Bergkuppen, steilen Hängen, vor allem aber in möglichst breiten (je 200—300 m) Galerien beiderseits der Wasserläufe als Schutz gegen Austrocknung und Erosion stehen zu lassen.

Ganz unmöglich erscheint mir die gelegentlich erörterte Methode, die der Ernte nahen Stauden ihrer Spreiten zu berauben, um dem Wind die Angriffsflächen zu nehmen. Die Spreiten sind ja noch zu dieser

Zeit in voller assimilatorischer Tätigkeit. Durch das Abschlagen der Spreiten würde daher der in den Wurzelstock absteigende Strom der Assimilate zum Versiegen gebracht; für die Entwicklung des nächsten Tochtersprosses müßten also die Reserven des Wurzelstockes angegriffen werden, die sich bei Fortführung der Methode mehr und mehr verringerten, was eine Schwächung der Pflanze und damit eine Minderung der Erträge zur Folge hätte. Windschaden wird am Kamerunberg niemals zu vermeiden, vielleicht aber durch folgende Maßnahmen einzuschränken sein:

1. Genaues Studium der Tornadobahnen, deren Kerngebiete für Anbau der hohen Fruchtbanane aufzugeben sind und mit sturmfesteren Kulturen (z. B. Ölpalme, Makabo, Ananas usw.) besetzt werden müssen. Die Saatbeete für Gründüngungspflanzen könnten hier liegen! Es ist auch möglich, in diesen Bezirken lediglich Gründünger anzupflanzen und ihn von hier auf die Felder zu streuen oder auf die Kompoststapel zu bringen. Ebenso sind solche Bezirke für die Kultur von Manihot geeignet, dessen Knollen über 30% für besten Sago geeignete Stärke enthalten.

2. Ebenso ungeeignet erscheinen für die Banane isolierte Bergkegel, Sättel und die etwa 100 bis 150 m breiten Streifen hinter einem quer zur Sturmbahn liegenden Höhenzuge. Es wird zu prüfen sein, ob solche Gebiete vielleicht zur Aufforstung wichtiger Nutzhölzer oder als Weideland benutzt werden können.

3. Bei der Anlage von Bananenfeldern ist möglichst zu beachten, daß die Hauptwindrichtung diagonal zu den Pflanzreihen liegt, um das gegenseitige Umschlagen der fallenden Stauden auf ein Mindestmaß herabzusetzen.

4. Es muß darauf gesehen werden, daß die Wurzelstöcke vollkommen im Boden sitzen, was vielfach nicht zu beobachten war. Besonders bei Verwendung von Bodenbedeckern müssen die Stammbasen frei gehalten werden, da Beschattung der Staudenbasis die Pflanze zu einer Höherlagerung des Wurzelstockes veranlaßt.

5. Durch „Timen" dürfte es möglich sein, den Fruchtanfall für die sturmreichen Monate künstlich zurückzuhalten. Die dadurch dem Rhizom erhaltenen Reservestoffe erhöhen den Ertrag anschließender Ernten.

6. Es müssen Versuche durchgeführt werden mit dem Ziele, durch Kreuzungen mit kurzstämmigen Arten der Cavendish-Gruppe windfestere Sorten zu gewinnen. Wenn anderwärts solche Versuche bisher ergebnislos geblieben sind, ist das kein Grund, sie aufzugeben, sondern nur mit anderen Methoden zu wiederholen (Versuchsstation!).

Hauptprodukte der Bananenkultur sind in Kamerun gegenwärtig Frischbananen, Feigenbananen und zu Futterzwecken Bananenschnitzel von ungeschälten Bananen und Planten.

Bei der Herstellung der Feigenbananen werden die zur Erzielung eines erstklassigen Produktes zu berücksichtigenden Anweisungen nicht immer gewissenhaft innegehalten: in den Reifeschuppen hängen die Bündel oft so dicht, daß die Früchte gedrückt werden müssen. Auf Sauberkeit in den Fabrikationsräumen und der hier beschäftigten Arbeiter ist peinlichst zu achten! Möglichst regelmäßig sollten Stichproben über den günstigsten Feuchtigkeitsgehalt der Bananen vorgenommen werden (etwa 15%).

Die Herstellung von Bananenwein und -likör, die von gewisser Seite angeregt wurde, halte ich nicht für angebracht. Die übergroße Reichhaltigkeit des Marktes an solchen Produkten verbietet eigentlich von vornherein die Verwertung wertvoller Kraftstoffe für Genußzwecke. Wohl aber sollte die Spirituserzeugung auf den Pflanzungen selbst angestrebt werden (als Brennstoff für Lampen und Motoren, für medizinische Zwecke in den Hospitälern). Ruschmann schreibt: „Es erscheint fast unerklärlich, daß man in den Bananenanbauländern nicht lange der Spirituserzeugung aus Bananen allergrößtes Interesse entgegengebracht hat. Länder wie Nigeria, Kamerun, Kongo usw. sind zweifellos in der Lage, einen sehr großen Anteil des heute importierten Brennstoffes durch Eigenproduktion zu ersetzen." (Vgl. den Bericht d. Herrn Prof. Fink in diesem Band.) Nach Ruschmanns Berechnungen können etwa 2000 l reinen Alkohols je Hektar und Jahr gewonnen werden, für die also in Kamerun eine entsprechende Devisensumme für Petroleum usw. eingespart werden könnte.

Ob die hier und da auf einigen Pflanzungen unternommenen Versuche, die Fasern der abgeernteten Stauden der Jamaicabanane ähnlich wie Manilahanf (Faserbanane) zu verwenden, sich ebenso wie in Mittelamerika nicht rentabel erweisen, muß abgewartet werden. Die Stämme enthielten nach früheren Untersuchungen nur 1,4—1,8% Fasern geringer Qualität, die nur für Papierbereitung in Frage kämen, gegenüber 3—5% Fasern bester Sorte bei den Faserbananen. Da jedoch der Fasergehalt nach Klima und Boden großen Schwankungen unterworfen ist, müßten für Kamerun erst genauere Prozentbestimmungen durchgeführt werden, ehe ein abschließendes Urteil gefällt werden kann. In der Preußischen Holzforschungsanstalt in Eberswalde laufen gegenwärtig Untersuchungen über die Verwertbarkeit der Bananenblätter zur Papierbereitung.

Die Herstellung von Krankenbinden aus den weißen inneren Scheiden der Stämme, wie ich es auf einigen Pflanzungen sah, kann allgemein zur Verbilligung der Hospitalkosten empfohlen werden. Dem Produkt kommt aber nur lokale Bedeutung zu.

Bevor jedoch die Gründüngung auf den Bananenfeldern nicht lückenlos durchgeführt ist und damit eine genügende Humusversorgung des Bodens gewährleistet wird, dürften auch nicht die kleinsten Mengen von Blättern oder Stämmen aus den Feldern entfernt werden, um so mehr als Untersuchungen gezeigt haben, daß die Bananenrückstände, insbesondere die Stämme und Achsen des Fruchtbündels, große Mengen von Kali enthalten (40—60% der Asche).

Die Ölpalme

Elaeis guinensis Jacq., deren afrikanisches Hauptareal wegen seines Formenreichtums auch meist für ursprünglich angesehen wird, ist auch im Pflanzungsgebiet mit einer ganzen Reihe von Rassen bzw. Formen vertreten (ein zweites Areal findet sich an der Ostküste Südamerikas, woher auch die zweite, durch besondere Kurzstämmigkeit ausgezeichnete Art — E. melanococca — bekannt ist). Im Gebiet scheinen, soweit sich das nach so kurzer Zeit angeben läßt, folgende Typen vorzukommen (Einteilung in Anlehnung an Annet, Rutgers und Yampolsky):

1. Var. communis: Frucht ohne Hülle steriler Fruchtblätter.

	Fleisch	Schale	Ölgehalt
f. macrocarya (Kongotyp) . .	41,8%	39,5%	21,9% d. Frucht
f. dura (Mungotyp)	37	50	18,5
(Delityp)	63	30	31,5
f. tenera (Lisombetyp) . . .	62,9	20,2	38,7

2. Var. Diwakkawakka: Frucht mit Hülle steriler Fruchtblätter.

	Fleisch	Schale	Ölgehalt
f. macrocarya	?	?	?
f. dura	43,4	46	25,5
f. tenera	76,2	12,3	53,5

Diese Übersicht, deren Zahlen der Literatur entnommen sind, gebe ich hier, um zu zeigen, daß neben dem in Sumatra gezüchteten Delityp auch in Westafrika Fruchtformen vorkommen, die keineswegs schlechter sind. Leider liegen sie noch nicht in genotypisch reinen Linien vor, wogegen die Delipalmen bereits in konstantem Saatmaterial zur Verfügung stehen.

Die in Kamerun hoffentlich recht bald einsetzende Züchtungsarbeit wird besonders die beiden Tenera-Formen berücksichtigen und darauf zielen müssen, einen konstanten Bastard zu schaffen mit hochwertigen Einzelfrüchten bei gleichzeitig hohem Gewicht des Fruchtstandes („Bündels"), das sich bisher vorwiegend bei den unedleren Formen (dura, macrocarya) vorfindet.

Bei der sehr nahen Verwandtschaft der afrikanischen Palme mit der anfangs bereits erwähnten Elaeis melanococca in Südamerika, deren Stamm während ihres ganzen Lebens extrem kurz bleibt, müßte es möglich sein, hochproduzierende und kurzstämmige Palmen zu erhalten, was eine erhebliche Verbilligung der Erntearbeit zu bedeuten hätte.

In Kamerun habe ich tatkräftige und auf lange Sicht angesetzte Züchtungsarbeit kaum gesehen, abgesehen von einigen Selektionsversuchen. Das ist verständlich, weil sich solche Arbeiten niemals recht mit den oft mehr auf die Gegenwart gerichteten Belangen eines Pflanzungsbetriebes vertragen. Bedauerlich ist es aber deswegen, weil Afrika durch den Besitz zahlreicher Varietäten und Rassen eine gewaltige Überlegenheit gegenüber Sumatra aufweist.

Nach Fickendey gelangten im Jahre 1911 nur 4 (vier) Palmen nach Sumatra, die zunächst überhaupt erst als Zierpalmen betrachtet wurden, und von dieser schmalen Basis aus konnten die heutigen hochwertigen Pflanzungen entwickelt werden. Um wieviel aussichtsreicher wäre Selektion und Züchtung in Afrika mit seinen ausgedehnten Palmenbeständen verschiedenster Eigenschaften in Sierra-Leone, an der Elfenbeinküste, in Nigeria, am Kongo und selbst in Kamerun.

Wenn auch die Pflanzungen selbst sich dieser auf eine nachhaltige hohe Produktion hinzielenden Aufgabe nicht unterziehen können, so kann sie doch von ihnen wesentlich erleichtert und vorbereitet werden. Will man nicht gezwungen werden, das Ausgangsmaterial für die Züchtungen aus entfernteren Gebieten zu beschaffen, so muß das totale Abschlagen überalterter und in ihrer Gesamtheit unwirtschaftlicher Bestände, das vielleicht für die nahe Zukunft zu erwarten ist, ohne vorherige Prüfung jeder einzelnen Palme möglichst unterbleiben. Zu schonen wären Palmen, von denen eine hohe Produktion bekannt ist; aber auch nach Möglichkeit solche, die zwar an ihrem gegenwärtigen Standplatz infolge ungünstiger Bedingungen geringeren Ertrag, jedoch edlere Merkmale zeigen, z. B. kräftig grüne, und dabei stark geneigte Wedel oder günstiges Verhältnis von männlichen zu weiblichen Blütenständen. Alles übrige wird umgeschlagen. Auf diese Weise ist der Neupflanz von einigen Überhältern durchsetzt, die in keiner Weise stören dürften.

Später allerdings droht den benachbarten Jungpflanzen eine gewisse Gefahr, wenn die Mutterbäume nach Abgabe genügender Nachkommenschaft geschlagen werden müssen. Das läßt sich aber vermeiden, wenn man sich die Fähigkeit der Ölpalme, leicht Adventivwurzeln zu bilden, zunutze macht: die ausgewählten Palmen werden gleich anfangs umgelegt, durch Beschneiden der Krone und durch Beschattung vor übermäßiger Wasserabgabe geschützt, und dann zu beiden Seiten des Stammes Erde angehäufelt. Es bilden sich dann auf der ganzen Stammfläche Wurzeln, die sich regenerierende Krone richtet sich auf, und alsbald beginnt die Fruchtbildung von neuem; jetzt aber an einem Stamm von geringer Höhe.

Die von den Pflanzungen gewünschte möglichst baldige Erhöhung der Produktion wird naturgemäß am sichersten erreicht durch Anpflanz bereits selektierter Sorten.

Nach den von Herrn Jarl mitgeteilten Zahlen dürfte es am besten sein, zunächst Delipalmen zu pflanzen. Da die Erträge dieser Sorte ihre Höhe konstant zu halten scheinen, ist anzunehmen, daß ihre Leistung auch in Kamerun noch wesentlich höher bleibt als die der bisherigen afrikanischen Mischpflanzungen. Selbst wenn die Produktion der Delipalme in Kamerun auf die Hälfte zurückgehen sollte, blieben die Ernten immer noch etwa dreimal höher als bisher auf den Pflanzungen am Kamerunberg.

Mit den sehr hohen Erträgen Sumatras wird jedoch bei der Delipalme nicht gerechnet werden können, weil sie eben unter den klimatischen Bedingungen jenes Landes entwickelt wurde.

Es sei hier eine kurze Übersicht der klimatischen Verschiedenheiten beider Länder eingeschaltet, weil die Kenntnis der unveränderlichen Faktoren notwendig ist für die Gestaltung der Kulturmaßnahmen:

	Westafrika	Sumatra
1.	2000—12000 mm Regen	2000—3000 mm Regen
2.	Gegensatz von Regenzeit und Trockenzeit	Regen ziemlich gleichmäßig verteilt
3.	Regen zu allen Tages- und Nachtzeiten	Regen meist erst am Spätnachmittag oder nachts
4.	Geringere Zahl der Sonnenscheinstunden	Hohe Zahl der Sonnenscheinstunden
5.	Luftfeuchtigkeit hoch	Luftfeuchtigkeit relativ gering.

Die zu ergreifenden Kultur- und Betriebsmaßnahmen müssen danach streben, die ungünstigeren klimatischen Verhältnisse Afrikas in ihrer Wirkung auf das Pflanzenwachstum möglichst abzuschwächen; in großen Zügen dürften es folgende sein:

Zu 1. Die Ölpalme ist empfindlich sowohl gegen nicht genügenden Wechsel des Bodenwassers, als auch gegen ungenügende Wasserversorgung des Bodens (keine Grundwasserpalme wie etwa die Dattel). Sie benötigt dabei einen tiefgründigen, humusreichen und durchlässigen Boden.

Für die regenreiche Westseite des Kamerunberges können etwa folgende Maßnahmen empfohlen werden: Drainagen und Lockerung des Bodens durch vorsichtige Kalkung. Verhinderung der Bodenabschwemmung durch Pflanzen in Höhenlinien mit Wallgraben und Terrassen. Humuserhaltung durch intensive Gründüngung. Hierbei sind entschieden Leguminosen zu bevorzugen, da bei fehlender Stickstoffversorgung die Wedel vergilben. Aus gleichen Gründen Kompostbereitung, wenn möglich mit Zugaben von Stallmist (1—2 Stück Vieh pro Hektar). Meinen Beobachtungen zufolge dürften auch die Abwässer der Ölfabriken reichliche Mengen von Stickstoff enthalten; eine Analyse ist angebracht.

Zu 2. Die Trockenzeit bildet eine Gefahr für Keim- und Saatbeete, die deshalb stets in der Nähe von Wasserläufen zu liegen haben. Das periodische Klima bedingt Haupt- und Nebenernten. Die geringere Produktion der erntearmen Periode muß ausgeglichen werden durch erhöhte Produktion der Haupternten. Zu diesem Zweck muß der Nährstoffzustand des Bodens stets beobachtet werden. Für die Ölpalme ist besonders wichtig der zur Verfügung stehende Gehalt an Phosphorsäure (die Gründüngungsleguminosen sind meist gute Phosphatindikatoren). Für die Phosphatdüngung ist Thomasmehl zu empfehlen, das nach Mitteilung des Verbandes der Thomasmehlerzeuger gegen Reichsmark bezogen werden kann, oder das allerdings teurere Rhenaniaphosphat. Nach Herrn Jarl wird in Nigeria zur Phosphatdüngung Algierphosphat benutzt.

Die Reichsstelle für Bodenforschung in Berlin führte eine Analyse dieses Felsenphosphates aus. Sie sei hier mit den Analysen des Thomasmehles und des Rhenaniaphosphates wiedergegeben:

Algierphosphat	
P_2O_5 total	41,8%
„ wasserlöslich	0,01%
„ zitratlöslich	10,96%
$CaCO_3$	6,9 %
Rhenaniaphosphat	
P_2O_5 wasserlöslich	4%
„ zitratlöslich	23—31%
CaO	43%
MgO	1%
SiO_2	13%
Na_2O	14%

Thomasmehl	
	15—20%
	—
	15%
CaO	40—50%
SiO_2	5—10%
FeO, Fe_2O_3	12—16%
MnO	5—10%
MgO	2—3 %

Der Vergleich zeigt die geringere Wertigkeit des Rohphosphates wegen seines geringen Kalkgehaltes. Der saure Boden am Kamerunberg verlangt aber unbedingt eine Kalkphosphatdüngung, wenn nicht große Mengen Phosphorsäure durch Absorption verloren gehen sollen. Bei der Phosphatdüngung wäre auch daran zu denken, daß der große Fischreichtum der Küste von Kamerun nicht allein für die menschliche Ernährung, sondern auch für Düngezwecke in Frage käme. Fischmehl enthält etwa 12% Stickstoff und 14% Phosphorsäure.

Ernteverluste müssen eingeschränkt werden. Unbedeckte Fruchtbündel dürfen nicht stunden- und tagelang in der Sonne liegen. Nicht selten werden die Bündel erst geerntet, wenn die Früchte schon zu lose sitzen und herausfallen. Die herausgefallenen Früchte müssen ebenfalls eingesammelt werden. Sind hohe Palmen abzuernten, empfiehlt sich vielleicht die Verwendung von Fangmatten oder Fangnetzen; Fickendey gebraucht untergelegte Polster.

Zu 3. Die Erschwerung der Tagesarbeit durch Regen kann zum Teil ausgeglichen werden durch Verbesserung des Wege- und Bahnnetzes, in besonders bergigem Gelände evtl. Anlage von Seil- und Rutschbahnen.

Zu 5 u. 6. Geringe Zahl der Sonnenscheinstunden und die hohe Luftfeuchtigkeit hemmen die Assimilation. Die Pflanzweiten dürfen daher nicht zu eng sein. Die Blätter dürfen sich höchstens mit ihren Spitzen berühren. Auf der Ostseite des Berges käme ein Dreiecksverband von 9 × 9, auf der Westseite ein solcher von 10 × 10 Metern in Frage. In jedem Falle ist ein etwas zu weiter Abstand einem zu engen vorzuziehen, da eine genügende Assimilation nur von frei bewegten Kronen erwartet werden kann.

Wenn es möglich ist, sollten die Palmen nur in weiten Ebenen und bei Pflanzreihen diese in Nord-Süd-Richtung gepflanzt werden, da nur so das Tageslicht maximal ausgebeutet werden kann.

Zum Schluß sei noch einmal betont, daß die höchste Produktion wahrscheinlich von einer in Kamerun selbst entwickelten Rasse erwartet werden kann.

Der Kautschuk

Im Gebiet befinden sich gegenwärtig:
Hevea brasiliensis Müll. Arg., Heimat Südamerika;
Ficus elastica Roxb., Heimat Ostindien;
Castilloa elastica Cerv., Heimat Mexiko;
Kickxia elastica Preuss, Heimat Westafrika.

Zustand der Pflanzungen

In Kultur und Nutzung befindet sich nur Hevea brasiliensis in alten und jungen Anpflanzungen.

Die alten, zum Teil überalterten Bestände befinden sich nicht im besten Zustande. Das ist allerdings verständlich, wenn man weiß, daß bei Übernahme der Pflanzungen fast jegliche Erfahrung in der Kultur und Pflege der Hevea fehlte.

Die Bäume leiden vielerorts unter starkem Befall von Misteln (verschiedene Arten von Loranthus), die auch überall in den umliegenden Buschgebieten häufig vorkommen, was gewiß ihre wirksame Bekämpfung erschwert.

Diese darf nur darauf gerichtet sein, den Parasiten selbst durch ununterbrochenen Schnitt unter möglichster Schonung der Heveakrone allmählich abzutöten. Ebenso ist auf die Entfernung aller Nester beerenfressender Vögel zu achten. Dabei sollten jedoch die insektenfressenden Vögel geschont werden, weil man sich sonst einer wirksamen „Sicherheitspolizei" gegen Insektenschäden beraubt.

Sind die Bäume noch nicht zu hoch, wäre die Anwendung zusammensetzbarer Baumscheren oder Baumhaken zu versuchen. Hohe und stark befallene alte Bäume bilden einen ständigen Infektionsherd und sollten ganz entfernt werden.

Jede neue Infektion muß, dies gilt ganz besonders für junge Anpflanzungen, unverzüglich entfernt werden. Wartet man zu lange, so treiben die Misteln unter der Rinde ihres Wirtes entlangwachsende Ausläufer und brechen auch an mehreren anderen Stellen der Krone hervor. Bei der Zähigkeit des Parasiten und der ständigen Infektionsgefahr vom Busch her kann nur eine ununterbrochene aufmerksame Beobachtung Aussicht auf Erfolg haben. Dies ist im Pflanzungsgebiet offenbar nicht immer der Fall gewesen.

Auch die Zapfflächen lassen an ihrem häufig schlechten Zustand die Schwierigkeiten in der Beschaffung guter und beständiger Arbeitskräfte erkennen. Ohne Haltung eines gut ausgebildeten Stammes von Arbeitern, die speziell bei der Zapfung eingesetzt werden, wird keine Besserung zu erreichen sein. Die Forderung von Herrn Jarl, den Arbeiter zusammen mit seiner Familie auf der Pflanzung anzusiedeln, erscheint für diese Frage besonders wichtig.

Man trifft gegenwärtig noch zahlreiche Bäume, die bis auf das Holz oder bis herab auf die Stammbasis in die Region der ersten abgehenden Hauptwurzeln gezapft sind.

Wie groß der Rindenverbrauch ist, habe ich nicht feststellen können. Die Pflanzungen mögen nachprüfen, ob bei ihnen monatlich mehr als 1,25 oder höchstens 1,8 inches Rinde verbraucht werden.

Wie wichtig eine gut durchgeführte Zapfung ist, zeigt folgende Tabelle, aus der hervorgeht, daß schonend behandelte Bäume noch 28 Jahre nach Eintritt der Zapfreife eine beträchtliche Produktion aufweisen können (nach Archief voor de Rubbercultuur in Nederland.-Indie, Jahrg. 13 S. 655):

Alter der Bäume		Durchschnittsertrag in kg pro ha
Jahre	4—5	71
„	5—6	223
„	10—11	372
„	11—12	417
„	14—15	436
„	18—19	434
„	20—21	432
„	23—28	449

Von dem in Indien größtenteils eingeführten A-B- oder A-B-C-Zapfsystem sollte auch in Kamerun Gebrauch gemacht werden. Es schont die Bäume, erhöht die Produktion und erspart Zapfkosten. Folgende Übersicht gebe ich hierfür zur Kenntnis (nach George 1938):

Hat eine Pflanzung bei dem täglichen Zapfsystem 400 lbs je acre gebracht, so entwickeln sich die Erträge unter dem A-B-C-System folgendermaßen:

1. Jahr	240 lbs je acre
2. Jahr	320 " " "
3. Jahr	400 " " "
4. Jahr	440 " " "

Das Zapfen muß stets in den frühesten Morgenstunden vorgenommen werden, weil dann der Druck in den Milchgefäßen noch stärker ist als in den folgenden Tagesstunden. Das hängt damit zusammen, daß nachts infolge der eingeschränkten Transpiration der allgemeine Saftdruck (Turgor) in den Geweben seinen Höhepunkt erreicht, und, sobald die Transpiration nach Öffnen der Spaltöffnungen infolge der Belichtung einsetzt, auch der Gewebedruck nachläßt. Messungen haben gezeigt, daß der Stammumfang nachts größer ist als bei Tage.

Es wären auch Beobachtungen anzustellen in der Richtung, ob in den verschiedenen Monatsabschnitten auch die Latexproduktion verschieden ist. Jedenfalls wurde an Castilloa elastica in West-Ecuador beobachtet, daß eine deutliche Beziehung zwischen Mondphasen und Ausbeute besteht. In den ersten Phasen scheinen die Bäume mehr Milchsaft zu besitzen (Treadwell and Hill nach Hübner, Kautschuk 1934).

Die noch nicht gezapften, teilweise vor der Zapfreife stehenden jungen Pflanzungen bestehen nach Angabe der Pflanzer teils aus wurzelechten Aussaaten, teils aus Okulationen eigener Selektionen, teils aus Okulaten hochwertiger Sumatraklone.

Ob die wurzelechten Anpflanzungen eine befriedigende Produktion zeigen, bleibt abzuwarten. In jedem Falle können sie zu Düngeversuchen benutzt und zu eigenen Selektionen verwendet werden. Bei unbefriedigender Produktion ist mit ihrem Totzapfen zugunsten wertvolleren Materials nicht zu zögern.

Das allgemeine Bestreben, eigene Selektionen durchzuführen, ist sehr begrüßenswert, konnte bisher offenbar aber nicht in dem notwendigen Umfange durchgeführt werden. In jedem Fall müssen die Arbeiten weitergeführt werden, da für die geplanten oder schon durchgeführten Anpflanze hochwertiger Sumatraklone dasselbe gilt, was bereits über die Deli-Ölpalmen gesagt wurde: eine höhere Produktion ist wahrscheinlich, aber im Kameruner Klima nicht unbedingt zu erwarten. Notwendig ist allerdings auch genaueste Protokollführung: Es darf nicht — auch nicht ausnahmsweise — vorkommen, daß Pflanzungen über die Provenienz der Kulturen im Unklaren sind.

Bei der Anlage der Felder sind möglichst alle auch in anderen Pflanzungsgebieten gemachten Erfahrungen zu berücksichtigen. Nach dem Vorbilde der Holländer sollten Musterpflanzungen eingerichtet werden, deren Ergebnisse und Erfahrungen den einzelnen Pflanzern durch laufende Berichte, Besuche und regelmäßige Vorträge nahegebracht würden. Wie weit die holländischen Pflanzungen auf dem Gebiet der Pflanzungsveredelung gekommen sind, dürfte aus folgendem hervorgehen: 1915 hatte die Rubber Growers Association Durchschnittserträge von 228—353 lbs je zapfreifen acre ermittelt. Versuche des Rubber Research Institute of Malaya haben gezeigt, daß folgende Erträge je acre erreicht werden konnten:

1. Zapfjahr	400 lbs
2. Zapfjahr	650 „
4. Zapfjahr	1000 „
7. Zapfjahr	1300 „

In Prang Besar ist es gelungen, vom 8. Jahre an eine Ausbeute von 2130 lbs je acre zu erzielen (1931). Das Ziel ist, eine englische Tonne (also 2240 lbs) Kautschuk je acre im Jahre zu erzeugen.

Klima und Boden. Günstige Temperaturverhältnisse sind für Hevea gegeben bei einem Mittel von etwa 25—27° C, was für die nicht unmittelbar in der Niederung befindlichen Pflanzungen am Kamerunberg zutreffen dürfte; genauere Daten sind noch einzuholen.

In Niederländisch-Indien wird Hevea daher nicht über 500 m. ü. M. kultiviert. Als oberste Grenze gilt dort 800 m. Die Temperaturen sollen nicht unter 18° C sinken.

Regenmengen können wegen der starken Transpiration des relativ zarten Laubes ziemlich reichlich vertragen werden (bis etwa 2500 mm); die Niederschläge sollen möglichst in gleicher Verteilung fallen. Höhere Regenmengen können jedoch Blattkrankheiten hervorrufen. Die Westseite des Kamerunberges und wohl auch einige Gebiete der Südseite kommen daher für die Heveakultur wegen der hohen Niederschläge, die 12000 mm und mehr betragen sollen, nicht in Frage. Besonders auch schon deswegen nicht, weil die dort auch in den Vormittagsstunden fallenden Regen Laterverluste herbeiführen müssen.

Umgekehrt veranlaßt aber auch zu starke Trockenheit eine Verminderung der Blattmenge und damit auch der Rinden- und Laterproduktion.

Der Boden soll stets genügende Feuchtigkeit besitzen (also Humusreichtum notwendig!). Ein zu hoher Grundwasserstand ist schädlich, da sich das Wurzelsystem der Bäume nur bis zum Grundwasserspiegel ausbreitet. Auch Ule beobachtete in Südamerika, daß Hevea brasiliensis nicht

— wie früher angenommen — im Überschwemmungsgebiet des Amazonas vorkommt, sondern die höher gelegenen trockeneren Flächen bewohnt.

Ein harter Boden ist ungeeignet, da er die feinen Verzweigungen der Seitenwurzeln verhindert. Am günstigsten scheinen nach den Angaben in der Literatur, die ich auf den Pflanzungen bestätigt fand, tiefgründig-humöse, gleichmäßig mittelfein strukturierte Böden mit hohem Sandgehalt, vor allem aber mit lebhafter Luft- und Wasserführung zu sein. Rotbraune Laterite sind ebenfalls für die Kultur geeignet, wenn sie ausreichende Krümelstruktur aufweisen. Steife Tone und humusarme, dichtgeschwemmte Böden haben sich ohne gründliche Kalkung als unbrauchbar erwiesen. Bei der Kalkung ist jedoch zu berücksichtigen, daß Hevea in einem pH-Bereich über 7 Krankheitserscheinungen zeigte.

In chemischer Beziehung macht Hevea an den Boden keine besonderen Ansprüche. So gediehen (nach Jacob) junge Kulturen in Niederländisch-Indien noch gut bei den folgenden niedrigen Werten der Hauptnährstoffe:

$$N = 0{,}1\text{—}0{,}2\% \quad P = 0{,}01\text{—}0{,}1\% \quad K = 0{,}01\text{—}0{,}1\%$$

Eine Bodenverbesserung ist jedoch nicht auf die Dauer zu umgehen. Sie wird sich jedoch die Erfahrungen, die bei der Düngung zur Erzielung von Fruchternten gemacht wurden, nicht ohne weiteres zunutze machen können. Trotz zahlreicher Versuche ist es allerdings bisher nur selten gelungen, zwischen Latexproduktion und Düngemittel eine direkte Korrelation nachzuweisen.

Dringend notwendig ist auch bei der Kultur von Hevea die Erhaltung und Vermehrung der Humusdecke. Clean-weeding ist also unbedingt zu vermeiden.

Sehr deutlich geht das aus einer Bodenanalyse (Reichsstelle für Bodenforschung) hervor, die für zwei gegensätzliche Horizonte in Missellele folgende Werte angibt:

1. Hevea, schlechter Bestand 0,76% Humus i. d. Oberschicht;
2. Hevea, guter Bestand 2,17% Humus i. d. Oberschicht.

In 80 cm Tiefe hat das zweite Profil noch fast doppelt so viel Humus (nämlich 0,73%) wie das erste.

Bei der Unkrautbekämpfung sind lediglich die bodenabschließenden Gräser und wegen der Gefahr des Wurzelschimmels die größeren verholzten Gewächse zu entfernen; ebenso im Interesse der Übersichtlichkeit der Pflanzung die Klettergewächse.

Alle übrigen Pflanzen der Bodenschicht können als Humusbildner geduldet werden; günstig dürften sich in dieser Beziehung die Arten folgender Gattungen verhalten: Alternanthera, Amaranthus, Drymaria, Phyllanthus, Solanum, Borreria, Ageratum, Galinsoga, Melanthera, außerdem alle Farne und Monokotylen.

Die Bevorzugung von N-bindenden Leguminosen ist gewiß vorteilhaft. Wenn die üblichen Gründüngerpflanzen wie z. B. Centrosema und Pueraria unter Hevea wegen des schattigen Standortes weniger gut gedeihen sollten, scheint es mir empfehlenswert zu sein, das im Gebiet häufig vorkommende (heimische?) und nicht kletternde Desmodium adscendens DC., das schattige Standorte liebt, als Gründüngungspflanze zu verwenden. In einigen Heveapflanzungen und am Buschrande fand ich es zuweilen in freudigem Wachstum. Wie ein von mir vorgeschlagener Versuch lehrte, läßt es sich leicht durch Stecklinge vermehren.

Aus Düngeexperimenten (The Empire Journ. of Experim. Agricult. IV, 16, 1936; Ref. in Tropenpfl. 4, 1937) geht hervor, daß bei Hevea jede Düngung nur auf eine gesunde und normale Entwicklung der Pflanzen hinzuzielen hat. Eine Umfangszunahme von etwa 1,25 cm im Jahre gilt als normaler Zuwachs eines gesunden Baumes. Wird diese Dickenzunahme bereits ohne künstliche Bodenverbesserung erreicht, hat eine weitere Düngung im allgemeinen keine Steigerung zur Folge. Trotzdem empfiehlt es sich, auch in diesen Fällen in Abständen von 2—4 Jahren zu düngen, um einer Verminderung der Rindenausbildung vorzubeugen. Wartet man erst bis zum Nachlassen der Latexproduktion, so muß oft mit einer Ernteabnahme auf längere Zeit gerechnet werden, da die Wirkung der Düngung im allgemeinen erst nach mehreren Jahren eintritt.

Die ersten Anzeichen für Wachstumshemmungen zeigen sich in schütterer Belaubung und in der gelbstichigen Farbe des normalerweise sattgrünen Blattes.

Als sehr günstig hat sich schwefelsaures Ammoniak erwiesen. Ich gebe hier (nach Jakob) einen von de Jong (Buitenzorg) durchgeführten Düngungsversuch wieder:

Düngergabe pro Baum		Zunahme des Stammumfanges	Mehrzunahme gegenüber ungedüngt
		cm	cm
N	260 g schwefelsaures Ammonium	415,0	47,0
P	280 g Doppelsuperphosphat . .	392,0	24,0
K	160 g Chlorkalium	394,5	26,5
NP	260 g schwefelsaures Ammonium 280 g Doppelsuperphosphat . .	394,0	26,0
NK	260 g schwefels. Ammonium . . 160 g Chlorkalium	417,5	49,5
PK	280 g Doppelsuperphosphat . . 160 g Chlorkalium	377,5	9,5
NPK	260 g schwefels. Ammonium . . 280 g Doppelsuperphosphat . . 160 g Chlorkalium	421,1	53,3
0	Ungedüngt	368,0	0,0

Abb. 7. Pueraria phaseoloides

Abb. 8. Centriosema pubescens

Abb. 9. Bananen mit Pueraria

Abb. 10. Ölpalmen mit Pueraria und Centrosema

Abb. 11. Schädliche Entwicklung der Gründüngerpflanzen

Abb. 12. Schädliche Entwicklung der Gründüngerpflanzen

Abb. 13. Vorteilhafte Anlage von Keim- und Saatbeeten

Abb 14. Vorteilhafte Anlage von Keim- und Saatbeeten

Die Volldüngung wird empfohlen, um Neupflanzungen schneller zur Reife zu bringen. Auch ältere Bestände mit kümmerndem Wachstum können dadurch angeregt werden; überalterte Bestände reagieren jedoch nicht mehr darauf.

Im allgemeinen ist bei den Düngegaben Stickstoff der wirksamste Faktor. Man hüte sich jedoch vor zu großen N-Gaben. Es können dabei die Stämme im Verhältnis zur Krone zu hoch und schlank werden, was die Gefahr der Windbrüchigkeit erhöht.

Kali fördert erfahrungsgemäß die Holzbildung, Stickstoff die Blattbildung. Jüngeren Pflanzen ist daher mehr Kali zu verabreichen, um zunächst einmal kräftige Stämme zu erhalten. In späteren Jahren kann dann zur Erhöhung der Blattmasse die Stickstoffgabe vergrößert werden.

Keimbeete sollen dagegen einen sandigen, an Nährstoffen relativ armen Boden haben; eine Düngung kommt hierbei also nicht in Betracht. Dadurch wird erreicht, daß 1. Pflanzen schwächlichen Wachstums mehr zurückbleiben und leichter erkannt werden und 2. das Wurzelsystem von Anfang an zu einer stärkeren Verzweigung genötigt wird.

Für Kamerun werden vielleicht an Stelle alter Bestände hochproduzierende Klone gepflanzt werden. Da solche Böden an den für Hevea wesentlichen Nährstoffen Mangel leiden, wird sich hier meistens nur eine Volldüngung als wirksam erweisen. Es wird dabei von Fall zu Fall geprüft werden müssen, ob einer der Grundnährstoffe fortgelassen werden kann. (Vgl. die Anweisung zur Anlage von Feldversuchen im allgemeinen Teil dieses Berichts.)

Nach jedem Düngeversuch muß erst eine anhaltende Wirkung abgewartet werden. Eine anfängliche Erhöhung der Latexproduktion braucht nicht für eine günstige Wirkung des Düngemittels zu sprechen. Unter Umständen reagiert der Baum — wie das auch für infektiöse Erkrankungen beobachtet ist — auf eine falsche Düngung infolge pathologischer Veränderungen im Stoffwechsel mit erhöhter Milchsaftbildung, die aber nur vorübergehend ist.

Bei den Abmessungen der Pflanzweite ist zu berücksichtigen, daß der einzelne Baum schneller und kräftiger wächst, insbesondere eine größere Stammdicke erhält, wenn ihm reichlich Raum zur Verfügung steht. Dabei ist auch der Wurzelraum zu berücksichtigen und zu bedenken, daß bei Hevea sich das Wurzelsystem bis zu 30 Metern im Umkreis ausdehnen kann.

Da die in der Krone bereiteten Assimilate in der Rinde geleitet werden, wirkt ein Ansteigen des Assimilationsstromes direkt auf eine Vermehrung des Rindengewebes hin. Ein kräftiges Wachstum der Krone, die nur bei ausreichender Pflanzweite voll zur Entwicklung kommt, ist also die Vorbedingung für eine gute Entwicklung der Rinde und damit für die Ausbildung einer höheren Zahl von Milchsaftröhren.

Die kräftige Assimilation einer starken Krone fördert auch die Regeneration der verbrauchten Rindenteile und macht außerdem den Baum gegen Pilzbefall widerstandsfähiger.

Bei günstigem Lichtklima kann die Pflanzweite enger, bei ungünstigem weiter sein. Da im Gebiet des Kamerunberges, wie das bereits aus der bei der Ölpalme gegebenen Zusammenstellung hervorgeht, die Lichtverhältnisse nicht die günstigsten sind, erscheint mir ein Pflanzabstand, wie er (nach Jarl) in Nigeria geübt wird, von 5 × 6 m als fast schon zu dicht; nach Jarl soll er sich aber überall bewährt haben.

Man sollte sich vielleicht in dem starkbewegten Gelände des Kamerunberges überhaupt nicht auf einen bestimmten Pflanzabstand festlegen. Ebene Gebiete gestatten wegen der intensiveren Ausnutzung der Tageslichtsumme eine engere Pflanzweite als Berglehnen oder Talmulden, deren Bestände nicht in den vollen Genuß des Tageslichts kommen.

Die jeweils optimale Pflanzweite wird sich erst nach längeren Beobachtungen der Produktion und nach eingehenden Lichtsummenmessungen herausfinden lassen.

In diesem Zusammenhange sei die Aufmerksamkeit auf die von Hamaker u. a. empfohlene Methode zur Erzielung der richtigen Pflanzweite gelenkt. Es ist die sogenannte Methode der Durchforstung: man pflanzt hierbei zunächst in engen Abständen von etwa 4 × 4 oder 5 × 5 Metern. Durch Totzapfen derjenigen Stämme, die wenig Latex produzieren, wird zugunsten der besseren Produzenten ausgelichtet. Bei Versuchen in Niederländisch-Indien wurde der Höchstertrag auf der am meisten gelichteten Parzelle mit 250 Bäumen pro ha erzielt gegenüber anderen Parzellen mit 625 Bäumen.

Wenn auch die ursprünglichen Pflanzreihen dabei verloren gehen, so entspricht diese Selektionsmethode doch insofern am meisten den biologischen Regeln, als der ganze Anpflanz sich weitgehend den besonderen, von Ort zu Ort wechselnden Verhältnissen des Gebietes anpassen läßt.

Selektion, Okulation, Saatzucht

Fast alle im Gebiet befindlichen Heveabestände stellen ein buntes Gemisch miteinander bastardierter Rassen und Mikrorassen verschiedenster Leistungen und Werte dar. Die auf einigen Pflanzungen kultivierten wertvolleren Produzenten wurden meist importiert, und nur selten sind schwache Versuche zu eigener Selektion begonnen.

Wie wichtig es aber ist, die unzuverlässige und in einem ordnungsmäßigen Betriebe daher nicht tragbare Produktion einer Mischkultur zunächst wenigstens einmal zahlenmäßig faßbar zu gestalten, zeigt folgende Übersicht (nach Swart und Rütgers):

Ertrag pro Baum in g	Zahl der Bäume pro Gruppe	Produktion pro Gruppe
1— 10	2678	5812
11— 20	2006	7456
21— 30	703	5651
31— 40	360	4033
41— 50	216	3125
51— 60	72	1246
61— 70	40	806
71— 80	43	980
81— 90	24	627
91—100	17	485
101—110	—	—
111—120	2	69
121—130	4	155

Aus der Tabelle geht mit erschreckender Deutlichkeit hervor, wie gering in einem nicht selektierten Anpflanz der Prozentsatz leistungsfähigerer Produzenten ist. Daß z. B. die 4684 Bäume mit nur 1—20 g Produktion auf etwa 5,5 ha sogar noch 2 kg weniger liefern als die 1481 Bäume der übrigen Gruppen auf einer nur 4,5 ha bedeckenden Fläche. Eine solche Pflanzung muß unrentabel arbeiten.

Jeder Aufschub der Selektionsarbeiten, die ja nicht allein den Durchschnittsertrag steigern, sondern auch die gesamte Produktion zuverlässiger, also etatmäßig verwertbar machen, bedeutet daher nur eine scheinbare Kostenersparnis.

Die im Gebiet vorgenommenen Selektionen können nur als tastende Anfänge bezeichnet werden; mehr Exaktheit und Organisation ist angebracht. Die mancherorts vertretene Meinung von der bei der Selektion verwendbaren „edlen Gestalt" eines Baumes oder Blattes ist völlig abwegig, weil unreal und subjektiv.

Da eine quantitativ und qualitativ hohe Latexproduktion verlangt wird, hat diese in erster Linie die Richtung der Selektion zu bestimmen; Wüchsigkeit und Schädlingsfestigkeit sind dabei zu berücksichtigen.

Alle Beobachtungen müssen auf eine möglichst exakte Grundlage (derselbe Zapfer, dieselbe Schnittführung, Schnitthöhe und Tageszeit usw.) gestellt und über 3—4 Jahre ausgedehnt werden, weil die Produktion desselben Baumes in Form einer mehrgipfligen Kurve verläuft:

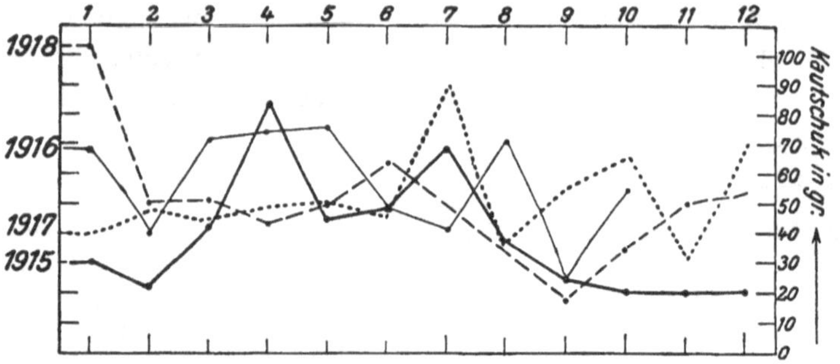

Jahresproduktionen desselben Versuchsbaumes in den Jahren 1915—1918 (nach Angaben von Swart und Rutgers).

Schneller als die Latexbestimmungen können anatomische Untersuchungen der Rinde zum Ziele führen, wenn sie mit fachlicher Erfahrung und Kritik durchgeführt werden; in jedem Falle sollten sie zur Kontrolle der Latexmethode dienen.

Wenn in Kamerun derartige Arbeiten bisher nicht in Angriff genommen wurden, lag das unter anderem daran, daß solche Versuche im Rahmen eines lediglich auf kurzfristige produktive Arbeit abgestimmten Pflanzungsbetriebes nicht lebensfähig sind. Im Interesse der Unternehmungen selbst wäre eine baldige Änderung der Verhältnisse zu wünschen.

Etwas mehr hat man sich um die Durchführung von Okulationen, die ja relativ schnell größere Mengen selektierten Materials ergeben, wenigstens in jüngster Zeit bemüht, immerhin fast 15 Jahre nach den ersten Heveaokulationen in Niederländisch-Indien.

Gesehen habe ich die Anwendung der kombinierten Forkert-Fleck-Methode, die anscheinend jetzt allgemein die übrigen für Hevea versuchten Okulationsarten (T-Schnitt, Anplacken, Forkert-Methode) verdrängt hat, weil sie mit über 91% Anwachsungen im Durchschnitt ihre Überlegenheit bewiesen hat. Da aber im Gebiet wesentlich geringere Prozentsätze (50—60) von Anwachsungen genannt werden, muß das zu einem erheblichen Teil an einer nicht ausreichenden Berücksichtigung gewisser Bedingungen liegen, die für ein befriedigendes Ergebnis unerläßlich sind. Es erscheint mir daher angebracht, die vor allem biologischen Momente des Okulationsganges hier kurz aufzuführen:

Nur Okulieren, wenn Rinde „im Saft“ steht.

Schnelles und sauberstes Arbeiten (Reinigen und Trocknen der Rinden, sauberes Messer, Schnittflächen nicht mit Fingern und Wasser in Berührung bringen!, Rindenlöser stumpf, aber glatt).

Nur wüchsige und gesunde Unterlagen verwenden.

Die Saaten selektieren auf gutes Wurzelsystem, evtl. mit Heteroauxin beizen (0,01—0,001% Lg.), auf gewaschenem Fluß-Sand ankeimen und im Dreiecksverband (30 cm) auf Saatbeete in Doppelreihen setzen (etwa 60 cm Abstand), etwa 1000 Bäumchen auf ein quadratisches Beet, das in etwa 1 m Abstand von kleinem Graben umgeben ist (dieses System schützt nach den Erfahrungen der AVROS vor einseitiger Wurzelausbildung); sehr zu empfehlen: etwa 14 Tage vor Einsetzen der gekeimten Saaten 15 g Ammonsulfat pro Pflanze auf die Saatbeete oder gut verrotteten Mist in dünner Lage flach, aber gut gemischt unterhacken; Zwischenstreifen mit Gründüngungspflanzen, die vor dem Okulieren entfernt werden (ich rate zu nicht kletternden und nicht holzigen Leguminosen, etwa Indigofera endekaphyllos, Desmodium ascendens, Mimosa invisa Cassia-Arten).

Unterlage und Edelreis brauchen nicht die gleiche Dicke zu besitzen (im Gegensatz zu früheren Ansichten), obwohl es anzustreben ist. Die Unterlage soll möglichst nicht schwächer sein als 10 cm Umfang, 2 cm über dem Wurzelhals gemessen (10—14 Monate alt), das Edelreis kann halb so dick sein. Rinde des Edelreises, das beim Schneiden in vollem Saft gestanden haben muß, soll nicht mehr grüne, sondern braune oder graue Farbe zeigen.

Vor der Okulation evtl. Düngung wiederholen.

Nur etwa 5—10 cm über dem Boden okulieren.

Kambium möglichst wenig verletzen und möglichst lückenlose Berührung der Kambien von Unterlage und Schild anstreben.

Möglichst keine Blattwinkelaugen, sondern frei in der Rinde liegende Augen verwenden.

Augen gegenüber der Sonnenseite einsetzen.

Förderung der Verwachsung evtl. durch Anwendung von Heteroauxin (β-Indolylessigsäure) in etwa 0,05%iger Lg.

Verband fest, luft- und völlig wasserdicht (etwa 2 cm breite paraffinierte Kattun- oder Leinenstreifen).

Nach Okulation 14 Tage Ruhe lassen.

Okulate frühestens nach 1, spätestens nach 3 Monaten auspflanzen, am besten bei Beginn der Regenzeit[1]).

Zapfenschneiden sauber und erst kurz vor dem Auspflanzen. Kallusbildung durch Heteroauxinpaste fördern.

---

[1]) Nach mündlicher Mitteilung von Herrn Wickel (A.F.C.) können junge Okulate in Niederländisch-Indien auch während der ganzen Trockenzeit (etwa dort von Mai bis Oktober) noch auf den Okulationsbeeten gelassen werden.

Es wird nicht leicht sein, den relativ primitiven Eingeborenen Kameruns zu einer gediegenen Okulationsarbeit, die neben technischer Vollkommenheit alle diese Punkte in Rechnung setzt, zu erziehen. Um so ausdauernder und gleichartiger muß die Unterweisung erfolgen, um so intensiver die Beaufsichtigung sein. Gerade diese Leute, die ja an den Keimzellen der Pflanzungen arbeiten, müssen mit größter Nachsicht behandelt werden und sind höherer Entlohnung wert.

Es muß sich auch für die mit Okulationsarbeiten betrauten Europäer ein kurzer Lehrgang einrichten lassen, der die Einheitlichkeit der Okulationsarbeiten auf den verschiedenen Pflanzungen gewährleisten könnte; daraus ergäbe sich weiterhin die Möglichkeit, im Bedarfsfalle eingeborene Okulationsarbeiter austauschen zu können.

Neben der Schaffung und Vermehrung wertvoller Okulate sollte auch alsbald eine zielbewußte Saatzucht einsetzen. Aus Niederländisch-Indien werden bereits die ersten günstigen Resultate bekannt. Denn während die Okulation nur imstande ist, schon bestehende Eigenschaften eines Baumes in völlig unveränderter Form auf die Nachkommenschaft zu übertragen, ist durch die Methoden der Saatzucht die Möglichkeit gegeben, die komplizierten und für die Praxis meist wenig brauchbaren Erbanlagemischungen der Heveabastarde zu analysieren, zu isolieren und dann die so erhaltenen reinen Stämme in ganz bestimmter und gewollter Weise zu kombinieren.

Daß der Weg zu diesem erstrebten Ziele weit und hindernisreich ist, läßt sich denken. Um so früher sollte angefangen werden, und bereits jetzt sollte jede Heveapflanzung bastardierungssicher liegende (etwa 6 km Entfernung) Saatzuchtparzellen durch Bepflanzung mit hochwertigen Klonen vorbereiten. Dann wird fachliches Können, exakte Arbeit und endlich Ausdauer brauchbare Resultate ergeben.

Der Kakao

Von den etwa 16 Arten der in den tropischen Waldgebieten Süd-Amerikas (Rio Negro, Orinoko) heimischen Gattung Theobroma L. findet sich im Kameruner Pflanzungsgebiet nur die eine Art Theobroma Cacao L.

Ihre beiden Formenkreise, die ich wegen ihrer geringfügigen Unterschiede, zwischen denen noch Übergänge bestehen, höchstens als Varietäten aufgefaßt wissen möchte, sind „Criollo" (= „Cacao dulce" = Theobroma Cacao L. im engeren Sinne) und „Forastero" (= „Cacao trinitario" = Theobroma leiocarpa Bern. als Art).

Soweit ich während des Aufenthaltes, der gerade nicht in die Zeit der Kakaoernte fiel, feststellen konnte, herrscht im Gebiet die formenreiche Forastero-Varietät bei weitem vor; echter Criollo wurde mir nirgends gezeigt. Es scheinen sich also die Verhältnisse seit der ersten Einführung von Forastero nach Kamerun aus San Thomé und Fernando Po nicht wesentlich geändert zu haben.

Eine abschließende Begutachtung der Bestände ließ sich naturgemäß in so kurzer Zeit nicht ermöglichen, da die Uneinheitlichkeit der Kulturen und die damit verbundene Möglichkeit der Entstehung hybridogener Zwischenformen bei den an sich schon undeutlichen Unterschieden eine längere und genauere Beobachtung womöglich unter Heranziehung cytologischer Charaktere erfordern.

Auf den Pflanzungen begnügt man sich meist mit der Unterscheidung „roter" und „gelber" Sorten, besitzt aber meist keine sichere Kenntnis von der tatsächlichen Sippenzugehörigkeit der einzelnen Bäume in den Beständen. Aber selbst wenn gegenwärtig der Kakao unter den Hauptkulturen die letzte Stelle einnimmt, so müßte doch — solange Kakao überhaupt noch kultiviert wird — eine genauere Sortenkenntnis ebenso vorhanden sein wie etwa auf einer europäischen Obstplantage.

Es sei daher empfohlen, sich an Hand der folgenden Merkmalszusammenstellungen durch eingehende im Laufe der Zeit vorzunehmende Prüfungen jedes einzelnen Baumes Klarheit über den wirklichen Inhalt und Wert der Felder zu verschaffen.

Criollo	Forastero
Baum schwachwüchsig, spärlich belaubt, mehr stammblütig.	Baum starkwüchsig, kräftig belaubt, mehr astblütig.
Blütenfarbe wenn weiß bis rosa, dann junge Blätter rötlich und Frucht rot; wenn Blüte rein weiß, dann junge Blätter grün und Frucht gelb.	Keine Beziehungen zwischen den Farben von Blüte, Blatt und Frucht.
Frucht meist asymmetrisch; am Stielende meist nicht halsförmig verengt.	Frucht meist symmetrisch; am Stielende oft halsförmig verengt.
Größter Durchmesser oft mehr zum Stielende hin gelegen.	Größter Durchmesser mehr in der Längsmitte gelegen, Fr. daher oft mehr spindelförmig, zuweilen birnförmig.
Die 10 Längsfurchen, besonders 5 davon deutlich ausgeprägt.	Alle Längsfurchen wenig ausgeprägt.
Spitze kurz, gekrümmt, Fr. nicht abgestumpft oder abgerundet.	Spitze meist deutlich verlängert, gerade, aber zuweilen schief aufgesetzt, Fr. zuweilen abgestumpft oder abgerundet.
Schalenfarbe während der Entwickelung unverändert, meist rot, seltener gelb.	Schalenfarbe anfangs grün, später gelb, rosa oder dunkelrot.

Criollo	Forastero
Schale dünn, kaum verhärtend, meist warzig und rauh.	Schale dick, mehr oder weniger verhärtend (holzig werdend), meist glatt.
Pulpa reichlich auch zwischen den Samen entwickelt, von säuerlichem Geschmack.	Pulpa in geringem Maße zwischen den Samen, von süßlichem Geschmack.
Samen mehr oder weniger abgerundet, elliptisch oder eiförmig, sich gegenseitig nicht oder nur wenig abplattend, Fermentation in ca. 24 Stunden.	Samen mehr oder weniger dreieckig, sich gegenseitig ziemlich stark abplattend, Fermentation in ca. 6—7 Tagen.
Frische Nibs weiß, gelblich oder weißviolett, von süßlichem Geschmack.	Frische Nibs meist kräftig violett oder rötlich, von bitterem Geschmack;
Getrocknete Nibs mit locker-pulvrigem Bruch, hellbraun.	Getrocknete Nibs mit muschligem oder grobkörnigem Bruch, braun bis schwarzbraun.
Nibs in allen Früchten desselben Baumes gleich.	Nibs oft schon innerhalb derselben Frucht verschieden.

Wie man sieht, ist die exakte Bestimmung der Sortenzugehörigkeit nicht so ganz einfach, muß aber doch einmal im Interesse eines einheitlichen Produktes, das auf dem Markt stets höher bewertet wird, und in Hinsicht auf spätere Hochzuchten in Angriff genommen werden. Für den Anfang und die gröbere Praxis bestimme man zunächst vorwiegend nach der Farbe der Nibs: weiß oder weißlich = Criollo, violett oder rötlich = Forastero.

Es sei noch darauf hingewiesen, daß die Criollo-Formen ziemlich konstant in ihren Merkmalen sind, daß aber zwischen Criollo und Forastero relativ leicht Hybriden auftreten. Innerhalb der Forastero-Typen lassen sich wieder mehrere Unterformen unterscheiden, deren Produkte auf dem Markt ebenfalls sehr verschieden bewertet werden. Die wichtigsten Forastero-Sorten, zwischen denen aber auch keine scharfen Grenzen existieren, sind folgende:

A. Größter Durchmesser der Frucht kleiner als ihre halbe Länge; Schale rauh, dick, weniger verholzend; Spitze schief aufgesetzt.

1. Ohne halsförmige Verengung am Stielende. Oberfläche warzig, Spitze zuweilen etwas gebogen. Frucht 20—23 cm lang, grün-rosa-rot.
   Forastero-Angoleta (Trinidad/Forastero)

2. Mit halsförmiger Verengung am Stielende. Oberfläche nicht warzig, Spitze lang und schief aufgesetzt. Frucht 21—23 cm lang, grün-rosa-rot.
   Forastero-Cundeamor

B. Größter Durchmesser der Frucht größer als ihre halbe Länge; Schale glatt, weniger dick, stark verholzend; Spitze gerade aufgesetzt.

1. Frucht gelb, ca. 19—20 cm lang, ohne halsförmige Verengung am Stielende. Forastero-Amelonado

2. Frucht anfänglich grün, später rot, ca. 16—17 cm lang, ohne halsförmige Verengung am Stielende. Forastero-Calabacillo

Im Gebiet stehen alle diese Rassen, vorherrschend allerdings wohl Forastero-Amelonado, meist in buntem Gemisch auf den Feldern durcheinander, was Ernte und Fermentierung erschwert und die Einheitlichkeit des Produktes in Frage stellt. Sollten in Zukunft noch Neupflanzungen vorgenommen werden, müßten die Sorten wenigstens parzellenweise getrennt bleiben; das vereinfacht die Arbeiten und erleichtert die Beobachtung. Für die Anlage von Versuchsfeldern ist die Trennung der Sorten elementarste Forderung.

Der natürliche Standort und die Verhältnisse im Pflanzungsgebiet. Die Kenntnis der natürlichen Standortsbedingungen, d. h. aller von außen auf eine Pflanze einwirkenden Faktoren, gibt wichtige Fingerzeige für ihre Kultur. Es wäre aber falsch, alle diese Faktoren in der Kultur nachahmen zu wollen, denn selbst am natürlichen Standort steht eine Pflanze nicht immer unter den optimalen Bedingungen, sondern kämpft oftmals hart gegen fremde Konkurrenz.

Es finden sich im Gebiet noch Beispiele solcher Art, wo Kakao unter dem Blätterdach von Urwaldriesen oder zwischen alten, deckenden Kautschukbäumen steht, weil er in seiner südamerikanischen Heimat als Unterholz des dichten Urwaldes auftritt. Die Produktion, die er unter diesen Umständen zeigt, genügt zwar allenfalls zur Erhaltung der Art, befriedigt aber nicht ein Pflanzungsunternehmen. Dieses erstrebt vielmehr maximale, unter natürlichen Bedingungen wohl niemals auftretende Fruchtproduktionen durch möglichste Reduktion der negativen und Förderung der positiven Lebensfaktoren. Diese sind für den Kakao etwa folgende: mäßige Beschattung; hohe mittlere Jahrestemperaturen ohne große Schwankungen (zwischen 24° und 28°, nicht unter 20°); hohe und beständige Luftfeuchtigkeit, die im allgemeinen nur in Küstennähe vorhanden ist (70—80%); jährliches Regenminimum von etwa 2000 mm bei möglichst gleichmäßiger Verteilung (also keine längeren Trockenzeiten).

Für die Pflanzungen treffen diese klimatischen Faktoren im allgemeinen zu, soweit es sich um die unteren Lagen bis zu etwa 400 m Meereshöhe handelt. Höher hinauf macht sich bereits eine wahrscheinlich durch nicht genügende Jahrestemperaturen bedingte Konstitutionsschwächung der Pflanzen bemerkbar, die in einem ungewöhnlich hohen Prozentsatz (80% und mehr einer Ernte) braunfauler Früchte zum Ausdruck kommt.

Die Vorstellungen darüber, bis zu welcher genaueren Höhenlage Kakao am Kamerunberg kultivierbar ist, sind ganz unsicher. Es wäre daher auch im Hinblick auf andere Kulturen wünschenswert, durch ein möglichst engmaschiges, durch fliegende Stationen zu schaffendes Beobachtungsnetz sich Klarheit über die zonale Verteilung der wichtigsten Wachstumsfaktoren (Wärme, Licht, Feuchtigkeit) zu verschaffen. Die vorhandenen Wetterstationen reichen zwar für Feststellungen über das Großklima aus, genügen aber nicht den Bedürfnissen dieser oder jener Spezialkultur.

Auch die Angaben in der Literatur geben nur ganz allgemeine Anhalte. Criollo soll nicht über 300 oder 400 m angepflanzt werden können, Forastero verträgt angeblich gut Höhenlagen bis zu 600 m. Wie verschieden sich aber die einzelnen Kakaotypen verhalten können, zeigt die Existenz eines „Cacao del monte", der in Columbien bis zu einer Höhe von 1100 m kultiviert werden und ein sehr feines Produkt liefern soll. Untersuchungen in dieser Richtung für die einzelnen Kakaosorten liegen noch gar nicht vor.

Auch die Art der Beschattung ist im Gebiet keineswegs klargestellt, weil niemals mit gleichartigem Material (Klone) unter sonst möglichst gleichbleibenden Bedingungen die Frage des optimalen Lichtgenusses für Kakao genau geprüft wurde. Es gibt im Gebiet stark, mäßig und garnicht beschattete Felder, die mäßig beschatteten befinden sich in der Mehrzahl. In der Literatur wird vor einer völlig schattenlosen Kultur gewarnt, weil die Bäume nach anfänglicher höherer Produktion sich schnell erschöpften, und ein leichter Dauerschatten von hohen Schattenbäumen mit lichten Kronen angeraten. Dieser Rat ist zwar das Ergebnis von Erfahrungen auf Kakaopflanzungen der ganzen Welt, aber die klimatischen Verhältnisse am Kamerunberg, insbesondere die der Niederschläge und Bewölkung sind so extrem, daß diese Erfahrungen ohne Bestätigung durch exakte Beobachtungen an vergleichbarem Material im Pflanzungsgebiet selbst nicht ohne weiteres übernommen werden können. Mindestens zu bezweifeln sind die Meinungen, wonach der Haupteffekt einer Beschattung in einer Milderung der Wärme- und Feuchtigkeitsextreme bestünde; der assimilatorisch tätige Anteil der eingestrahlten Lichtsumme dürfte doch wohl eine entscheidende Rolle spielen.

Eine ganze Reihe von Schattenbäumen sind in Gebrauch, von denen aber keiner recht befriedigt, weil entweder während der Haupttrockenzeit die Blätter abgeworfen werden oder die Bäume nach einer Reihe von Jahren absterben oder zu windbrüchig sind. Obwohl die Frage des Schattenbaumes eine wesenliche Rolle spielt, werden bisher nur auf zwei Pflanzungen einigermaßen systematische Versuche angestellt, denen im Rahmen eines Pflanzungsbetriebes naturgemäß gewisse Grenzen gezogen sein müssen.

Die im Gebiet vorhandenen Schattenbäume sind mit wenigen Ausnahmen Leguminosen:

Leucaena glauca	Cassia siamea
Erythrina glauca	Albizzia zygia
Erythrina Poeppigiana	Albizzia falcata (=A. moluccana)
Pithecolobium Samam	Peltophorum ferrugineum
Bauhinia spec.	Tetrapleura tetraptera

Am geeignetsten scheinen Pithecolobium Samam und die beiden (stachellosen!) Erythrinen zu sein. Lehrreich ist das Verhalten von Erythrina glauca, die in den mehr westlich gelegenen, regenreicheren Bezirken während des ganzen Jahres ihre Blätter behält, im Osten dagegen während der Trockenzeit den größten Teil ihres Laubes abwerfen soll.

Über die in Kamerun heimische und von mir auch hier und da im primären Busch beobachtete Tetrapleura tetraptera, deren Früchte von den Bakwiri unter dem Namen „essekesseke" auf den Märkten wegen ihres johannisbrotartigen Geschmackes gehandelt werden, lassen sich noch keine Angaben machen; auf meine Veranlassung wurden erst im März 1938 einige Samen probeweise ausgesät; nach 3 Monaten waren die Pflanzen etwa 25 cm hoch.

Außer den oben angeführten habe ich noch folgende, am Kamerunberg nicht, aber nach der Literatur sonst als Schattenbäume benutzten Pflanzen vereinzelt, in kleineren Beständen, als Allee- oder Fruchtbäume angetroffen:

Artocarpus incisa	Grevillea robusta
Aleurites moluccana	Cedrela odorata
Aleurites Fordii	Spondias lutea
Myroxylon balsamum!	

Als Niederschattenspender werden durchweg Bananen verwendet. Ihre Eignung für diese Zwecke ist erwiesen (auch Carica Papaya ist geeignet). Wichtig aber ist, daß diese Pflanzen auch wirklich nur als Schattenpflanzen betrachtet und nicht abgeerntet werden. Denn dann werden dem jungen Kakao gerade in seinen ersten Entwicklungsjahren große Mengen von wichtigen Aufbaustoffen entzogen, und der Nutzen, den die Schattenpflanze der jungen Kultur geben soll, verkehrt sich in das Gegenteil.

Die Anzucht der Keimpflanzen wird in Pflanzkörben unter lichten Dächern aus Palmwedeln vorgenommen. Die Methode hat sich anscheinend bewährt. Nur manchmal hatte ich den Eindruck, als würden diese Wedeldächer, die sukzessiv lichtdurchlässiger gemacht werden müssen, über die Zeit hinaus zu dicht gehalten. Die Folge ist, daß ein solcher „Schattenkakao" auch nach dem Auspflanzen mehr Schatten als eigentlich nötig verlangt, was infolge der dann zu ergreifenden Maßnahmen Mehrkosten verursacht.

Überhaupt spielt bei der Schattenfrage die Gewöhnung eine maßgebliche Rolle. Die Breite einer solchen Anpassungsfähigkeit ist aber eine erbliche, also sortengebundene Eigenschaft; so bleibt z. B. Criollo stets schattenbedürftiger als Forastero, dessen Rassen ähnliche Verschiedenheiten erwarten lassen. Solange daher die feineren physiologischen Bedürfnisse der einzelnen Rassen auch unter wechselnden Standortsbedingungen nicht genauestens erforscht sind, können allgemeingültige Gesetze noch nicht aufgestellt werden, und es muß vieles dem biologischen Taktgefühl des Pflanzers überlassen bleiben. Man sieht aber auch daraus, wie notwendig es ist, die Rassen getrennt auf den Feldern zu kultivieren, um sich überhaupt erst einmal die Voraussetzungen für einwandfreie Beobachtungen und Versuche zu schaffen.

Die physikalischen Bodenfaktoren sind für das Gedeihen einer Pflanze ebenso wichtig wie der Gehalt des Bodens an Nährsalzen. Ist der physikalische Zustand eines Bodens für eine bestimmte Pflanze ungünstig, ist er z. B. zu kalt, zu naß oder zu dicht usw., muß diese Pflanze ein kümmerndes Wachstum zeigen, auch bei bestem Vorrat an Nährstoffen. Bodenbearbeitung ist daher von größter Wichtigkeit!

Der Kakao gedeiht am besten auf gut durchlüfteten und durchlässigen, warmen und humusreichen Böden, allenfalls noch auf Lehmen mit einem höheren Sandgehalt. Auf steifen Lehmen oder Tonen, die auch bei unzureichender Bedeckung ganz besonders die große Gefahr der Verkrustung und Rißbildung in sich tragen, verkümmert er, weil seine etwa 1 bis 1,5 m lange Pfahlwurzel diese Böden ebenso wie Kies- und Geröllschichten nicht zu durchdringen vermag.

Die Tiefgründigkeit des Bodens muß zur vollen Entwickelung dieser Pfahlwurzel ausreichen, sollte also in ebenem Terrain etwa 1,5 m, an Hängen von 20 bis 30 Grad Neigung etwa 0,7 bis 0,5 m betragen.

Die Feuchtigkeit des Bodens sollte stets eine relativ hohe sein. Das Bodenwasser muß aber ständig leicht zirkulieren und eine nicht zu geringe Temperatur besitzen. Kalte Bodenwässer, die etwa aus höheren Berglagen kommen, werden von der sehr empfindlichen Pfahlwurzel ebensowenig vertragen, wie sauerstoffarmes, stagnierendes Grundwasser. Der pH-Wert soll zwischen 6 und 7 liegen. Die Verhältnisse auf den Feldern entsprechen durchaus nicht immer diesen Voraussetzungen. Die Böden sind oft zu wenig durchlüftet. Die pH-Werte schwanken meist um 5 und können sogar bis 3,5 absinken! Es gibt Bezirke, in denen der Kakao in einem Boden steht, der zu dicht mit grobem Geröll und Felsblöcken durchsetzt ist. An sich können auch solche Böden noch zum Anpflanzen von Kakao benutzt werden, wenn man die Pflanzlöcher entsprechend verteilt und herrichtet, eventuell sogar mit Sprengmitteln (Romperit) arbeitet, um der Pfahlwurzel genügende Entfaltungsmöglichkeit zu geben.

Anderwärts wieder war der Kakao wahrscheinlich infolge stauenden Grundwassers innerhalb eines sonst nicht kränklichen Bestandes stellenweise abgestorben. Weiterhin wurde beobachtet, daß noch in jüngerer Zeit Kakao in einen völlig dicht geschwemmten, feinmergligen humusarmen Boden gepflanzt war, der außerdem noch mit einem dichten Teppichfilz des Eisengrases (Paspalum conjugatum) sich zu bedecken Gelegenheit hatte: die 1 bis 1,5 m hohen und vielleicht 5 cm starken Bäumchen, denen man auch noch eine Konkurrenz mit Bananen zugemutet hatte, waren bereits tot, ihre Konkurrenten befanden sich im Absterben. Es steht auch zuweilen ganz junger Kakao auf schwarz gejätetem Boden, der oberflächlich entweder von der Sonne ausgedörrt oder vom Regen dicht geschwemmt wird.

Daß gegenwärtig die Kakaokultur wenig intensiv betrieben wird, wurde bereits gesagt; wirtschaftliche Gründe werden dafür geltend gemacht. Man kann sich aber des Eindrucks nicht erwehren, daß der Rückgang wenigstens zum Teil auf nicht ganz zweckmäßige Kulturmaßnahmen zurückzuführen ist: für Humuserhaltung und Humusbeschaffung wird nicht genügend getan. Es gilt hier im allgemeinen dasselbe, was bereits über diesen Gegenstand in den früheren Abschnitten gesagt wurde. Umfangreiche Kompostierungsanlagen sind notwendig. Auf geneigtem Gelände müssen Fanggräben und Terrassen gegen die Wirkungen der Erosion angelegt werden. In Anpassung an die Geländebewegung müssen Drainagesysteme ausgearbeitet werden.

Baumscheiben sind nur selten genügend sauber gehalten oder überhaupt nicht vorhanden. Sie sollten wenigstens zweimal im Jahre von zuverlässigen Leuten mit der Hand schwarz gejätet und besonders vorsichtig flach gehackt werden, um die Seitenwurzeln nicht zu beschädigen. Die Baumscheiben sind die Aufnahmestellen des Humusdüngers und dienen im besonderen Maße der Bodenventilation.

Auch für Gründüngung wäre der Kakao sehr dankbar gewesen, das abfallende Laub allein genügt nicht. Will man nicht kletternde Leguminosen wie z. B. Pueraria und Centrosema verwenden und möchte die strauchigen Gründüngungspflanzen mit ihren holzigen Wurzelsystemen wegen der Gefahr des Wurzelschimmels — wofür der Kakao allerdings leicht anfällig ist — vermeiden, so brauchen ja die Tephrosien und Crotalarien durchaus nicht zwischen dem Kakao zu stehen. Es werden sich überall Parzellen finden, die für die Hauptkultur zwar weniger geeignet, aber für eine reine Anpflanzung der meist weniger anspruchsvollen Gründüngerpflanzen gut benutzbar sind. Diese werden dann in regelmäßigen Abständen geschnitten, und die Ernte wird direkt oder erst auf dem Wege über die Kompostgruben gegebenenfalls nach Zusatz anderer Düngemittel auf die Felder gebracht. Auch alle Wegränder und Bahnstrecken können so bepflanzt werden.

Wie hoch die Produktion mancher Gründüngerpflanzen an organischer Masse, dem Ausgangsmaterial für Humus ist, und welche Gewinne an Pflanzennährstoffen dabei herausspringen, mögen die beiden folgenden Übersichten veranschaulichen:

Leucaena glauca lieferte pro Hektar in Kilogramm:

im 1. Jahr 32500 Grünmasse = 819 Stickst. = 773 Kali = 146 Phosphat
im 2. Jahr 86000 Grünmasse = 2167 Stickst. = 2046 Kali = 387 Phosphat
im 3. Jahr 102000 Grünmasse = 2583 Stickst. = 2439 Kali = 461 Phosphat

Crotalaria anagyroides lieferte pro Hektar in Kilogramm:

i. 4. Monat 7490 Trockenmasse
= 119 Stickst. = 595 Ammonsulfat = 367 Phosph. = 92 Doppelsuperphosph.
i. 5. Monat 13658 Trockenmasse
= 224 Stickst. = 1120 Ammonsulfat = 42 Phosphat. = 106 Doppelsuperphosph.
i. 6. Monat 66090 Trockenmasse
= 541 Stickst. = 2705 Ammonsulfat usw.

Die Anlage gesondert liegender Felder für Gründüngungspflanzen dürfte sich trotz der geringen Arbeitsvermehrung lohnen.

Die chemischen Bodenfaktoren. Analysen von Böden, auf denen Kakao gut gedieh, geben folgende Zahlenwerte in Prozenten:

Kalk (CaO)	0,3	0,35
Kali (K_2O)	0,19	0,12
Phosph. (P_2O_5)	0,27	0,08
Stickst. (N)	0,2	3,9
Eisen (Fe_2O_3)	1,3	0,1

Als Durchschnitt werden etwa verlangt:

CaO mehr als	0,25
K_2O	0,2
P_2O_5	0,1
N	0,15
Fe_2O_3 weniger als	15,0

Diese Böden stammten aus Franz.-Gabon und aus Trinidad.

Die chemische Zusammensetzung der Kamerunböden, insbesondere hinsichtlich ihres Nährwertes (nicht nur Nährstoffgehaltes) für die Pflanze, ist bereits in der Abhandlung der Bodenkundlichen Abteilung der Reichsstelle für Bodenforschung zu Berlin durch Herrn Professor Utescher, der zusammen mit Herrn Dr. Abel die von mir gesammelten Bodenproben analysierte, soweit es die ersten 55 Proben betrifft, in ausreichendem Maße klargestellt[1]). Die Untersuchungen sind inzwischen bereits soweit geführt, daß in Kürze auch die Analysen weiterer 100 Proben vorliegen werden. Die Untersuchungen würden schnellere Fortschritte machen, wenn die betreffenden Herren nicht auch gleichzeitig Untersuchungen heimischer Böden besonders im Rahmen des Vierjahresplanes durchzuführen hätten. Utescher weist darauf hin, daß in Kamerun ganz allgemein die Böden mangelhaft mit Phosphorsäure und Kalk versorgt sind, dagegen einen bedeutenden Eisengehalt aufweisen und vielfach den für Kakao gewünschten Azititätswert von pH 6—7 um ein bis zwei Stellen unterschreiten, also zu sauer sind.

Utescher gibt auch bereits für die zu ergreifenden Meliorisationsmaßnahmen Vorschläge, die hoffentlich auch nun bald in Gestalt von praktischen Düngeversuchen vor allem auf nicht zu kleinen Versuchsfeldern realisiert werden. Denn es ist in den Tropen durchaus nicht viel anders als in Europa: man kann nicht jahrelang ernten, ohne den Nährsalzgehalt des Bodens wieder zu ergänzen.

Man muß sich stets vorstellen, welche immensen Nährsalzmengen dem Gesamtboden durch eine einzige Kakaoernte entzogen werden. Bei Annahme einer mittleren Ernte von 400 kg oder einer Maximalernte von 800 kg Bohnen pro ha werden folgende Nährstoffmengen in kg dem Boden entzogen:

CaO	1,2— 2,4
K_2O	5 —10
P_2O_5	4 — 8
N	8 —16
MgO (Magnesium)	2 — 4.

Weiterhin sei in Ergänzung der von Utescher gemachten Düngevorschläge auf bereits in der Literatur (Sprecher v. Bernegg, Zeller) vorliegende Anweisungen und Versuche aufmerksam gemacht. Danach sollte die Nährstoffgabe pro Baum in Grammen betragen:

280 Ammoniumsulfat (20%ig)
726 Kainit (12,4%K) = 180 Kaliumchlorid
600 Superphosphat (20%ig) = 300 Doppelsuperphosphat (40%ig)
= 400 Knochenmehl, entleimt (30%ig).

Als besonders günstig erwiesen sich die Phosphatgaben, wobei die Wirkung des Thomasmehles an erster Stelle stand, von dem man unter Zugrundelegen der obigen Angaben also 800 g pro Baum geben müßte. Das Thomasmehl enthält zudem noch etwa 40—50% CaO, das einer

[1]) Vgl. den Bericht von Prof. Utescher in diesem Band.

Bindung der Phosphorsäure durch den hohen Eisengehalt des Bodens entgegenwirkt. Kalk in gesonderten Dosen zu geben, hat sich nach Zeller nicht bewährt; dabei betrug die von ihm in den Versuchen gegebene Normaldosis 1100 g, die Mindestgabe pro Baum etwa 100—150 g Kalkmergel (Angabe des Prozentgehaltes fehlt bei Zeller). Nimmt man statt des Thomasmehles Rhenaniaphosphat, das ca. 43% CaO enthält, so berechnet sich die zu gebende Dosis in bezug auf den P_2O_5-Gehalt auf 387—522 g pro Baum.

Die Kosten einer Mineraldüngung werden für ein Land wie Kamerun, das selbst keine Rohstofflager besitzt, immer beträchtliche sein müssen. Diese Angaben können aber durch kluge Verwertung der im Gebiet selbst in Form von Pflanzenmasse (oder Abfällen) produzierten Nährstoffe wahrscheinlich reduziert werden. So enthält z. B.:

1 dz Kakaoschalen	3,2 kg K_2O	= 6,4 kg	chlorsaures Kali
	0,6 kg P_2O_5	= 3 kg	Superphosphat
1 dz Elephantengras	1,3 kg N	= 6,5 kg	schwefelsaures Ammonium
	2,02 kg K_2O	= 4 kg	chlorsaures Kali
	0,38 kg P_2O_5	= 1,9 kg	Superphosphat

Es sei auch hier noch einmal auf die bereits im vorigen Abschnitt angegebenen Nährstoffgehalte von Gründüngungspflanzen hingewiesen. Wie diese und das Elephantengras lassen sich aber noch zahlreiche andere Stoffe verwenden: Rückstände und Abwässer der Öl- und Gummifabriken (Stickstoff), Fische (Phosphorsäure), schließlich alle Gewächse des Busches und der bisher völlig ungenutzten Mangrove (auf Gehalt an Natriumchlorid prüfen!). Gewinnt man Grünmasse zur Kompostbereitung aus dem Busch, so vergesse man nicht die Desinfektion mit Kalk und Schwefelkohlenstoff, aber auch nicht in eigenstem Interesse (biologisches Gleichgewicht!) den Naturschutz und die Regel, daß in einem Kulturgebiet wenigstens 25% mit Wald bestanden sein sollen, weil sonst die Gefahren der Erosionen und der Versteppung drohen.

Behandlung des Baumes. Mechanische und chemische Bearbeitung des Bodens, die beide Kräftigung der Bäume zum Zwecke erhöhter Blühwilligkeit und damit verbundener Fruchtbarkeit zum Ziele haben, können naturgemäß nur bei gleichzeitiger bester Wartung der einzelnen Baumindividuen zu voller Wirkung kommen.

Es ist keine Frage, daß das Reinigen der Stämme und Äste nicht weniger notwendig ist als das Schappieren der Bodengewächse. Ich sah einige Parzellen, in denen die Kakaobäume von einem zottigen Pelz von Moosen über und über bekleidet waren. Zwischen den Moosen hatten sich bereits wieder in ungestörter Entwicklung größere Farne, Peperomien,

Abb. 15. Unzweckmäßig angelegte Keimbeete

Abb. 16. Wenig einheitlicher Hevea-Nachwuchs; z. T. durch Feuer beschädigt

Abb. 17. Mit Moosen und Farnen dicht bewachsene Kakaobäume

Abb. 18. Mit Moosen und Farnen dicht bewachsene Kakaobäume

Abb. 19. Etwa 4-jährige, zu wenig gereinigte Öl-palme

Abb. 20. Umgefallene Hevea, deren erstarkte Seitenäste noch gezapft werden

Abb. 21. Infolge Wurzelschimmels umgebrochene Hevea

Abb. 22—23. Infolge unzweckmäßigen Zapfens krebskrank gewordene Heveen

Begonien und andere Blütenpflanzen ansiedeln können. Die größten Orchideenstücke und den längsten (1,80 m) und schwersten Schlangenkaktus (Rhipsalis) sammelte ich von Kakaobäumen. Dort saßen auch stellenweise in Massen prachtvolle Misteln (Loranthus), die im Gegensatz zu den Epiphyten wirkliche Parasiten sind. Nicht selten findet man auch in den Astgabeln große, wohl mehrere Pfund schwere Ameisennester, die mehrere Quadratdezimeter des Baumes bedecken.

Alle diese Dinge können direkt oder indirekt die volle Entfaltung des Baumes, zumindest aber eine normale Entwicklung der Blütenpolster verhindern. Auch bereits vor der Reife abgestorbene Früchte gehören in diese Rubrik. Alle diese schädigenden Faktoren müssen vom Baume ferngehalten werden.

Das geschieht am besten und ganz regelmäßig bei jeder Ernte. Daß hierbei größte Vorsicht zu walten hat, braucht wohl kaum gesagt zu werden, damit durch Verletzungen der Rinde und Beschädigungen der Floralpolster nicht noch größeres Unheil angerichtet wird.

Am sichersten jätet man wie bei den Baumscheiben einfach mit der Hand, vielleicht unter Zuhilfenahme kleiner Messer. Die sogenannten „Baumkratzen" sind in der Hand der Neger, die damit radikal alles von der Borke herunterschaben, unmöglich, ebenso sind die Haumesser für diese leichteren Arbeiten zu ungeschickt und verleiten, wie ich selbst beobachtete, diese naiven Menschen zum spielerischen Anschlagen der Stämme. Für eine zuverlässige Aufsicht muß selbstverständlich gesorgt sein. Am besten ist die Anwesenheit eines Europäers, der, falls das Reinigen zugleich mit der Ernte erfolgt, sowieso an Ort und Stelle sein sollte. Denn auch bei der

Ernte der Früchte können sehr erhebliche Schäden angerichtet werden. Ich habe bemerkt, daß die Fruchtstiele nicht immer von unten nach oben abgeschnitten werden. Manchmal werden die Früchte auch abgedreht oder gar abgerissen, was unbedingt zu untersagen und gegebenenfalls sogar zu bestrafen ist.

Übrigens dürfte nicht uninteressant sein, daß während unseres Aufenthaltes ein sonst recht guter Kulturfilm im Pflanzungsgebiet gedreht wurde, der an einer Stelle eine Kakaoernte mit — Haumessern zeigt. Es ist anzunehmen, daß kein Pflanzungsassistent sachlicher Berater war! Unschön und gleichzeitig wegen der Braunfäule gefährlich ist auch das lange Umherliegen von Kakaoschalen. Sie haben sofort in Kompostgruben zu verschwinden und sind mit Kalk und Schwefelkohlenstoff zu behandeln.

Ein schwieriges und daher stark umstrittenes Kapitel ist der Baumschnitt, der bei sachgemäßer Durchführung infolge zweckmäßiger Kronen- und Stammbildung den Blüten- und Fruchtansatz zu fördern imstande ist. In welchem Ausmaße der Beschnitt im Gebiet betrieben wird, hat sich nicht recht feststellen lassen. Im allgemeinen scheint man nach der Regel zu verfahren, daß wenig schneiden am wenigsten schaden kann. Stellenweise wird aber in dieser Richtung zuviel Vorsicht geübt. Ich sah Bäume mit Stümpfen abgebrochener Äste, nicht wenige mit totem Astholz, zahlreiche mit recht langen Wasserschossen. Die Aststümpfe hätten abgesägt und geglättet werden müssen. Totes Holz sollte sich nicht ansammeln, es bildet die Eingangspforten für pathogene Parasiten. Wassertriebe müssen in der Trockenzeit möglichst frühzeitig dicht am Stamm glatt abgeschnitten (nicht abgebrochen oder ausgedreht) werden.

Gewiß gehört eine sehr große Erfahrung gerade zu dieser besonders verantwortungsvollen Arbeit des Baumschnittes, die deshalb auch niemals ohne geschultes Personal und niemals in Abwesenheit eines Europäers vorgenommen werden sollte; aber es sind auch nur ganz vereinzelte systematische Versuche angestellt worden.

Solche Versuche müssen an den verschiedensten Orten vorgenommen werden, da der Baumschnitt weitgehend abhängig ist von Rasse und Standort. Er muß auf eine für die optimale Assimilation und Transpiration zweckmäßigste Kronengestaltung hinzielen, die zu einem seinerseits wieder den Bedürfnissen der Ernte gerecht werdenden Stamm in günstigsten Proportionen steht.

Folgende Hauptregeln sind zu beachten:

1. Am Anfang der Trockenzeit schneiden.
2. Ständiges Beobachten und möglichst frühzeitiges Beschneiden der Bäume.
3. Direkt am Stamm scharf abschneiden.
4. Schnittflächen mit Teer oder Baumwachs bestreichen.
5. Alle Wasserschosse, nach innen wachsende Zweige und totes Holz entfernen.

Wer anfangs vorsichtig zu Werke geht und die Reaktionen der Bäume aufmerksam beobachtet, wird bald genügend Erfahrungen, die er aber auch anderen mitteilen sollte, besitzen, um mit Sicherheit arbeiten zu können. Es ist nicht ratsam, den Baumschnitt ganz zu unterlassen. Anderweitig gemachte Erfahrungen zeigen, daß zweckmäßiges Beschneiden der Bäume in mancher Hinsicht gute Resultate zeitigt.

Selektion und Saatzucht. Je niedriger der Kakao auf dem Markt im Preise steht, um so mehr muß danach gestrebt werden, das bestmögliche Produkt zu erzielen, weil nur so der Betrieb einigermaßen rentabel bleibt. Aber auch in Zeiten günstiger Konjunktur sollte eine Pflanzung niemals allein auf die Quantität achten.

Im Gebiet ist meines Wissens nach dem Wiedererwerb der Pflanzungen niemals eine ernsthafte Selektion, geschweige denn Saatzucht betrieben worden. Es werden nicht gerade die Saaten der schlechtesten Bäume zur Weiterzucht verwendet, aber eine eingehende Prüfung jedes einzelnen Samens vor der Aussaat durch vorsichtiges Anschneiden erfolgt nirgends. Es wird auch nicht die Nachkommenschaft eines Mutterbaumes etwa durch Vergleich mit Okulaten oder Pfropfungen desselben Mutterbaumes auf Konstanz ihrer Eigenschaften geprüft, um das Unbrauchbare allmählich auszuschalten. Ich habe überhaupt niemals Parzellen mit Okulationen oder Pfropfungen von Kakao gesehen. Ohne Selektion kommt man aber auch hier nicht zu edleren Rassen. Und bei einem Import selektierten Materials muß stets mit unvorhergesehenen Reaktionen unter den veränderten Standortsverhältnissen gerechnet werden.

Ein kleiner Ansatz zur Selektion angeblich braunfäuleimmunen Materials ist allerdings wenigstens an einer Stelle gemacht, aber zu wenig, zu wenig! Gerade Immunitätsselektionen kann man nicht mit vielleicht 20 Pflanzen beginnen, 2000 wären noch nicht genügend. Und anstatt von den immunitätsverdächtigen Mutterbäumen Aussaaten zu machen, hätte man sich zunächst einmal von ihnen einige Tausend Okulate sichern sollen, weil doch gar nicht bekannt ist, welche Eigenschaften in ihren Samen stecken. Daß eine geregelte Saatzucht im Gebiet nicht betrieben wird und im genügenden Ausmaße von einer Pflanzung allein kaum betrieben werden kann, war zu erwarten. Sind doch die Schwierigkeiten beim Kakao offenbar besonders große. Es ist bisher nichts Genaues über seine Bestäubungsbiologie und Embryologie bekannt. Diese Probleme, deren Hindernisse wohl auch noch zu überwinden wären, müßten zunächst einmal in Angriff genommen werden. Auch ich habe bei meinen wiederholt vorgenommenen Tag- und Nachtbeobachtungen einen Pollenüberträger nicht mit Sicherheit ausmachen können. Faber hält den Kakao auf Grund seiner embryologischen Untersuchungen für autogam. Ich selbst halte aber wenigstens bei Forasterorassen eine parthenogenetische Entwicklung nicht für ausgeschlossen, wofür seine erstaunliche Variabilität und die trotz dieser nur dürftigen Kreuzungserfolge sprechen.

Vom Ergebnis solcher Untersuchungen wird es abhängen, ob eine Saatzucht überhaupt Sinn hat oder ob lediglich der Weg der Selektion beschritten werden kann.

Wenn die wirtschaftlichen Umstände Selektionen und Saatzuchten mit dem Ziele einer Qualitätsverbesserung schon als notwendig erscheinen lassen, so muß man die Inangriffnahme solcher Arbeiten in Hinsicht auf den erschreckenden Umfang der Braunfäule im Gebiet sogar als dringlich bezeichnen. Denn wie bei anderen Objekten angewandter Immunitätsforschung (Phytophthora infestans, Uncinula necator, . .) dürfte m. E. auch der Braunfäuleerreger (Phytophthora Faberi) sich nachhaltig nur auf dem Wege über die Gewinnung immuner Rassen zurückdrängen lassen.

Das Material für züchterische Arbeiten ist im Pflanzungsgebiet und in Westafrika reichlich vorhanden. Sie müssen bald begonnen werden, wenn überhaupt an eine Weiterführung der Kultur des Kakaos gedacht wird; andernfalls ließen sich die Kakaofelder für wirtschaftlich günstigere Anpflanzungen verwenden.

Literatur

Banane

Fawcett, W., The Banana, its cultivation, distribution and commercial uses. London 1921.

Howes, F., The Banana in some tropical eastern countries, its forms and variations, in Kew Bull. 1928.

Ruschmann, W., Banane, in Wohltmann-Bücher Bd. 8. Berlin u. Leipzig 1929.

Kervégant, D., Le Bananier et son exploitation. Paris 1935.

Dalziel, J. M., The useful plants of West tropical Africa, an appendix to I. Hutchinson and I. M. Dalziel, Flora of West tropical Africa. London 1937.

Ciferri, Identificazione e caratteristiche delle raco di Banano cultivati nelle Somali Italiano, in Atti Ist. Bot. Univ. Pavia 1938.

Ölpalme

Rutgers, A., The history of the oilpalm in Netherlands India. Batavia 1922.

Yampolsky, C., A Contribution to the study of the oilpalm, in Bull. Jard. bot. Buitenzorg 5, 1922.

Fickendey, E. und H. N. Blommendaal, Ölpalme, in Wohltmann-Bücher Bd. 7. Hamburg 1 und Leipzig 1929.

Sprecher v. Bernegg, A., Tropische und subtropische Weltwirtschaftspflanzen, Teil 2, Ölpflanzen. Stuttgart 1929.

Smith, E. H. G. and F. W. Toovey, Investigation and selection in the oilpalm, in Journ. Imp. college of trop. Agriculture XV, 2, 1938.

Tropenpflanzer 15 (1911).

Kautschuk

Ule, E., Hevea brasiliensis Müll. Arg. im überschwemmungsfreien Gebiet des Amazonenstromes, in Englers Botan. Jahrb. 50, 1914, Beiblatt 114.

Swart and Rutgers, Handboek voor de rubbercultuur in Nederlandsch-Indië. Amsterdam 1921.

Grantham, J., Manuriel experiments of Hevea, in Archief voor de Rubbercultuur 1925.

Ettling, C., Die Gummikultur. Hamburg 1929.

Hübner, G., Kautschuk. Eine wirtschaftsgeographische Monographie. Berlin 1934.

Schulz, Anneliese, Der Plantagenkautschuk in Britisch Malaya. Berlin 1936.

Akhurst, G., Manuring experiment on young rubber trees, in Journ. of the Rubber Research Inst. of Malaya 8, 1. 1937.

George, H., Kautschuk. Wandlungen in der Erzeugung und der Verwendung des Kautschuks nach dem Weltkriege. Leipzig 1938.

Tropenpflanzer 14 (1910), 23 (1920), 30 (1927), 32 (1929), 40 (1937).

Kakao

Zeller, T., Kakao, in Wohltmann-Bücher Bd. 1. 1925.

Sprecher v. Bernegg, A., Tropische und subtropische Weltwirtschaftspflanzen, Teil 3, 1. Bd. Kakao und Kola. Stuttgart 1934.

Bondar, G., A cultura de Cacao na Bahia, in Instituto de Cacao da Bahia, Bolletim technico no. 1. 1938.

Tropenpflanzer 9 (1905), 10 (1906), 11 (1907), 15 (1911), 27 (1924).

BERICHT ÜBER DIE REISE NACH KAMERUN

Ausgeführt im Auftrage der Gruppe Deutscher Kolonialwirtschaftlicher Unternehmungen vom 19. Januar bis 6. Juli 1938

(PFLANZENPATHOLOGISCHE UNTERSUCHUNGEN)

Von **Herbert Buhr**-Seestadt Rostock

Botanisches Institut und Botanischer Garten der Universität Rostock

Einleitung

Mit den folgenden Ausführungen überreiche ich der Gruppe Deutscher Kolonialwirtschaftlicher Unternehmungen einen Bericht über die wichtigsten Ergebnisse einer Reise nach Kamerun, die in ihrem Auftrage in der ersten Hälfte des Jahres 1938 durchgeführt wurde. Meine Hauptaufgabe während dieser Reise war, die an Nutzpflanzen auftretenden Krankheiten und Schädlinge an Ort und Stelle zu untersuchen, um dann Maßnahmen vorzuschlagen, die zur Verminderung oder Vermeidung der Schäden beitragen könnten.

Auf die Schwierigkeiten, die sich einer zufriedenstellenden Klärung dieser Aufgabe trotz der Fortschritte der Bekämpfungsmethoden im Verlaufe der letzten Jahre entgegenstellen, braucht hier nicht näher eingegangen zu werden; sie sind dem Phytopathologen und den meisten Pflanzern zur Genüge bekannt. Es sei nur darauf hingewiesen, daß viele Methoden, die sich in der gemäßigten Zone oder in klimatisch anders beschaffenen tropischen Gebieten bewährt haben, sich aus wirtschaftlichen, vor allem aber aus klimatischen Gründen nur bedingt auf Kameruner Verhältnisse übertragen lassen.

Während unseres Aufenthaltes in Kamerun (3. 2./21. 6. 1938) wurden die folgenden am Großen Kamerunberge im derzeit britischen Mandatsteil liegenden deutschen Pflanzungsgebiete besucht: Likomba (3./26. 2.; 20. 6.), Missellele (27. 2./4. 3.; 12. 6.), Mabeta (5./9. 3.), Molyko (10./13. 3.; 10. 6.), Bota (14./26. 3.), Mukonje (27./31. 3.), Tombel (1./5. 4.), Molive (6./15. 4.; 15. 6.), Ekona (16./26. 4.; 17./20. 5.), Tiko 25., 26., 30., 31. 5.; 1., 2., 7., 19. 6.), Idenau (3./4. 6.), Mokundange (8. 6.), Debundscha (13. 6.) und Isobi (14. 6.).

Die Untersuchungen erfolgten hauptsächlich in der Trockenzeit und der anschließenden Übergangsperiode; in die eigentliche Regenzeit fielen nur die letzten Tage unseres Aufenthaltes. Die folgenden klimatischen Angaben, die ich dem Entgegenkommen von Herrn Dr. W. Semmelhack-Hamburg verdanke, mögen für die Jahre 1937 und 1938, die Zeit vor, während und nach unserem Dortsein, den Verlauf der Temperaturen und die Verteilung der gerade in diesem Gebiet außerordentlich verschiedenen Regenmengen erläutern. Da derartige Daten sowohl für die Beurteilung der Ökologie und Biologie der Schädlinge (vgl. Morstatt, 1938) als auch für die Wahl und Handhabung der Bekämpfungsmaßnahmen von ausschlaggebender Bedeutung sind, bin ich für ihre Überlassung der Gruppe für koloniale Meteorologie und Klimatologie der Deutschen Seewarte sehr zu Dank verpflichtet.

Auf den Seiten 72—75:

Klimatische Werte aus den Jahren 1937/1938 für einige Kameruner Meteorologische Stationen.

(Nach Angaben der Gruppe für koloniale Meteorologie und Klimatologie der Deutschen Seewarte.) Höchstwerte in den einzelnen Reihen der Tabellen 1 und 2 sind durch **Fettdruck**, Niedrigstwerte durch *Kursivdruck* bzw. einen Stern (*), fehlende Werte durch „—“ gekennzeichnet.

Tabelle 1. Monats- und Jahres-Regenmengen in mm

Ta-

Station (Meereshöhe in m)	Jahr	Anzahl	Januar	Februar	März	April	Mai
Tombel (KEG) (260 m)	1937	mm	*	149,7	283,7	167,1	230,1
		Rtg	0	5	19	19	21
	1938	mm	*37,3*	62,8	140,1	273,8	231,7
		Rtg	*5*	9	10	22	21
Laduma (KKC) (180 m)	1937	mm	*	27,7	377,2	200,9	248,2
		Rtg	*0*	2	14	14	17
	1938	mm	65,3	*33,9*	65,7	361,6	221,7
		Rtg	5	*3*	9	20	13
Ekona (394 m)	1937	mm	*0*	57,5	151,8	178,6	197,9
		Rtg	*0*	5	7	14	13
	1938	mm	38,3	*37,9*	50,0	275,2	154,3
		Rtg	*2*	5	7	14	15
Molyko (Neu-Tegel) (540 m)	1937	mm	*	72,7	202,5	163,1	149,6
		Rtg	*0*	7	8	14	14
	1938	mm	43,7	*16,9*	108,7	297,7	182,6
		Rtg	4	*5*	6	14	11
Buea (990 m)	1937	mm	*	146,6	211,7	186,2	159,0
		Rtg	*0*	10	8	14	11
	1938	mm	21,7	*4,5*	33,6	210,0	97,0
		Rtg	3	*2*	≧ 5	≧ 15	≧ 9
Moliwe (220 m)	1937	mm	—	41,5	183,9	133,5	140,5
		Rtg	—	2	9	11	12
	1938	mm	*27,0*	47,2	89,8	125,8	239,5
		Rtg	3	3	8	6	16
Likomba-Ndongo (18 m)	1937	mm	*6,5*	46,9	75,3	133,6	155,4
		Rtg	*1*	4	9	14	16
	1938	mm	*13,5*	32,6	68,8	216,3	170,7
		Rtg	*3*	5	9	18	10
Tiko AFC-Vorwerk (15 m)	1937	mm	*13,3*	33,2	79,6	114,9	159,3
		Rtg	*1*	3	8	15	14
	1938	mm	*10,8*	38,4	76,4	196,6	185,6
		Rtg	*3*	4	10	16	16
Bota (10 m)	1937	mm	*1,0*	105,0	172,2	139,1	230,0
		Rtg	*1*	6	12	11	14
	1938	mm	*18,2*	97,7	120,5	298,5	219,1
		Rtg	*2*	6	9	18	16
Mokundange-Ecke (20 m)	1937	mm	33,3	≧ 116,2	124,8	222,1	75,3
		Rtg	*1*	≧ 8	12	12	9
	1938	mm	*19,7*	61,5	65,9	191,3	243,9
		Rtg	*2*	5	8	17	19
Debundscha (10 m)	1937	mm	*14,0*	262,3	499,1	281,7	893,9
		Rtg	*3*	15	23	23	26
	1938	mm	*60,4*	199,8	182,9	408,2	377,7
		Rtg	*9*	11	17	21	24
Bibundi (10 m)	1937	mm	*10,5*	77,0	306,6	273,8	584,4
		Rtg	*2*	8	17	13	18
	1938	mm	67,3	218,7	*38,2*	410,3	582,2
		Rtg	8	8	*7*	21	25

und Zahl der Tage mit 0,2 und mehr mm Regen (Rtg).

belle 1.

Juni	Juli	August	Septemb.	Oktober	Nov.	Dez.	Jahres Summe
334,3 23	**375,2** 25	357,6 **28**	**818,1** 27	356,6 25	98,3 13	109,7 6	3280,4 211
— —	≧ 427,6 ≧ 23	≧ 485,1 ≧ 26	**≧ 847,6** **≧ 28**	≧ 426,7 25	238,0 16	108,6 15	≧ 3279,3 ≧ 200
193,8 15	**404,6** **22**	285,2 20	354,7 **22**	398,5 20	237,5 9	4,2 3	2732,5 158
335,5 19	169,4 19	325,1 21	**403,1** **26**	317,4 21	209,8 11	52,5 5	2561,1 172
178,0 17	371,9 **26**	**455,3** 25	383,1 21	226,9 19	19,8 2	0,6 1	2221,4 150
199,9 20	231,3 23	346,2 26	**453,5** **30**	245,0 23	90,1 8	65,1 5	2186,8 178
256,8 20	415,6 25	351,3 26	**455,6** **29**	355,7 23	34,9 4	1,2 1	2459 171
302,2 16	481,7 25	452,9 26	**639,1** **30**	265,7 14	108,0 4	58,4 *3*	2957,6 158
213,5 17	372,5 **25**	≧ 349,6 ≧ 20	477,2 ≧ 23	390,4 ≧ 16	122,0 ≧ 5	* *0*	≧ 2628,7 ≧ 149
194,6 ≧ 16	299,7 **25**	352,8 21	— —	— —	— —	— —	— —
237,5 11	**363,7** **18**	360,7 16	296,6 14	340,7 13	25,0 5	4,7 2	≧ 2128,3 ≧ 113
221,1 17	411,5 **24**	**543,4** **24**	465,5 23	270,5 ≧ 22	74,8 12	34,6 *2*	2550,7 ≧ 160
337,6 15	440,8 **24**	**441,1** 19	270,8 16	286,8 17	22,7 6	12,3 4	2229,8 145
330,2 17	≧ 405,8 20	**≧ 529,4** 19	462,7 21	222,4 **22**	123,2 10	— —	— —
338,6 18	**444,7** **26**	425,4 20	312,0 21	271,7 19	24,8 8	15,8 2	2233,3 155
312,5 20	408,0 23	**541,9** 21	437,7 **26**	239,5 24	125,7 9	26,1 5	2599,2 177
581,8 18	**932,3** **26**	339,0 21	454,8 19	365,5 22	129,4 10	18,3 4	3468,4 164
687,2 21	687,9 24	**866,8** 25	617,0 **27**	214,0 18	81,8 9	53,8 3	3962,5 178
735,1 16	**1143,5** **26**	358,3 18	548,1 24	338,1 18	289,7 6	*8,9* 4	≧ 3993,4 ≧ 154
642,6 20	729,4 26	746,2 27	**770,7** **28**	344,2 20	103,2 11	58,6 11	3977,2 194
1132,1 28	**1396,3** **30**	1080,3 26	1371,4 **30**	978,7 25	606,2 24	183,2 15	8699,2 268
1722,2 ≧ 29	1167,4 ≧ **30**	1232,4 ≧ **30**	1603,9 30	1215,1 **31**	752,3 29	573,7 ≧ 25	9496,0 ≧ 286
987,5 25	1482,7 28	1247 5 25	**1488,2** **29**	1118,4 25	494,8 20	64,4 7	8135,8 217
1083,8 28	1394,2 27	1629,0 28	**1692,8** **30**	1140,6 25	511,9 24	205,6 14	8974,6 245

Tabelle 2. Mittlere Tages-Maxima (mt_{mx}), mittlere Tages-Minima (mt_{mi}) sowie höchste Tages-Maxima (t_{max}) und niedrigste Tages-Minima (t_{min}) in C°.

Station	Jahr		I	II	III	IV	V	VI	VII	VIII	IX	X	XI	XII
Tombel (KEG)	1938	mt_{mx}	—	—	30,4	29,7	29,4	—	26,3	26,2	26,7	27,9	28,9	29,0
		mt_{mi}	—	—	19,5	19,8	19,3	—	18,8	19,6	19,3	19,3	19,3	19,0
		t_{max}	—	—	36,9	32,9	32,0	—	29,0	28,0	28,5	30,0	31,0	30,0
		t_{min}	—	—	17,0	18,6	16,6	—	16,5	18,3	17,0	17,6	18,0	17,5
Laduma (KKC)	1937	mt_{mx}	30,8	32,1	32,8	31,6	31,4	30,6	28,9	28,8	29,9	29,8	30,9	30,6
		mt_{mi}	19,2	20,7	20,7	20,5	20,1	20,6	20,0	20,1	20,0	20,8	20,9	21,0
		t_{max}	33,3	34,5	34,8	33,7	33,8	30,2	31,3	31,3	32,5	32,1	32,9	31,9
		t_{min}	17,3	19,4	18,5	21,6	18,6	21,2	18,3	17,7	18,1	18,0	19,2	18,7
	1938	mt_{mx}	30,8	32,2	32,4	31,2	31,2	29,9	28,3	27,9	28,6	28,9	31,0	31,1
		mt_{mi}	20,8	21,7	21,1	21,2	20,9	20,9	20,8	20,7	20,8	20,7	20,9	21,1
		t_{max}	32,5	34,9	34,3	34,8	33,8	32,4	31,2	31,3	30,9	33,0	32,8	32,5
		t_{min}	18,8	19,0	18,8	19,8	19,2	19,0	18,4	19,0	19,1	18,6	19,5	19,8
Ekona	1937	mt_{mx}	—	—	—	—	—	—	—	—	—	—	29,0	29,0
		mt_{mi}	—	—	—	—	—	—	—	—	—	—	19,1	18,7
		t_{max}	—	—	—	—	—	—	—	—	—	—	31,6	30,7
		t_{min}	—	—	—	—	—	—	—	—	—	—	17,3	16,6
	1938	mt_{mx}	29,1	30,0	30,2	29,1	28,8	28,0	28,0	24,7	26,2	28,4	29,3	28,8
		mt_{mi}	18,3	19,8	18,8	20,0	18,9	19,6	18,4	17,2	17,9	17,1	17,4	16,7
		t_{max}	31,0	31,5	31,5	31,0	31,6	29,7	30,5	28,2	28,3	30,8	30,5	30,2
		t_{min}	16,1	17,4	16,9	17,4	16,0	14,6	16,2	13,8	12,8	11,5	14,1	14,3
Buea	1937	mt_{mx}	26,0	24,9	26,8	25,9	—	—	—	21,8	—	—	—	—
		mt_{mi}	15,1	15,8	17,4	16,6	—	—	—	14,1	—	—	—	—
		t_{max}	29,0	26,6	27,8	27,8	—	—	—	24,4	—	—	—	—
		t_{min}	14,0	14,0	15,0	15,0	—	—	—	14,0	—	—	—	—
	1938	mt_{mx}	25,4	25,3	25,1	25,6	26,9	22,9	21,5	22,2	—	—	—	—
		mt_{mi}	15,8	16,0	15,7	16,5	16,8	16,2	15,9	15,4	—	—	—	—
		t_{max}	28,0	29,0	27,5	27,4	27,6	22,4	25,0	24,5	—	—	—	—
		t_{min}	14,0	14,4	14,0	15,0	14,4	14,8	14,0	14,5	—	—	—	—

Moliwe	1938	mt_{mx}	30,7	31,6	32,4	31,4	—	—	—	—	—	—	—	30,0[1]
		mt_{mi}	20,0	19,9	19,6	20,2	—	—	—	—	—	—	—	19,9
		t_{max}	32,7	33,6	34,1	33,5	—	—	—	—	—	—	—	31,0
		t_{min}	18,6	18,0	18,0	19,0	—	—	—	—	—	—	—	18,6
Tiko, AFC-Vorwerk	1937	mt_{mx}	32,6	31,1	32,5	31,5	32,0	30,9	28,7	—	—	—	—	—
		mt_{mi}	20,2	22,1	22,7	21,8	21,6	21,7	21,8	—	—	—	—	—
		t_{max}	34,0	35,5	34,5	34,9	34,9	32,5	32,0	—	—	—	—	—
		t_{min}	17,8	18,8	20,1	18,5	19,4	19,7	20,0	—	—	—	—	—
	1938	mt_{mx}	31,5	30,9	32,1	31,3	31,2	29,0	28,0	26,9	28,3	29,8	30,5	31,0
		mt_{mi}	21,5	22,5	22,1	22,1	21,7	21,9	21,6	21,8	22,3	22,0	21,8	21,3
		t_{max}	33,2	34,0	34,0	33,5	33,4	31,6	30,1	30,4	30,5	32,0	32,5	32,5
		t_{min}	20,0	20,2	19,5	20,2	19,2	19,0	19,7	19,4	19,5	20,5	20,5	19,0
Bota	1937	mt_{mx}	—	—	—	—	—	—	—	—	—	28,9	30,0	30,7
		mt_{mi}	—	—	—	—	—	—	—	—	—	21,9	22,2	22,2
		t_{max}	—	—	—	—	—	—	—	—	—	31,7	31,7	32,5
		t_{min}	—	—	—	—	—	—	—	—	—	18,8	21,0	20,5
	1938	mt_{mx}	31,4	31,8	31,5	30,9	30,6	28,7	27,2	27,5	27,4	28,8	31,0	30,5
		mt_{mi}	22,2	23,1	22,6	22,7	22,1	21,9	21,8	21,5	21,7	22,0	21,9	21,7
		t_{max}	33,1	33,7	33,1	33,0	32,7	32,1	29,5	29,5	29,5	31,0	31,5	32,5
		t_{min}	20,7	21,2	19,9	21,0	19,5	20,0	20,5	20,0	20,5	20,5	20,5	20,0
Debundscha	1937	mt_{mx}	—	—	—	—	—	—	—	—	—	28,0	28,8	30,1
		mt_{mi}	—	—	—	—	—	—	—	—	—	21,9	22,7	22,9
		t_{max}	—	—	—	—	—	—	—	—	—	30,2	30,2	30,2
		t_{min}	—	—	—	—	—	—	—	—	—	19,2	21,0	20,2
	1938	mt_{mx}	30,1	30,8	31,3	30,5	29,7	27,1	26,6	27,8	26,9	27,9	29,2	30,0
		mt_{mi}	23,1	23,3	23,4	23,3	22,8	22,4	22,0	22,1	22,1	22,1	22,8	23,0
		t_{max}	32,5	31,7	32,7	32,7	32,0	30,8	29,6	29,5	29,5	31,0	30,5	31,5
		t_{min}	21,7	21,7	21,7	21,7	20,7	20,2	21,0	20,7	20,2	21,1	21,2	21,5

[1]) Die angeführten Dezember-Werte stammen aus dem Jahre 1937.

Da unsere Zeit für den Besuch der einzelnen Pflanzungen nur kurz bemessen war und dann in der Hauptsache für die Besichtigung der verschiedenen Vorwerke verwendet wurde, konnten spezielle Untersuchungen über die Ökologie und Biologie der einzelnen Parasiten nicht vorgenommen werden. Die weiter unten mitgeteilten Beobachtungen geben infolgedessen nur einen Gesamteindruck von den phytopathologischen Befunden wieder. Daher ist zu wünschen, daß, da eine Pflanzenschutzstation in Kamerun z. Zt. nicht vorhanden ist, die Pflanzer es übernehmen, die nachstehenden Mitteilungen zu ergänzen, und ihre Erfahrungen dann zuständigen Stellen mitteilen. So, um einige Beispiele zu nennen, Beobachtungen über die Abhängigkeit periodischer Schäden von dem Verlauf und Charakter der klimatischen Faktoren (u. a. erstes Auftreten, Höhepunkt, Verschwinden eines Parasiten, etwa des Braunfäule-Erregers oder tierischer Schädlinge); Abhängigkeit der dauernd vorhandenen Schäden von Standortsfaktoren (z. B. Bodenbeschaffenheit, Neigung des Geländes, Grundwasser, Bestandsdichte usw., etwa bei Wurzelpilzen); Auftreten von nicht oder wenig erkrankten Pflanzen in sonst stark befallenen Beständen (besonders wichtig!); Erfolge und Mißerfolge (!) von vorgenommenen Bekämpfungsmaßnahmen u. a. m.

Das zahlreiche während der Reise gesammelte Material wurde zur Bestimmung größtenteils an Spezialisten gesandt, die es durchsahen oder z. Zt. noch in Bearbeitung haben. Die reiche entomologische Ausbeute wurde dem Zoologischen Museum Berlin überwiesen. Ich werde in den folgenden Abschnitten über die an Ort und Stelle gemachten Beobachtungen und die bisher vorliegenden Ergebnisse unter Berücksichtigung der am Schluß angeführten Literatur berichten. Es werden die Krankheiten und Schädlinge der Hauptkulturpflanzen besprochen, und zwar in der Reihenfolge, die m. E. ihrer wirtschaftlichen Bedeutung im Augenblick entspricht.

Es ist mir eine angenehme und ehrenvolle Pflicht, an dieser Stelle der Gruppe Deutscher Kolonialwirtschaftlicher Unternehmungen für die Auftragserteilung und die Bereitstellung von Mitteln zu dieser Reise, und den Direktionen der Pflanzungsgesellschaften für die Förderungen während des Aufenthaltes in Kamerun meinen ergebensten Dank abzustatten. Sehr zu Dank verpflichtet bin ich auch den Kameruner Pflanzungs-Leitern und -Assistenten, die mir durch vielerlei Auskünfte die Arbeit erleichterten, und weiterhin allen Herren, die mir ohne Eigennutz ihre Spezialkenntnisse bei der Beurteilung des gesammelten Materials zur Verfügung stellten und noch stellen.

Seestadt Rostock, den 1. April 1939.

Botanisches Institut der Universität.

Banane (Obst- und Mehlbanane)

Neben der zum Export kultivierten Obstbanane (Musa sapientum L., besonders der var. Gros Michel) wird in Kamerun auf einigen Pflanzungen auch die für die Verpflegung der Eingeborenen wichtige Plante oder Mehlbanane (Musa paradisiaca L.) in größerem Ausmaße angebaut.

Eindeutige Unterschiede im Verhalten dieser beiden Arten den später genannten Parasiten gegenüber sind mir aus Kamerun nicht bekannt geworden. Deshalb beziehen sich diese Ausführungen, sofern nicht anders vermerkt, auf beide Musa-Arten.

Infolge des verhältnismäßig einfachen Baues der Bananenpflanzen ist es oft ohne genauere Untersuchung nicht leicht, die Ursachen einer Erkrankung eindeutig als solche zu erkennen, zumal dann, wenn es sich um Schäden an Wurzeln, Rhizomen oder um Krankheiten des Scheinstammes handelt, und die Erkrankungen sich in den ersten Stadien ihrer Entwicklung befinden. Alle Faktoren, die ein normales Arbeiten des Wurzelsystems beeinträchtigen, veranlassen an oberirdischen Teilen je nach ihrer Intensität etwa gleichartige Symptome, gleichgültig, ob es sich dabei um Einflüsse allein des Bodens oder um solche biologischer Herkunft handelt.

Schwach geschädigte Pflanzen fallen durch das insgesamt hellere Grün der erwachsenen Blätter auf. Bei stärkerer Schädigung ist die Pflanze in ihrer ganzen Entwicklung gehemmt, und die fertigen Blätter besitzen ein nur bleichgrünes Aussehen. Besonders auffällig und charakteristisch ist in diesem Falle das Verhalten der untersten, älteren Blätter des Schopfes. Je nach dem Schädigungsgrad beginnen die äußeren 1 bis 4 oder mehr Blätter bald nacheinander zu vergilben, und zwar erfolgt das Gelbwerden an erkrankten Pflanzen in umgekehrter Richtung wie bei normal gealterten Blättern, nämlich so, daß zunächst die Blattspitzen und etwa gleichzeitig die Randteile in Streifen, die sich von der Spitze zur Basis verjüngen, die grüne Farbe des Chlorophylls verlieren, ein Vorgang, der sich dann ziemlich schnell auch über den Rest der Blattfläche ausdehnt. An diese Vergilbung können sich in derselben Form und Folge allmähliches Verwelken und Vertrocknen der Blattfläche anschließen, was besonders in der Trockenzeit der Fall ist. An annähernd erwachsenen oder voll ausgebildeten Pflanzen knicken die vollständig vergilbten Blätter nicht wie die normal gealterten, die sich gewöhnlich noch ± grün direkt am Stamm nach unten legen, um, sondern sie bleiben längere Zeit etwa in ihrer ursprünglichen Lage aufwärts stehen oder aber, was seltener der Fall ist, die Mittelnerven knicken innerhalb der Fläche ein, so daß nur ein dann meist vertrockneter und gebräunter Teil der Blattspreite abwärts hängt. Der weitere Verlauf der Symptome ist von der Art und vor allem der

Intensität der Erkrankung abhängig und wird daher in den einzelnen Abschnitten zu besprechen sein.

Pflanzen mit den geschilderten Symptomen wurden in Kamerun auf allen Pflanzungen beobachtet und von den Pflanzern vielfach als „mangelkrank" bezeichnet. Für die Wahl der Bekämpfungsmaßnahmen ist es aber notwendig, sich über die eigentlichen Ursachen dieser „Mangelkrankheit" klar zu werden. Als solche kommen in Kamerun in Frage entweder ungünstige Bodenverhältnisse allein (eigentliche Mangelkrankheit) oder Befall der unterirdischen Teile durch Parasiten pflanzlicher (Wurzelpilze) oder tierischer (Nematoden, Engerlinge) Herkunft, vielfach in Verbindung mit nicht zusagender Beschaffenheit des Bodens.

1. Die Mangelkrankheit.

Die eigentliche Mangelkrankheit wird durch ungünstige Bodenverhältnisse veranlaßt, ohne daß irgendwelche Parasiten die normale Entwicklung der Pflanze beeinträchtigen. Die äußeren Zeichen dieser fast nur in größerer Ausdehnung auftretenden, bodenbedingten Krankheit sind neben den oben geschilderten Symptomen: mehr oder weniger weitgehende Hemmung der Pflanzen in allen vegetativen Sproßteilen, verbunden mit einer entsprechenden Verminderung des Fruchtansatzes und der Fruchtausbildung sowie, in nicht zu feuchten Böden, Ausbildung von übermäßig viel Wurzeln.

Welche Umstände es im einzelnen sind, die die unzureichende Entwicklung der Pflanzen bedingen, ist mitunter schwer zu entscheiden. Es kann sich dabei um das Fehlen, um ein Zuwenig, aber auch um ein Zuviel an bestimmten physikalischen oder chemischen Gegebenheiten handeln; auch wird gewöhnlich nicht ein Faktor allein, sondern vielmehr eine ganze Gruppe von Faktoren am Zustandekommen der Schäden beteiligt sein.

In Kamerun spielt vermutlich die rein chemische Beschaffenheit der Böden primär für das Zustandekommen der Mangelkrankheit nur eine nebensächliche Rolle; die mir bekannt gewordenen ernstlichen Schädigungen ließen sich zurückführen auf: Wassermangel, zu hohen Grundwasserstand und ungenügende Durchlüftung des Bodens. So sah ich, um einige extreme Fälle anzuführen, in Kamerun mangelkranke Bananen:

1. auf Böden, die nicht tiefgründig genug sind, weil sich dicht unterhalb der Mutterkrume undurchlässige Schichten, etwa in Form von Lateritplatten, befinden. Ganz besonders fehlt auf derartigen Stellen den Pflanzen das Wasser. Diese Tatsache macht sich vor allem in der Trockenzeit dadurch bemerkbar, daß viele Pflanzen, auch solche, die nicht die Last eines Fruchtbündels tragen, kurz unterhalb des Blattschopfes umknicken.

2. auf Böden geringer Wasserkapazität, die an mehr oder minder geneigten Hängen liegen. Die Pflanzen leiden in der Trockenzeit nicht nur unter Wassermangel, sondern auch ständig an Nährstoffmangel, da die Nährsalze durch Regen dauernd und schnell ausgewaschen werden.

3. auf abflußlosen Böden, die infolge zu hohen Grundwasserspiegels eine zu geringe Luftzirkulation besitzen und übersäuert werden.

Als Mittel zur Beseitigung dieser Schäden kommen in erster Linie Kulturmaßnahmen in Frage, wie sie ja jedem Pflanzer bekannt und an vielen Stellen schon durchgeführt sind. Offene Dränage bewirkt nicht nur Entfernung überschüssigen Wassers, sondern arbeitet gewissermaßen wie eine Lunge, indem sie den Boden durchlüftet, auch wirkt sie einer Übersäuerung dieser Böden entgegen, die durch Kalken und Mergeln allein nicht behoben werden kann. Daß infolge der Dränage eine zu starke Entwässerung erfolgen könnte, ist für derartige Böden wohl von der Hand zu weisen. Schwieriger und kostspieliger ist die Verbesserung der unter 2) genannten Böden an ± geneigten Hängen. Sie könnte durch Anlage von senkrecht zur Bodenneigung verlaufenden Gräben und Terrassen und Bepflanzung mit passenden Bodenbedeckern, am besten Leguminosen, erzielt werden. Diese Maßnahmen haben sich in anderen tropischen Gebieten bewährt und dürften m. E. auch für die Bananenkultur in Kamerun rentabel sein; besonders in den Beständen, wo die Pflanzen nur schwach leiden und 5- bis 6-händige Bündel hervorbringen, werden diese Maßnahmen zu einer Vollwertigkeit der Bündel führen. Für im Bananenbau unwirtschaftlich halte ich das Entfernen von undurchlässigen Schichten (Lateritplatten, Tonstreifen) durch Sprengen, Ausschachten, Abtragen oder dgl.

Ich habe diese Besprechung hier angeführt, trotzdem sie zunächst nichts mit parasitären Erkrankungen zu tun zu haben scheint. Es steht aber allgemein fest, daß gerade Pflanzen, die schon durch irgendwelche nichtbiologische Faktoren geschädigt sind, dem Angriff von Parasiten viel leichter zugänglich sind und ihnen viel schneller erliegen als gesunde. Das trifft in Kamerun besonders für die anschließend zu besprechenden Wurzelerkrankungen der Banane, nämlich für die Wurzelpilze und die Wurzelnematoden zu, beides Krankheiten, die in Kamerun vielfach dem Begriff „Mangelkrankheit“ eingeordnet werden.

Bei der Erledigung der ersten Korrektur dieses Berichtes schnitt die Direktion der AFC — besonders wegen der mehrfachen Hinweise auf die Tatsache, daß manche Parasiten vor allem dann schädlich auftreten, wenn ihre Wirtspflanzen infolge ungünstiger Bodenbedingungen in ihrer Gesamtentwicklung ± zurückgeblieben sind — die naheliegende Frage nach der Wahl der richtigen Böden für Bananenpflanzungen an. Ich bin bei diesen Ausführungen auf diesen überaus wichtigen Fragenkomplex nicht eingegangen, da Herr Dr. Domke diese Verhältnisse während unseres Aufenthaltes in Kamerun genauer untersuchte und in dieser Reihe erscheinende Berichte darüber Auskunft geben werden (vgl. die S. 203 anschließende Arbeit von Utescher).

2. Die Wurzelpilz-Erkrankungen.

Wurzelpilzerkrankungen sind in Kamerun an Bananen und Planten ganz allgemein verbreitet. Sie finden sich an Pflanzen jeglichen Alters sowohl auf trockenen und feuchten, als auch auf alten wie jungfräulichen Kulturböden. Für das Ausmaß der durch sie entstehenden Schäden ist neben dem Nährstoffgehalt besonders die Feuchtigkeit des Bodens und auch die Feuchtigkeit der bodennahen Luftschicht ausschlaggebend. Schwächliche Pflanzen auf Böden, die der Mangelkrankheit Vorschub leisten, erkranken stark und geben empfindliche Ausfälle. Pflanzen auf nährstoffreichen Substraten sind widerstandsfähiger und haben weniger unter einer Infektion zu leiden. Doch auch in diesen Fällen tritt, wie Beobachtungen besonders auf der Mabeta-, Mukonje- und Moliwe-Pflanzung lehrten, eine Wertverminderung der Bündel ein, die sich — allerdings oft wenig augenfällig — in einer Herabsetzung der Handzahl der Bündel äußert.

Die Krankheitssymptome an den oberirdischen Teilen bei schwachem und mittelstarkem Befall sind die gleichen, wie sie im ersten Abschnitt geschildert wurden: Vergilben, Vertrocknen und Abknicken der Blätter (vgl. Abb. 1 u. 2). Das Geflecht des Pilzes findet sich in Form dünner, weißer, fädiger Überzüge auf den Wurzeln und zieht sich zu den Rhizomen hin, auf denen es etwas dichtere Watten und fächerartige Streifen bildet. Während an den Rhizomen nur die oberflächlichen Teile zugrunde gehen, sterben die Zellen befallener Wurzeln fast ausnahmslos ab. Die Wurzeln schrumpfen mehr oder weniger vollständig, werden braun und damit funktionsunfähig. Dieser Unterbindung der Wasser- und Nährsalzzufuhr suchen die Pflanzen dadurch zu entgehen, daß sie vom Rhizom aus neue Wurzeln und an den gesunden Wurzeln oder Wurzelstümpfen neue Seitenwurzeln bilden. Stärkeren Pflanzen auf guten, lockeren Böden gelingt es, sich auf diese Weise zu retten, da das Pilzwachstum mit der Wurzelneubildung nicht Schritt hält. An unterernährten Pflanzen und solchen, deren Stammbasis und Rhizome sich durch dichten Unkrautbewuchs in einer feuchtigkeitsreichen Umgebung befinden, gewinnt der Pilz die Oberhand und zerstört nicht nur alle Neuanlagen, sondern dringt auch oberflächlich in das Rhizom selbst ein. Der Rhizomkörper wird darauf allmählich zerklüftet und zeigt dann in den radial verlaufenden Rissen bis zu 1 cm breite, zusammengedrückte Myzelpolster von weißer bis rötlichweißer Farbe. Vom Rhizom aus dringt das Myzel auch in den Schein-

Abb. 1. In der Mitte eine wurzelpilzkranke Banane. Sie ist gegenüber den danebenstehenden Pflanzen in der Entwicklung zurückgeblieben und hat auch keine Schößlinge gebildet. Die beiden unteren Blätter sind in ursprünglicher Lage stehend verdorrt, das rechts stehende ist mitten in der Blattfläche umgeknickt. (16. 6. 1938.)

Abb. 2. Wurzelpilzkranke Bananen. Die Pflanze auf der rechten Bildseite mit einem verdorrten (rechts) und einem absterbenden (vorne) Blatt. In der Mitte ein in der Fläche geknicktes Blatt. (3. 6. 1938.)

Abb. 3. An Wurzelpilzen zugrunde gegangene Planten in einem ebenfalls an Wurzelpilzen erkrankten Heveenbestande. (13. 4. 1938.)

Abb. 4. Vom Wurzelpilz stark befallene Banane. Alle Blätter mitsamt dem Herzblatt sind abgestorben, ein Umfallen der letzten drei Blätter ist nicht erfolgt. (14. 6. 1938.)

Abb. 5. Eine infolge von Wurzelpilzbefall auch im Stamm verwelkte und umgefallene Banane. (12. 4. 1938.)

Abb. 6. Fehlstelle in einem Bananenfeld. Die auf dem Hang schon durch Nahrungsmangel geschwächten Pflanzen verkümmern infolge der Verseuchung des Bodens durch Wurzelpilze. (14. 6. 1938.)

Abb. 7. Durch einen festgetretenen Weg begrenzte Wurzelpilz-Fehlstelle. (14. 6. 1938.)

Abb. 8. Randzone einer Wurzelpilzfehlstelle. Im Vordergrunde eine erkrankte, stark verkümmerte Staude. (8. 3. 38.)

Abb. 9. Randzone einer Wurzelpilz-Fehlstelle. Rechts, verkümmerte Pflanzen. (27. 3. 1938.)

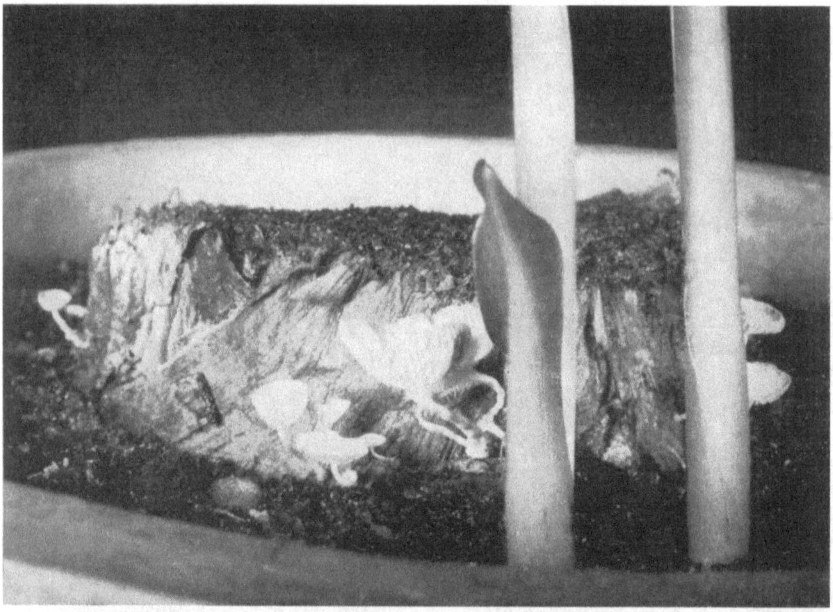

Abb. 10. Stumpf einer Plante (Mehlbanane) mit Fruchtkörpern von Marasmius spec. und zwei Schößlingen. (Topfkultur von Kamerun-Material im Warmhaus zu Rostock, 10. 8. 1938.)

Abb. 11. Lebender Bananenstumpf mit Fruchtkörpern eines unbestimmten Pilzes, der wohl ebenfalls als Bananenschädling in Frage kommt. (Erkranktes Kamerun-Material in feuchter Kammer kultiviert. Rostock, 9. 8. 1938.)

stamm ein, wo es sich, bis zu 30 cm und mehr aufwärts steigend, zwischen den toten und lebenden Blattscheiden in Form von weißen, netzartigen, am Ende fächerförmigen Platten findet. Da bei derart befallenen Bananen die Wasserzufuhr völlig unterbunden ist, verwelken alle Blätter (Abb. 4) und auch der Stamm, der bei der leichtesten Beanspruchung in wechselnder Höhe umknickt (Abb. 3 u. 5).

Die Zeit, die vom ersten Auftreten sichtbarer Symptome bis zum Absterben des Stammes vergeht, ist von dem Verhältnis Wirt : Parasit abhängig und daher sehr verschieden, doch wird sie auch in den ernstesten Fällen länger dauern als bei den Gefäßbündelerkrankungen, wie sie in der Panamakrankheit oder den Bakteriosen gegeben sind.

Von den gleichen Faktoren wird auch das verschiedenartige Verhalten infizierter Pflanzen bei der Neubildung von Schößlingen bestimmt. Leicht erkrankte Pflanzen können unter besonders günstigen Umständen gesunde Schößlinge bilden, in den meisten Fällen aber sind die neu entstehenden Pflanzen ebenfalls schon infiziert und in verschieden starkem Maße in ihrer Ausbildung gehemmt, schließlich kann das Treiben von Schößlingen überhaupt unterbleiben.

Der Wurzelpilz besitzt ein riesiges Ausbreitungsvermögen und findet sich daher durchweg in größeren Herden oder Nestern. Die Abbildungen 6 und 7 zeigen durch Pilzbefall veranlaßte Fehlstellen, die Abbildungen 8 und 9 Randzonen derartiger Fehlstellen. Auf ebenen, nicht unterbrochenen Feldern haben die Herde etwa kreisförmigen Umriß. Das deutet darauf hin, daß die Infektion sich von einem zentralen Fleck her ausgebreitet hat. Da Rhizomorphen, wie sie vom Hallimasch her bekannt sind, nicht vorhanden waren, bleibt nur die Erklärung übrig, daß sich das Myzel über im Boden vorhandene, untereinander im Zusammenhang stehende, tote Pflanzenteile auszubreiten vermag. Ob eine Ausbreitung des Pilzes auch durch Sporen erfolgt, kann nur durch Infektionsversuche entschieden werden. Viele Autoren stehen jedoch auf dem Standpunkt, daß Sporen für die Vermehrung der meisten Wurzelpilze keine Rolle spielen. Bemerkenswert ist, daß Einsenkungen (Abb. 6), Gräben und auch festgetretene Wege (Abb. 7) ein weiteres Umsichgreifen des Pilzes stark einschränken oder sogar verhindern.

Da die Wurzelpilze auf den Kameruner Pflanzungen das ganze Jahr hindurch günstige Entwicklungsbedingungen finden, sind auch jederzeit Erkrankungen und Ausfälle vorhanden, die besonders auf dem Madanga-Vorwerk von Mabeta an Bananen und auf der Molive-Pflanzung an Bananen und Planten sehr empfindlich waren. Intensitätsunterschiede habe ich während meines Dortseins (Trockenzeit bis Anfang der Regenzeit) in der Entwicklung der Pilze nicht feststellen können. Wohl aber fehlten in dieser Zeit die für die Bestimmung der Pilze nötigen Fruchtkörper, die wahrscheinlich erst in der Regenzeit auftreten. Um die systematische Zugehörigkeit der Pilze zu klären, setzte ich in Rostock Kulturen von infiziertem Material, das mir freundlichst von den Pflanzungen zur Verfügung gestellt war, in feuchten Kammern an. Kranke Bananenstümpfe von der Bibundi- und der Mukonje-Pflanzung, sowie Bananen und Planten von der Moliwe lieferten alle den gleichen Pilz, nämlich eine Marasmius-Art, die in der Abbildung 10 wiedergegeben ist. An weiterem Bibundi-Material traten ferner noch die in den Abbildungen 11 und 14 dargestellten Pilze, deren Bestimmung noch aussteht, auf. In der Hauptsache wird es sich demnach bei den Erkrankungen der Bananen- und Planten-Wurzeln und -Rhizome in Kamerun um eine Marasmius-Wurzelfäule handeln, wie solche nach Kervégant aus Guinea, der Elfenbeinküste, Jamaica, Trinidad, Barbados und Brasilien schon bekannt sind. (Vgl. die Abschnitte „Wurzelpilze" S. 122, S. 165 u. S. 176.)

Die Bekämpfung der Wurzelpilze erfolgt für die verschiedenen Arten mit Außenmyzel in der gleichen Weise und ist gleich schwierig, weil irgendwelche besonders empfindliche Entwicklungsstadien nicht vorhanden sind, und das Myzel selbst sehr widerstandsfähig ist. Daher wird sich die Kontrolle der Wurzelpilze mehr auf praktische Vorbeugungsmaßnahmen als auf Heilung erkrankter Pflanzen und Abtötung der Myzelien mit chemischen und anderen Methoden erstrecken müssen.

Chemische Mittel, die die Pilze vernichten, ohne gleichzeitig auch den übrigen Pflanzen und dem Boden zu schaden, kennen wir nicht. Deshalb bleibt nur der Weg, alle kranken Pflanzen auszugraben und den Pilz dann zu vernichten, ein Verfahren, das sich an Ort und Stelle bewährt hat, wie die Erfahrungen auf der Likomba und der AFC-Tiko zeigen. Die beiden Pflanzungen haben — wie ich annehme — auf Grund ihres sofortigen Einschreitens bei jedem Anzeichen von Wurzelpilz keine ernstlichen Wurzelpilzschäden an Bananen aufzuweisen.

Wo der Pilz in den Beständen vereinzelt auftritt, sind die Befallsherde durch Gräben zu isolieren, da andernfalls, wie die Erfahrung lehrt, eine rapide Ausbreitung erfolgt. Wenn diese Methode z. T. in Kamerun als unwirksam abgelehnt wird, so wird das vielleicht auf Mißerfolge zurückzuführen sein, die ihren Grund darin haben, daß man die Ausdehnung des Myzels im Boden unterschätzte und die Gräben zu eng zog (Myzel an noch im Boden befindlichen Wurzeln von Urwaldbäumen!). Die Gräben sollen 60—90 cm tief sein und auf der Sohle 50 cm Breite besitzen. Die ausgehobene Erde darf nicht nach außen geworfen werden, sondern immer nur auf die isolierte Fläche. Desinfektion der Gräben mit Ätzkalk oder Kalkmilch ist dringend zu empfehlen.

Da eine Rettung erkrankter Pflanzen ausgeschlossen erscheint, sind sie mitsamt dem Pilzmyzel zu vernichten. Das geschieht am besten in der Weise, daß man die Objekte, wenn möglich unter Zusatz von Ätzkalk längere Zeit der Sonne und zirkulierender Luft aussetzt, die ein Austrocknen und teilweises Absterben des Myzels bedingen; zur endgültigen Zerstörung wird dann das ganze Material verbrannt. Dieses Verfahren ist für Bananen schwierig, da die Stümpfe und Rhizome ohne besondere Nachhilfe nur schwer austrocknen. Zunächst ist darauf zu achten, daß die gerodeten Bananenstümpfe nicht auf Haufen zusammengeworfen werden, wie es für holzige Pflanzen wie Hevea, Kakao u. a. üblich und bei lockerer Schichtung auch zulässig ist, denn dieses Aufhäufen würde nicht nur die Austrocknung sehr verzögern, sondern sogar das Gegenteil des Erstrebten bewirken, indem es richtige Brutplätze für die Entwicklung des Pilzes schafft. Da ferner das Myzel des Pilzes in fortgeschrittenem Stadium nicht nur außen an den Organen vorhanden ist, sondern auch die inneren Teile des Rhizomes und die Räume zwischen den Blattscheiden ergreift, müssen diese Teile gespalten werden, damit auch sie genügend austrocknen können. Alle Maßnahmen erfolgen an Ort und Stelle, da ein Abtransport immer die Gefahr mit sich bringt, daß Myzelstücke verloren gehen, von denen selbst kleine Fetzen einen neuen Infektionsherd veranlassen könnten. Es ist wohl selbstverständlich, daß aus erkrankten oder krankheitsverdächtigen Feldern Schößlinge zum Nachpflanzen oder zur Neuanlage nicht geworben werden dürfen.

Außerdem ist es notwendig, auch den Boden selbst zu behandeln, denn selbst wenn alle kranken Pflanzenteile entfernt wären, würde das Myzel auf totem Pflanzenmaterial erhalten bleiben und bei Wiederbepflanzung sofort wieder infizieren. Deshalb ist durch Entfernen des Bewuchses und eventuelles Aufgraben dafür zu sorgen, daß Licht und Luft in den Boden gelangen und die Myzelien erreichen. Kalken des Bodens und der offenen Aushublöcher ist anzuraten, denn es verändert die Reaktion des Bodens in einer für den Pilz unzuträglichen Weise, ohne dabei, wie zuweilen behauptet wird, für die Kameruner Kulturpflanzen schädlich zu sein. Mit der Neubepflanzung derartiger Felder ist mindestens ein Jahr zu warten, und dann sind tunlichst Pflanzen zu vermeiden, die für Wurzelpilze sehr anfällig sind, wie Heveen, Erythrinen, Leucaenen, Albizzia moluccana. Handelt es sich um größere zusammenhängende Felder, so möchte ich Bepflanzung mit Ölpalmen empfehlen, denn die unverletzte Ölpalme ist dem Wurzelpilz gegenüber die widerstandsfähigste aller Kameruner Kulturpflanzen und leidet, selbst wenn sie infiziert ist und nicht Schädigungen anderer Art hinzutreten, nur in geringem Maße unter dieser Krankheit. (Vgl. S. 168.)

3. Engerlinge als Bananen-Schädlinge.

Engerlinge nennt man die Larven von Blatthornkäfern (Lamellicorniern), zu denen u. a. auch unser Maikäfer gehört. Als Schädlinge kommen aus dieser Gruppe in der Hauptsache die Larven in Frage, weniger die Käfer selbst, wie es z. B. bei manchen Nashornkäfern der Fall ist. Die Larven sind bei den meisten Arten zur Bauchseite hin eingekrümmt und besitzen drei meist gut ausgebildete Beinpaare. In ihrer Gestalt sind sie den Engerlingen unseres Maikäfers sehr ähnlich, ihre Größe kann jedoch je nach den Eigenschaften der gerade vorliegenden Art und nach dem Entwicklungszustand sehr verschieden sein. Für Kamerun werden mehrere Arten als Schädlinge in Frage kommen. Die mir als Schädlinge bekannt gewordenen Larven hatten im ausgewachsenen Zustande die Größe etwa der Maikäferengerlinge. Preuß (1903) berichtet von zwei Engerlingsarten, die in Kamerun an Kakao schädlich waren: eine unserem Junikäfer ähnliche Camenta-Art (wahrscheinlich C. Westermanni) und eine weitere Art, wahrscheinlich Schizonycha spec. (Vgl. S. 147.) Über die nähere systematische Zugehörigkeit der mir vorliegenden Arten kann ich leider nichts berichten. Zu Zuchtzwecken wurden mir bei der Abreise von der Mokundange-Pflanzung aus freundlichst etwa 100 annähernd erwachsene Larven zur Verfügung gestellt. Bis Ende August waren aber alle Larven vor der Verpuppung an einer Krankheit zugrunde gegangen, die durch den Pilz Metarrhizium anisopliae (Metsch.) Sorok. oder einen weiteren, in Abbildung 16 dargestellten, noch ungeklärten Organismus hervorgerufen war.

Die jungen Larven der schädlichen Käfer leben zunächst von faulenden Pflanzenstoffen, kommen auch wohl später allein damit aus; wo vorhanden, wenden sich aber die etwas älteren Engerlinge saftigen und fleischigen Wurzeln zu, doch werden auch verholzte Wurzeln (Kakao, Hevea, Leguminosen u. a.) nicht verschont. Sie nagen die Wurzeln nur an oder beißen sie ab und fressen sie mehr oder weniger vollständig auf. Hinsichtlich der Wirtspflanzen sind sie nicht besonders wählerisch, sie nehmen das eben Vorliegende, wobei es nicht Wunder nimmt, daß gerade die verhältnismäßig weichen und saftigen Wurzeln von Bananen und Planten sehr gerne genommen werden. Wo sie in solchen Beständen auftreten, richten sie empfindliche Schäden an. Herr Schmidt-Mokundange charakterisierte ihre Wirkung treffend folgendermaßen: „Wo Engerlinge sind, fehlen die Bananen!" Starke Ausfälle wurden in der Zeit meines Dortseins auf den Pflanzungen an der Westseite des Kamerunberges und in einigen Beständen auf der Ekona- und der Moliwe-Pflanzung festgestellt, doch dürften sie auch in den übrigen Gebieten kaum fehlen.

In welchem Turnus sich ihre Entwicklung vollzieht, bleibt unklar. Ich kann dazu nur mitteilen, daß von dem Bananenschädling in Mokundange z. B. neben annähernd erwachsenen Larven auch jüngere Entwicklungsstadien verschiedenster Größe vorhanden waren, was für diese Art auf einen mehr als einjährigen Entwicklungszyklus schließen läßt. Die Haupteiablage wird, wie in anderen tropischen Gebieten, wahrscheinlich auch in Kamerun zu Beginn der Regenzeit erfolgen. Ebenso bevorzugen die Weibchen auch in Kamerun zur Eiablage Felder, die einen lockeren, fruchtbaren Boden aufweisen und mit einem reichlichen Bewuchs von Kräutern oder Gräsern (besonders Elefantengras, Pennisetum purpureum Schum. = P. Benthami Steud.) bestanden sind, da gerade solche Bestände am meisten zu leiden hatten. Das Vorhandensein des Bewuchses scheint dabei eine größere Rolle zu spielen als die übrigen Faktoren.

Das äußere Krankheitsbild ähnelt bei schwachem Befall den bei der Mangelkrankheit erwähnten Symptomen. Treten die Engerlinge in größerer Anzahl auf, so kann die Zerstörung des Wurzelwerkes eine mehr oder weniger vollkommene sein. Das unterbindet an den oberirdischen Teilen nicht nur jedes weitere Wachstum, sondern zieht auch vor allem in der Trockenzeit ein der Befallsintensität entsprechend rasch vor sich gehendes Welken und Vertrocknen des Blattschopfes und des Scheinstammes nach sich.

Die Bekämpfung der Blatthornkäfer kann sich gegen die Engerlinge oder gegen die Käfer selbst richten und nach verschiedenen Prinzipien erfolgen.

Gegen Engerlinge wendet man entweder Vergasungsmittel oder Pilze an, oder man versucht es, sie in moderndem Pflanzenmaterial zu fangen. An Vergasungsmitteln werden in der Literatur vorgeschlagen Blausäure, Schwefelkohlenstoff, Chlorpikrin, Paradichlorbenzol u. a., die entweder als solche in den Boden gebracht werden oder auch zum Teil in Form von Substanzen, die beim Zersetzen diese Stoffe liefern. So erwähnt Kervégant gute Erfolge durch Behandlung des Bodens mit Kalziumzyanamid (300 bis 500 g je Staude), das schon bei Einwirkung der Luftfeuchtigkeit ca. 50% seines Gewichtes an Blausäure abgibt. Doch dürfte die Blausäurebehandlung zu teuer sein, und da zudem die Pflanzen selbst stark geschädigt werden, könnte man ihre Anwendung nur für unbebaute Böden empfehlen.

Schwefelkohlenstoff (30—50 ccm auf 6 Einstichlöcher je qm verteilt) hat bei der Bekämpfung von im Boden lebenden Schädlingen in den gemäßigten Zonen von allen hier genannten Mitteln die günstigsten Ergebnisse geliefert. Da dieser Stoff sehr feuergefährlich ist, auch ungern auf Schiffen befördert wird, empfahl Busse (1906) für Kamerun gegen Kakaoengerlinge die Verwendung von Kaliumsulfokarbonat, das im Boden neben Schwefelwasserstoff Schwefelkohlenstoff abgibt. 300—600 g werden in 1—2 l Wasser gelöst und auf 3 bis 4 verschieden tiefe Löcher pro Kakaobaum so verteilt, daß alle bewohnten Zonen betroffen werden. Gegenüber dem reinen Schwefelkohlenstoff hat diese Methode den Nachteil, größere Mengen zu erfordern und daher noch kostspieliger zu werden. Außer der engerlingstötenden Wirkung wird dem Schwefelkohlenstoff noch eine allgemein „bodenverbessernde und -verjüngende" Wirkung zugeschrieben, deren Zustandekommen nur teils auf Abtötung weiterer Bodenschädlinge, teils aber auf noch ungeklärte Zusammenhänge im Wechselspiel Boden: Pflanze zurückzuführen ist. Dieses Verhalten steigert den Wert des Schwefelkohlenstoffs als Bodendesinfektionsmittel noch. Insgesamt wird unter den chemischen Mitteln dem Schwefelkohlenstoff zur Bodendesinfektion der Vorzug zu geben sein, doch muß die Praxis entscheiden, ob seine Verwendung auf den Kameruner Pflanzungen wirtschaftlich sein wird.

Chlorpikrin, eine leicht flüchtige, aber nicht brennbare Flüssigkeit, kommt in seiner Giftwirkung den vorigen Substanzen nicht gleich. Das entstehende Gas reizt Augen und Schleimhäute, schädigt auch lebende Pflanzen, so daß seiner Verwendung in den Kameruner Dauerkulturen erhebliche Schwierigkeiten entgegentreten. Das Paradichlorbenzol („Globol" der J. G. Farben) besitzt für tierische Schädlinge einen im allgemeinen niedrigeren Giftigkeitswert als die oben genannten Gase; außerdem zeigen viele Pflanzen diesem Mittel gegenüber eine hohe Empfindlichkeit. Für Bananen mit ihrer dichten Bewurzelung erscheint daher die Anwendung dieser Substanz als nicht ratsam. Schließlich nennt Preuß (Tropenpflanzer, 1924, S. 171) als wirksames Bekämpfungsmittel gegen Kakao-Engerlinge „Florium", ein aus bestimmten Teerdestillaten gewonnenes Handelspräparat, dessen Erfolge zu überprüfen wären. Benutzt wurden je nach dem Alter des Baumes 1—2 l einer 3%igen Lösung (für 1—2-jährige Bäume 1 l, für alte 1,5—2 l). Die Verwendbarkeit der Lösungen weiterer Teerpräparate wäre zu untersuchen.

Für eine eventuelle biologische Bekämpfung der Engerlinge würde in erster Linie der auf den Mokundange-Engerlingen vorhandene Pilz Metarrhizium anisopliae in Frage kommen, dessen Biologie, Wirkungsweise und Verwendbarkeit bei der Nashornkäferbekämpfung auf Samoa eingehend von Friederichs (1919) beschrieben wurde.

Bei fachgemäßer Anwendung lieferte diese Bekämpfungsweise beim Nashornkäfer sehr gute Ergebnisse, und es wäre dringend zu wünschen, ihre Anwendungsmöglichkeit auch für die Kameruner Lamellicornier zu überprüfen. Daß dem zunächst wegen der andersartigen Biologie der Engerlinge große Schwierigkeiten entgegentreten, steht fest (vgl. dazu auch die Ausführungen von Friederichs (1918, 1919) über Fehlerergebnisse der Methode bei unsachgemäßer Arbeitsweise). Deswegen ist es auch unmöglich, vom Schreibtisch aus genaue Vorschläge für eine Arbeitsweise in Kamerun anzugeben; es kann also nur das Prinzip angedeutet werden.

Eine Bekämpfung der im Boden zerstreut lebenden Brut mit diesem Pilz ist unmöglich. Vielmehr ist es notwendig, die Engerlinge auf bestimmte Stellen zu lokalisieren. Das wäre möglich durch die Anwendung von Fanggruben oder von Fanghaufen, ein Verfahren, das auch ohne Verwendung des Pilzes zur Engerlingsbekämpfung benutzt wird. Unter der Voraussetzung, daß die Eiablage in der Hauptsache zu Beginn der Regenzeit erfolgt und die Engerlinge sich zunächst von faulenden Pflanzenteilen ernähren, schlägt von Faber (1909) nach Koningsberger vor, während der Trockenzeit das Unkraut soweit wie zulässig stehen zu lassen, es kurz vor der Regenzeit auszureißen und mit Erde gemischt in Haufen in der Pflanzung auszulegen. Die jungen Engerlinge würden sich dann in diesen Haufen sammeln und könnten hier von Zeit zu Zeit auf mechanischem, chemischem oder biologischem Wege vernichtet werden.

Für den Fall, daß die Engerlinge sich auf diese Weise in den Fanghaufen sammeln lassen, wäre ihre Vernichtung dann zweckmäßig durch Infektion der Haufen mit befallenen, an der dichten Umhüllung mit einer staubigen, blaugrünen bis grüngrauen Sporenmasse kenntlichen Engerlingsmumien aus der freien Natur oder mit auf Nährböden künstlich erzielten Myzelien vorzunehmen. Die Zucht des Pilzes auf Nährböden wird erforderlich sein, um rechtzeitig genügend Material zur Hand zu haben, damit alle Haufen beschickt werden können. Im Haufen selbst würde die weitere Ausbreitung durch die umherwandernden Engerlinge erfolgen.

Ebenso wie diese Methode von der Lebensweise der Tiere abhängig ist, setzen auch die Maßnahmen zur Bekämpfung der Käfer selbst eine genaue Kenntnis ihrer Lebensgewohnheiten voraus. Da wir darüber nicht unterrichtet sind, können die folgenden Angaben nur allgemeine sein.

Es handelt sich darum, die Tiere durch irgendwelche Mittel in möglichst großer Menge anzulocken, zu fangen und dann zu töten. Als Lockmittel lassen sich Nahrungsköder (vielleicht gärende Bananenfrüchte), denen man zweckmäßig gleich ein Fraßgift zusetzt (Arsenpräparate) verwenden, oder aber man fängt die Käfer, falls sie ausreichend reagieren, durch Aufstellen von Lampen abends und nachts am Licht und tötet sie mit heißem Wasser, Petroleum, Schwefelkohlenstoff oder auf sonstige Art. Praktisch verwertbar wird voraussichtlich nur die Verwendung der anfangs genannten Giftköder sein.

4. Die Nematoden-(Älchen-) Krankheit und Pseudococcus-Schäden.

An dritter Stelle kommt als Bananenschädling für Kamerun ein Älchen in Frage, nämlich Heterodera marioni (Cornu) Goodey (= Heterodera radicicola (Greeff) Müll.). Dieses mit bloßem Auge nicht sichtbare Wurzelälchen ist hinsichtlich seiner Nahrung nicht wählerisch und besitzt einen großen Kreis von Wirtspflanzen. Aus Kamerun wurde dieser Nematode schon durch Busse (vgl. Marcinowski, 1910) bekannt, der ihn in Viktoria an Gurken-, Salat- und Selleriewurzeln fand. Erhebliche Schäden an Bananen meldet Preyer (1902) aus Ägypten. Doch sind die von ihm erwähnten Schäden des Scheinstammes bzw. Herztriebes nicht, wie er meinte und schon Marcinowski bestritt, auf diese Art zurückzuführen, denn sie lebt ausschließlich in den unterirdischen Teilen. Die Älchen befallen hauptsächlich die Wurzeln, selten auch die Rhizome und erzeugen auf allen Teilen in Richtung der befallenen Organe gestreckte, spindelförmige bis ovale oder rundliche Anschwellungen etwa bis zur Größe von Erbsen. Das Gewebe dieser Gallen enthält neben den 1,2 bis 1,5 mm langen Männchen auch die birnen- bis schinkenförmigen, 0,4 bis 1,3 mm langen Weibchen und die von der Haut der toten Mutter umhüllten Eiermassen und liefert den Tieren die Nahrung. Gewöhnlich sind derartige Anschwellungen in größerer Anzahl an dem Wurzelwerk vorhanden. Die außen hinter der Galle liegenden Wurzelabschnitte sterben infolge des Befalles ab, schließlich auch die Gallen selbst, und so wird das Wurzelsystem der Pflanze mehr oder weniger zerstört. Auch die vielfach neu gebildeten Wurzeln werden durch die aus den verrotteten Gallen frei gewordenen neuen Generationen in Kürze infiziert und erleiden das gleiche Schicksal. Dadurch ist die Wasser- und Nährstoffversorgung der Pflanze behindert oder unterbunden, und die Pflanze erkrankt unter Mangelerscheinungen, die sich oberirdisch in einer Form äußern, wie sie eingangs bei der Mangelkrankheit geschildert wurde (Abb. 12).

Das Tier ist auf den Kameruner Pflanzungen an den verschiedensten Wirtspflanzen weit verbreitet. An die Bodenverhältnisse stellt es anscheinend keine besonderen Ansprüche, selbst größere Feuchtigkeit stört nicht; doch ist die Zahl der auf lockeren und humusreichen Böden vorhandenen Tiere höher als die in anders beschaffenen. An Bananen fand ich den Nematoden in Mabeta und Mukonje; in Tombel und der Moliwe an Bananen und Planten, jedoch nicht überall gleich schädlich. Augenfällige Schäden, die allein durch Nematoden bedingt waren, entstehen nur bei Massenbefall. Erfreulicherweise ist Massenbefall an sonst gesunden Pflanzen selten und wurde nur auf einer Pflanzung (Mabeta) auf fast unkraut-

Abb. 12. Bananen auf humusreichem Boden. Der im Vordergrunde stehende, kräftige Schößling läßt vier infolge Nematodenerkrankung absterbende bzw. abgestorbene äußere, noch aufrecht stehende Blätter erkennen. (6. 3. 1938.)

Abb. 13. Bakterien(?)-kranke Banane in der Trockenzeit. Alle Blätter sind abgestorben und umhüllen den aufrecht stehenden Scheinstamm faltenrockartig. (28. 2. 1938.)

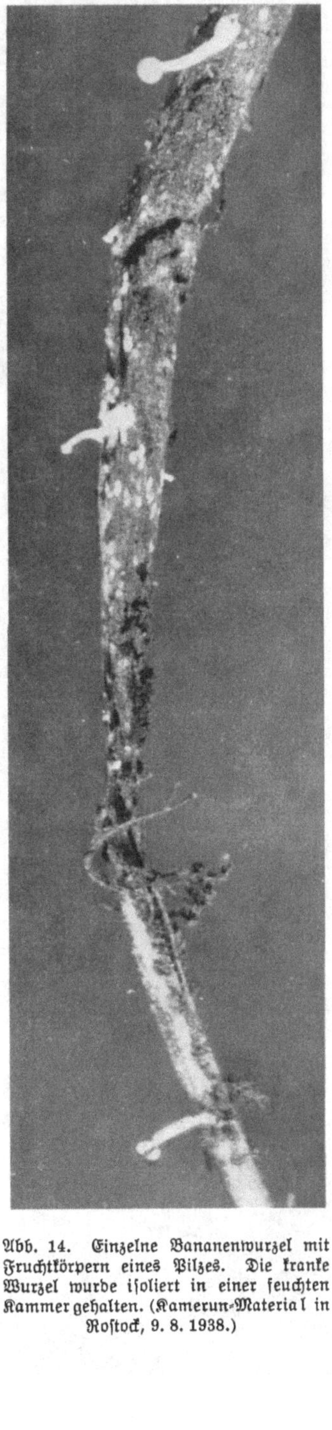

Abb. 14. Einzelne Bananenwurzel mit Fruchtkörpern eines Pilzes. Die kranke Wurzel wurde isoliert in einer feuchten Kammer gehalten. (Kamerun-Material in Rostock, 9. 8. 1938.)

Abb. 15. Wie Abb. 13.
(23. 4. 1938.)

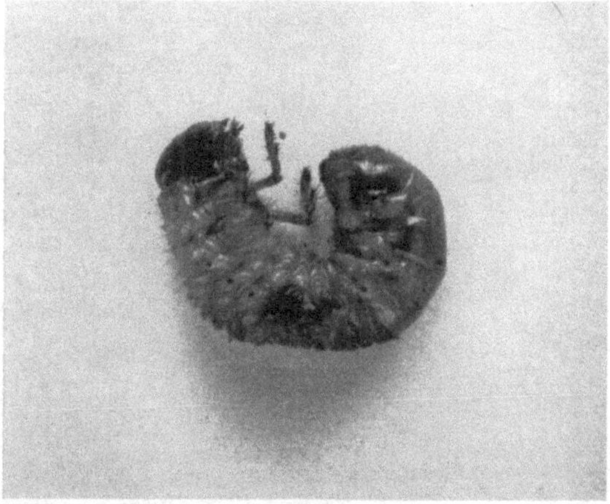

Abb. 16. An Bananenwurzeln schädlicher Engerling. Im mittleren Teil des Tieres ist eine Erkrankung in Form eines unregelmäßigen schwarzbraunen Fleckes erkennbar.
(Rostock, 9. 8. 1938.)

Abb. 17. Teile der in Abb. 18 dargestellten Staude. Das aufgespaltene Rhizom links zeigt die Zerstörung der zentralen Gewebe und das Absterben des Herzteiles im Stamm; der Schößlingsstumpf rechts läßt auf einigen Wurzeln weißes Pilzmyzel erkennen. (8. 3. 1938.)

freiem Boden festgestellt. Vielleicht kann man daraus schließen, daß gesunde Bananen nicht zu den bevorzugten Wirten des Älchens gehören und die Älchen manche Wildpflanzen lieber befallen als Bananen, so in erster Linie Piper umbellatum L. und die Süßkartoffel. Treten aber die Älchen in Beständen auf, deren Pflanzen schon anderweitig geschwächt sind (Mangelkrankheit!), so sind auch die Bananen stark befallen und das Ergebnis dieses Zusammenwirkens ist ein verheerendes, denn die Pflanzen bleiben klein und schmächtig, und, wenn sie überhaupt Bündel hervorbringen, so sind diese unbrauchbar oder minderwertig.

Die Bekämpfung ist wie bei allen im Boden lebenden Parasiten schwierig und wird bei diesem Älchen noch durch seine große Widerstandsfähigkeit erhöht. Eine Behandlung der Böden mit trockener oder feuchter Hitze, mit gasförmigen oder flüssigen Desinfektionsmitteln (Blausäure, Schwefelkohlenstoff, Formaldehyd u. a.) ist nicht ohne Schaden für die Kulturpflanzen möglich, zudem mühsam und kostspielig und verläuft nach Literaturberichten vielfach ohne merkliche Erfolge. Auch feste Chemikalien (z. B. Kalziumzyanamid, Ammoniumsulfat, Eisenoxyd, Kalk u. a.) vermindern unter Verwendung größerer Gaben die Zahl der Parasiten nur vorübergehend; eine Befreiung des Bodens von der Infektion ließ sich nach bisheriger Erfahrung durch sie nicht erzielen.

Über den Wert der „Fangpflanzenmethode" für tropische Gebiete sind die Ansichten sehr geteilt; günstigen Urteilen stehen ebensoviel ablehnende gegenüber. Ob es mit dieser Methode gelingt, in Kamerun befriedigende Ergebnisse zu erzielen, kann nur durch Versuche entschieden werden. Zu diesem Zwecke müßten auf den durchseuchten Feldern mehrfach solche Kräuter angebaut werden, die von den Älchen bevorzugt werden. Nach erfolgter Besiedelung wären die Pflanzen zu entfernen und mitsamt den Älchen umgehend zu vernichten, was durch intensive Behandlung mit Ätzkalk geschehen könnte. Ob die beiden oben genannten Pflanzen (Piper, eine typische Schattenpflanze, und Batate) sich zu diesem Zwecke eignen, erscheint fraglich. Es sind daher Beobachtungen und Mitteilungen über Befallsstärken weiterer Unkräuter sehr erwünscht.

Erwähnt sei dann noch die Methode des Aushungerns der Älchen, die mitunter in der Literatur genannt wird. Es wird angegeben (vgl. u. a. Tropenpflanzer, 1934, S. 75), daß einige Pflanzen wie Crotalaria- und Mimosa-Arten oder Lamtoro (= Leucaena glauca) nicht befallen werden; Sprecher von Bernegg nennt neben dem Natalgras (Rhynchelytrum roseum) noch Vigna sinensis (= Vigna catjang) als immun gegen Älchen. Werden infizierte Felder ausschließlich mit diesen Pflanzen bebaut, so finden die Älchen keine Nahrung und müssen verhungern. Da sich ein derartiger reiner Anbau wohl nur selten verwirklichen läßt, und zudem die Älchen sicherlich eine Frist von einigen Jahren überdauern, kommt diesem Verfahren eine praktische Bedeutung für Kamerun wohl nicht zu.

Die einfachste und billigste Methode zur Verringerung der Älchenschäden bleibt also vorläufig noch, durch Kulturmaßnahmen und zweckmäßige Düngung den Allgemeinzustand der Pflanze zu heben, denn die Älchen bevorzugen schwache Pflanzen, und außerdem besteht die Möglichkeit, daß kräftige Pflanzen imstande sind, durch Neubildung von Organen den entstandenen Verlust auszugleichen. Sehr zu achten ist ferner darauf, daß die wegen ihrer Kleinheit leicht verschleppbaren Nematoden nicht durch Geräte, Schuhe, Pflanzmaterial usw. auf gesunde Felder übertragen werden.

Anhangsweise soll hier eine Wurzellaus („Schmierlaus") erwähnt werden, die offensichtlich in erster Linie geschwächte Pflanzen befällt und daher oft gleichzeitig mit den bisher genannten Erkrankungen vorkommt. M. E. wird ihre Schädlichkeit mancherorts überschätzt, weil auch die auf Stoffmangel oder Nematodenbefall zurückzuführenden Schäden ihrer Tätigkeit zur Last gelegt werden, während doch von der Wurzellaus allein befallene kräftige Pflanzen merkliche Schäden kaum erkennen lassen. Die zur Gattung Pseudococcus gehörende Schildlaus (Coccidae) fand sich in Kamerun auf mehreren Pflanzungen (Mabeta, Mukonje, Tombel, Moliwe); in größerem Ausmaß trat sie auf einigen Vorwerken der Mabeta-Pflanzung auf. Die blaßrote, von weißem Wachsbelag völlig eingehüllte Wurzellaus lebt am Wurzelsystem von Bananen, Planten, Gramineen (u. a. Paspalum conjugatum) und anderen Pflanzen, wo sie gewöhnlich irgendwelche Einknickungen, Dellen, Verzweigungsstellen oder dergleichen aufsucht. Wegen des Wachsbelages könnte sie bei oberflächlichem Zusehen mit weißem Pilzmyzel verwechselt werden. Die Tiere entziehen ihren Wirten durch Saugen Nahrung und werden, wenn sie in größeren Mengen auftreten, an leidenden Pflanzen die an sich schon vorhandenen Schäden zweifellos merklich verstärken. Auf feuchten und schweren Böden sind die Tiere kaum und nur vereinzelt zu finden; leichte, lockere und trockne Böden bieten den Tieren günstige Entwicklungsbedingungen, ebenso anhaltende Trockenheit. Regen ist nach den Mitteilungen der Pflanzer für die Tiere nachteilig.

Infolge ihrer unterirdischen Lebensweise sind auch die Wurzelläuse nur schwer zu bekämpfen. Die für die Bekämpfung von an oberirdischen Teilen lebenden Schildläusen verwendeten Mittel wie Schwefelkalkbrühe, Tabak-Seifenbrühe und Petroleum-Seifenbrühe würden die Ausschaltung des die kolloiden Teile bindenden Bodens etwa durch Abschaufeln voraussetzen, und ihre Anwendung infolgedessen zu teuer werden; auch die für die Engerlingsbekämpfung erwähnten Bodendesinfektionsmittel erfordern m. E. für die auftretenden Schäden zu hohe Kosten. Daher können als zweckentsprechende Maßnahmen gegen Wurzellausschäden nur solche Methoden vorgeschlagen werden, die geeignet sind, die allgemeinen Wachstumsbedingungen der Pflanzen zu fördern. Auch in diesem Falle ist wieder zu berücksichtigen, daß Pflanzmaterial von infizierten Feldern nicht verwendet werden darf.

5. Eine Bakterien(?)-Krankheit der Banane.

Durch Herrn Diplom-Landwirt Beltermann lernte ich auf Missellele abgestorbene Bananen kennen mit Symptomen, wie sie in den Abbildungen 13 und 15 wiedergegeben sind. Später sah ich in gleicher Weise zugrunde gegangene Bananen in geringer Anzahl noch auf der Ekona- und der Moliwe-Pflanzung. Auch auf der Likomba kommt die Krankheit vermutlich vor, wenigstens wurden mir zwei verdächtige Fälle von dort geschildert.

Die erkrankten Pflanzen bieten einen kläglichen Anblick. Die Blätter sind an dem aufrecht stehenden Stamm insgesamt abgestorben. Der Vorgang schreitet nach Herrn Beltermann von außen nach innen fort und ergreift auch das Herzblatt; das Verwelken bzw. Vertrocknen des einzelnen Blattes erfolgt dabei von der Spitze zur Basis. Die Blattstiele sind gewöhnlich in einiger Entfernung von der Stielbasis umgeknickt, und der Stamm wird dann von den toten Blättern faltenrockartig umhüllt. Auch die an der Mutterpflanze vorhandenen Schößlinge erkranken und gehen in ähnlicher Weise zugrunde, dabei kann aber der Stamm schon vor dem endgültigen Vertrocknen der Blätter umknicken. Eine nähere Prüfung der inneren Teile ergab makroskopisch nur das Vorhandensein von auf die Gefäßbündel und ihre engste Umgebung beschränkten, rot verfärbten Gewebepartien in Stamm und Rhizom. Mitunter sonderten die verfärbten Bündel geringe Mengen einer schleimartigen Masse ab, die sich bei mikroskopischer Prüfung als bakterienhaltig erwies. Der Kern des Stammes zeigte in einigen Fällen keine besonderen Veränderungen, war aber in anderen Fällen in einer sich von oben nach unten verjüngenden schmalen Zone in eine braune, sich zersetzende Masse von kaum auffälligem Geruch verwandelt. Nach Aussagen von Herrn Beltermann kommen aber bei feuchterer Witterung Pflanzen vor, die außer den bisher geschilderten Befunden ein sehr schnell um sich greifendes Verfaulen des Herzteiles aufweisen. Diese Zersetzung dehnt sich bald auf alle Teile des Scheinstammes aus, der dann „verjaucht" und einen intensiv stinkenden Geruch ausströmt. Während des Verjauchungsprozesses fällt der Stamm zu

Boden. Ich möchte annehmen, daß es sich in beiden Fällen um dieselbe Krankheit handelt, deren Symptome in der Trockenzeit nicht so weit fortschreiten wie in der Regenzeit.

An den von mir untersuchten, durchweg auf guten Böden stehenden kranken Pflanzen waren Fraßstellen oder Pilzmyzelien nicht vorhanden, als Krankheitsursache bleiben also nur mikroskopische Organismen übrig. Als Erreger von Bananenkrankheiten werden aus dieser Gruppe Bakterien und Fusarien genannt. Fusarien konnten in dem zur Untersuchung mitgenommenen konservierten Moliwe-Material nicht aufgefunden werden, wohl aber Bakterien. Das spräche also dafür, daß es sich bei dieser Kameruner Krankheit um eine bisher noch unbekannte Bakteriose und nicht um die berüchtigte Panama-Krankheit (Bananenwelke) handelt, denn diese wird durch Fusarium oxysporum f. 3 Wr. (= Fusarium cubense E. F. Sm.), in Surinam angeblich auch durch die Sphaeriacee Leptospora musae Drost hervorgerufen (vgl. u. a. Sorauer, Bd. 2 und 3). Die Feststellung, daß es sich nicht um die Panama-Krankheit handelt, wurde schon vor Jahren durch einen Fachmann, den die interessierten Pflanzungsgesellschaften gerade zur Entscheidung dieser Frage nach Kamerun entsandt hatten, getroffen. Auch Reypens (1936) berichtet in einer Arbeit, die mir leider im Original nicht zur Verfügung stand, von einer Gefäßbündelkrankheit der Gros-Michel-Bananen, die vereinzelt in Kamerun beobachtet wurde und allein durch Bakterien erzeugt war. Wenn ich dennoch die Möglichkeit offen lasse, daß die Kameruner Krankheit durch das Fusarium verursacht sein könnte, so geschieht das aus folgenden Gründen:

1. Das von mir untersuchte Material stammte aus der Trockenzeit und kann daher, wie auch die äußeren Krankheitsbilder, untypisch oder zu alt gewesen sein. Letzte Klarheit können, wie die in der Literatur vorliegenden Widersprüche zeigen, nur positiv verlaufende Infektionsversuche bringen.

2. Die von Beltermann und mir beobachteten Symptome stimmen mit den Merkmalen der Panama-Krankheit weitgehend überein, mit den bisher an Bananen beobachteten Bakteriosen aber nicht. Auch das Auftreten nur an Gros-Michel-Bananen würde mit dem Verhalten des Fusarium übereinstimmen.

3. Das verhältnismäßig sehr schwache Auftreten der Krankheit in Kamerun könnte durch die dort vorhandene ausgeprägte Trockenzeit bedingt sein. Die Panama-Krankheit wirkt sich nämlich je nach den herrschenden klimatischen Bedingungen verschieden stark aus. Dem vernichtenden Auftreten im regenreichen tropischen Zentralamerika stehen die in trockneren Gebieten auftretenden Erkrankungen gegenüber (Porto Rico, Jamaica, Kuba u. a.), die kaum größere Bedeutung haben. Aus Afrika

liegen Berichte vor, die ihr Vorkommen für die Sierra Leone und die Canaren melden, in beiden Fällen nicht in verheerendem Ausmaß.

Ich mußte auf diese Bedenken hier verweisen, nicht um schwarz zu malen, sondern um auf die dringend notwendige Klärung des Krankheitserregers hinzuweisen. Sollte es sich um einen z. Zt. vielleicht wenig virulenten Stamm des Fusariums handeln, so könnte sein Verhalten sich eines Tages ändern, und dann bestünde vor allem für die Pflanzungen in den überaus regenreichen Küstenlagen (vgl. Regentabelle) eine drohende Gefahr. Wo die Panama-Krankheit einmal ernstlich aufgetreten ist, kann nach Ruschmann (1929) der Boden „selbst nach 15 Jahren und mehr nicht wieder für Bananenbau verwandt werden". Eine Bekämpfung des Pilzes mit chemischen Mitteln war bisher erfolglos, die einzige Möglichkeit zur Rettung des Bananenbaues in derartigen Gebieten war die Verwendung von widerstandsfähigen Sorten, von denen aber keine die Qualität der „Gros-Michel-Banane" erreicht.

In Kamerun ist daher die restlose Vernichtung der unter diesen Symptomen erkrankten Bananen unter Einschluß ihrer Schößlinge dringend erforderlich. Das gelingt, wie auch die Likomba und Missellele mitteilen, durch Ausroden der Bananen mit ihrem gesamten Wurzelwerk und eingehende Behandlung aller Pflanzenteile sowie des Aushubloches und seiner Umgebung mit Ätzkalk. Ein Nachpflanzen von Bananen hat tunlichst zu unterbleiben oder erst nach mehreren Jahren zu erfolgen; gegen ein Nachpflanzen anderer Nutzpflanzen bestehen keine Bedenken. „Sorgfältige Pflege, gute Anbaumethoden und sanitäre Maßnahmen" sind nach Wollenweber (Sorauer, Bd. 3) „für die Gesunderhaltung aller Bananen einschließlich anfälliger ebenso wichtig wie Boden und Klima".

6. Die Blütenfäule der Bananen.

Von Mitte bis Ende der Regenzeit und noch zu Beginn der Trockenzeit tritt auf allen Kameruner Pflanzungen an Bananen und seltener auch an Planten eine Krankheit auf, die sich unter Schwärzung der befallenen Partien über die oberen Teile einzelner Früchte erstreckt, die sogenannte Blütenfäule. Da ich sie während meines Aufenthaltes nicht kennen lernte und mir Untersuchungsmaterial nicht zur Verfügung stand, stützen sich die folgenden Ausführungen auf Mitteilungen der Pflanzer und Literaturangaben.

Auf den einzelnen Pflanzungen tritt die Blütenfäule in verschieden starkem Maße auf. Ausschlaggebend für die Intensität ist unter den Außenfaktoren die Feuchtigkeit, insbesonders in Form von Nebel, und zwar derart, daß nebelreiche und regenreiche Gebiete mehr zu leiden haben als trocknere.

Die Infektion erfolgt nur in der Regenzeit und schreitet verhältnismäßig langsam fort. Daher finden sich erkrankte Finger nur während der Regenzeit und in den ersten Wochen der Trockenzeit. Es erkranken gewöhnlich nur wenige Finger eines Bündels. Die Zahl der Bündel mit kranken Fingern kann recht hoch sein; Herr Schmidt-Mokundange schätze sie z. B. auf 40—60% in den für die Blütenfäule günstigsten Zeiten der mitunter 5 Monate dauernden Befallsperiode. Wirtschaftlich gesehen ist der Schaden aber nur gering, da die meisten Bündel nach Entfernung der kranken Finger doch noch verschiffungsfähig sind.

Entsprechende Erkrankungen sind aus vielen anderen Bananen-Anbaugebieten gemeldet, so die in der englischen Literatur unter den Namen „cigar end disease“ und „black tip disease“ bekannten, den Pilzen Stachylidium theobromae Turconi bzw. Helminthosporium torulosum (Syd.) Ashby zugeschriebene Schäden sowie eine von Trinidad nur für die Cavendish-Banane erwähnte (vgl. Tropenpflanzer Bd. 36, S. 122) Fusarien-Spitzenfäule. Da nach Kervégant die Black-tip-disease besonders im Sommer bei Durchschnittstemperaturen von über 34° auftritt, kommt als Erreger der Kameruner Blütenfäule fast sicher das weit verbreitete Stachylidium in Frage, das u. a. von den Azoren, den Canaren, der Goldküste und durch Reypens (1936) auch aus Kamerun gemeldet wurde. Wie bei den übrigen, so erfolgt auch bei diesem Pilz die Infektion auf oder an den Resten der ehemaligen Blüte, ohne sich auf die Nachbarn auszudehnen. Für das Zustandekommen dieser Trockenfäule sind neben einer gewissen Menge von Feuchtigkeit wahrscheinlich noch weitere äußere und innere Faktoren ausschlaggebend.

Eine Bekämpfung der Krankheit ist ihrer geringen wirtschaftlichen Bedeutung wegen nicht erforderlich. Für eine eventuelle chemische Behandlung würden kupferhaltige Spritzmittel in Frage kommen, die jedoch, ebenso wie das hier und da übliche Ausbrechen der erkrankten Früchte am wachsenden Bündel, der hohen Kosten wegen ausfallen müssen.

7. Weitere Krankheiten und Schädlinge an Bananen.

In diesem Kapitel seien einige weitere Parasiten der Bananen besprochen, die z. Zt. in wirtschaftlicher Hinsicht keine Rolle spielen, vorsichtshalber aber nicht außer Acht gelassen werden sollten.

1. Die Abbildungen 17 und 18 zeigen Teile und das Gesamtbild einer erkrankten Bananenstaude, die in einem sonst gesunden Bestand auf gutem Boden in Mabeta beobachtet wurde. Weitere Fälle wurden mir nicht bekannt. Das äußere und innere Krankheitsbild stimmt mit keinem der bisher erwähnten Fälle überein. Das ganze Rhizom und selbst die

Wurzeln der gesund aussehenden Wasserschößlinge zeigten Bewuchs von Pilzmyzel, außerdem war der innere Teil des Rhizomes zu einer feuchten, braunen bis schwarzbraunen Masse zersetzt, was zur Folge hatte, daß auch der zentrale Teil des Stammes zugrunde ging und die Herzblätter vor den äußeren, älteren abstarben. Die mikroskopische Untersuchung des erkrankten Gewebes ergab das reichliche Vorhandensein von gegliedertem Myzel auf dem noch nicht verfärbten Gewebe, außerdem waren noch ungegliederte Myzelien und eine üppige Bakterienflora vorhanden. Ich stelle mir die Entstehungsweise des Schadens so vor, daß der Wurzelpilz durch eine von Insekten herrührende Fraßstelle Zugang zum Rhizominneren fand, dieses teilweise zersetzte und durch seine Tätigkeit einen geeigneten Nährboden für die Ansiedlung der Bakterien und anderen Pilze, die die weitere Zerstörung durchführten, lieferte. Offen bleibt dann nur die Frage, welches Insekt die Wunde am Rhizom veranlaßte.

In diesem Zusammenhange möchte ich auf einen Käfer hinweisen, den ich in Kamerun vermutete, aber erfreulicherweise nicht fand. Es handelt sich dabei um einen in den Tropen weit verbreiteten, 12—14 mm langen, sehr harten schwarzen Rüsselkäfer, den schwarzen Bananenbohrer Cosmopolites sordidus Chevrolat (= Calandra sordida Germ., = Sphenophorus striatus Fahr.), der stellenweise sehr schädlich aufgetreten ist und aus Afrika schon von Uganda, dem belgischen Kongo und San Thomé gemeldet wurde. Nach Ruschmann (1929), der gleichzeitig eine Schilderung der Lebensweise und Bekämpfungsmöglichkeiten gibt, ist der Käfer auch auf Fernando Poo sehr verbreitet, und aus diesem Grunde schien und scheint mir sein Vorkommen für Kamerun zu erwarten zu sein.

Die kremeweißen, erwachsen 12—15 mm großen Larven des Käfers zerstören die Wurzeln und fressen eine Anzahl von Gängen in das Rhizom, das zunächst äußerlich nicht geschädigt erscheint, vielmehr erst längere Zeit nach dem Auswandern der Larven in Fäulnis übergeht. Schwach befallene Pflanzen bleiben nur in allen ihren Teilen im Wachstum zurück und können äußerlich gesund erscheinen. Bei starkem Befall sterben alle Blätter ab, hängen dann eine zeitlang jämmerlich am Stamm herab, bis dieser schließlich umbricht. Im großen und ganzen gleichen diese Bilder starken Engerlingsschäden, ähneln aber auch den im Abschnitt „Bakterien(?)-Krankheiten" geschilderten Symptomen. Eine genaue Untersuchung der Wurzeln und des Rhizominneren ist also in allen Fällen erforderlich, um die für die Wahl der Bekämpfungsmaßnahmen nötige Diagnose stellen zu können.

Eine Bekämpfung der Larven im Inneren der Pflanze ist unmöglich, daher müssen die Maßnahmen auf Vernichtung der Käfer bzw. der Eigelege hinzielen. Ruschmann schildert als zweckmäßigste und wirksamste Methode die Vernichtung der natürlichen Brutstellen und die Anlage von künstlichen Fanghaufen mit aus 1 Teil Pariser Grün und 6 Teilen Weizenmehl hergestellten vergifteten Ködern.

2. Unter einigen, vom Stamm leicht abgehobenen Blattscheiden, an den Blattbasen und auch am Grunde des Scheinstammes ± tief im Erdboden fanden sich auf mehreren Pflanzungen in Kolonien lebende dunkle Blattläuse in größeren Mengen. Herrn Oberregierungsrat Dr. Börner verdanke ich die Bestimmung der Laus: Pentalonia nigronervosa Coquerel. Diese in den Tropen weit verbreitete und besonders in der Trockenzeit auftretende Bananenlaus schädigt ihre Wirte durch Saftentzug, jedoch nur in so schwachem Ausmaß, daß eine Bekämpfung unnötig ist. Nur dort, wo, wie in Ostindien und Australien, gleichzeitig auch die „Kohlkopfkrankheit" („bunchy top" oder „cabbage top" der englischen Literatur) auftritt, muß die Laus bekämpft werden, denn sie kommt als Überträgerin dieser Viruskrankheit in Frage. Da solche Schäden (steiler aufrecht und dichter stehende, kürzere, oft wellige und spröde Blätter mit dunkelgrünen, unterbrochenen Streifen zwischen den basalen Blattnerven) in Kamerun nicht vorkommen, braucht eine Bekämpfung dort auch nicht zu erfolgen. In Australien haben sich nikotinhaltige Spritzmittel (Abkochungen von 25 Pfund Tabakblättern auf 325 l Wasser verdünnt; Lösungen von 1 pint (= 0,57 Liter) Nikotinsulfat in 340 l Wasser) bei der Bekämpfung der Bananenlaus bewährt (Kervégant).

3. Vollkommen nebensächliche Beschädigungen durch Thripse wurden auf der Moliwe- und der Ekona-Pflanzung an Bananenfrüchten beobachtet. Die Thripse beschädigen die Oberhäute der Früchte, ohne tiefere Gewebe in Mitleidenschaft zu ziehen. Ähnliche lokale Verletzungen der unterseitigen Epidermen von Blättern auf der Ekona rührten von Milben her. An Blättern wurden in mehreren Pflanzungen Schildläuse gefunden, die erkennbaren Schaden nicht veranlaßten. Das gleiche gilt für einen wohl auf allen Pflanzungen hie und da vorhandenen Pilz, der an den älteren Blättern zerstreute, schwarze, meist von einer gelben Zone umrandete Pusteln hervorbringt. Ganz vereinzelt wurde Schneckenfraß an Früchten bei Pflanzen feuchter Standorte beobachtet (Missellele, Likomba).

Zusammenfassend wäre über die wichtigen Bananenkrankheiten Kameruns zu sagen, daß sie sich — abgesehen von den Engerlings- und vielleicht Bakterienschäden — vornehmlich an Pflanzen finden, die auf Grund ungünstiger Bodenverhältnisse eine Einbuße in ihrem normalen Wachstum erlitten, und infolgedessen der Ansiedelung und Entwicklung von Parasiten weniger Widerstand entgegenzusetzen haben als gesunde

Pflanzen. Es steht weiterhin außer Zweifel, daß das stellenweise verheerende Auftreten des Wurzelpilzes auf altem Kulturboden stark durch die während der Kriegs- und ersten Nachkriegsjahre völlig unterlassene oder doch sehr vernachlässigte Pflanzungspflege gefördert, wenn nicht gar bedingt wurde. Schon diese beiden Tatsachen genügen, um zu erkennen, daß die Durchführung von Bekämpfungs- oder Vernichtungsmaßnahmen allein heute eine befriedigende Abhilfe nicht schaffen kann, sondern daß parallel mit ihnen eine zweckentsprechende Pflege von Boden und Pflanze unbedingt durchgeführt werden muß.

Kakao

Der Kakao war vor dem Kriege die wichtigste Kulturpflanze Kameruns und wurde im Gebiet des Kamerunberges erst im Verlaufe der letzten Jahre durch die Banane von seiner führenden Stellung verdrängt. Diese Tatsache dürfte nicht zuletzt auf die riesigen Ausfälle, welche die Kakaoernte alljährlich durch die Braunfäule erleidet, zurückzuführen sein. Angebaut werden in Kamerun vor allem rot-, seltener gelbfrüchtige Spielarten, die sich ausnahmslos in die als Forastero bezeichnete Varietät des Kakaobaumes einordnen lassen; „echter" Criollo mag wohl vorhanden sein, doch sah ich ihn nicht. Eine Unterscheidung der verschiedenen Forastero-Spielarten wurde wegen der zahlreich vorhandenen Übergänge und Kreuzungen der Typen untereinander und aus zeitlichen Gründen nicht vorgenommen.

In parasitologischer Hinsicht soll sich der Forastero unter sonst gleichen Bedingungen sowohl Krankheiten als auch den meisten Schädlingen gegenüber merklich widerstandsfähiger verhalten als der wegen der Hochwertigkeit seiner Bohnen sonst mehr geschätzte Criollo. Ob diese Tatsache für die derzeitigen Kameruner Forastero-Spielarten zutrifft, erscheint mir fraglich, denn man kann sich z. B. kaum schlimmere Braunfäuleschäden vorstellen, als sie in Kamerun zur Zeit am Kakao vorhanden sind. Über die Kameruner Kakao-Krankheiten und -Schädlinge sind wir durch ältere Arbeiten gut unterrichtet, so u. a. durch die zusammenfassenden Berichte von Preuß (1903), Busse (1906) und von Faber (1909), auf die ich hier besonders verweisen möchte.

1. Die Braunfäule.

Die Braunfäule der Kakaofrüchte („brown pod", „black pod") wird von einem niederen Pilz hervorgerufen, der in der deutschen Literatur gewöhnlich als Phytophthora Faberi Maublanc bezeichnet wird. Andere, besonders die älteren Forscher sehen keine besonderen Unterschiede zwischen der Kakao-Phytophthora und einigen nahe verwandten Pilzen und fassen sie alle deshalb zu der Art Phythophthora omnivora de Bary zusammen. Die Phytophthora Faberi kommt in fast allen tropischen Anbaugebieten vor und ist nicht nur auf den Kakaobaum (Früchte, Stamm, Zweige, Äste) beschränkt, sondern findet sich auch auf vielen anderen Wirten. In diesem Zusammenhang interessiert besonders ihr Vorkommen auf Heveen und Ölpalmen. (Vgl. S. 118, 171, 179).

Aus Kamerun wurde dieser Pilz zuerst von Preuß (1903) gemeldet. Dieser Autor teilt weiterhin mit, daß der Pilz dort schon seit Jahren vorhanden gewesen sei; ursprünglich wären nur geringe Schäden aufgetreten, die sich aber durch Unachtsamkeit der Pflanzer zu einer wahren Epidemie entwickelt hätten. Später geht Busse (1905, 1906) auf die Verbreitung und Bekämpfung des Pilzes in Kamerun ein, ebenso von Faber (1907 u. 1909), der (1909) außerdem auf Grund von Kameruner Material die Natur des Parasiten ausführlich behandelt. Seither hat diese Krankheit keineswegs nachgelassen, sondern an Bedeutung derart zugenommen, daß heute die Rentabilität der Kakaokulturen Kameruns durch sie ernstlich in Frage gestellt wird.

Die Phytophtora fehlt in Kamerun auf keiner Pflanzung. Sie kommt dort am Kakaobaum in erster Linie an den Früchten vor und findet sich außerdem seltener auch an der Rinde der Stämme und der älteren Zweige (vgl. S. 118). Dieses Verhalten des Pilzes in Kamerun deckt sich nicht mit seiner Lebensweise in anderen Gebieten, z. B. Samoa, wo die Rindenfäule erheblich größere Schäden anrichtet als die Braunfäule. Auf welche Gründe diese merkwürdigen Unterschiede zurückzuführen sind, bleibt trotz vielerlei Überlegungen unklar.

Der Pilz befällt die Früchte in allen Entwicklungsstadien und kann an jeder Stelle eindringen (Abb. 19). Wenn in der Natur die Infektionen ihren Ausgang gewöhnlich vom Stiel- oder Spitzenende aus nehmen, so liegt das daran, daß an diesen Stellen mehr Wasser vorhanden ist als auf den übrigen Teilen der Frucht, und Feuchtigkeit ist ein Faktor, der die Keimung und Entwicklung des Pilzes stark begünstigt. Bei der Keimung treten aus den durch Wind, Nebel, Regen, Insekten oder anderen Tieren übertragenen Sporen (Konidien) je mehrere Schwärmsporen (Zoosporen) hervor, die vermittels eines Keimschlauches alsbald in die Fruchtschale eindringen, wo sich das Myzel allseits schnell ausbreitet. Äußerlich erscheinen die befallenen Stellen bald als unregelmäßig begrenzte, scharf abgesetzte, braune Flecke, die auf den gelbschaligen Früchten natürlich viel mehr auffallen als auf den rotschaligen. Die Flecke sind anfangs hellschokoladenfarben, dunkeln dann mit der Ausbreitung des Myzels, das in wenigen Tagen die ganze Frucht ergreift, nach und werden schließlich fast schwarz (Abb. 20). Die Konidienrasen erscheinen in verschiedener Ausdehnung und Dichte sehr bald (nach von Faber unter günstigen Bedingungen in 5—6 Tagen) auf der Oberseite der Früchte. Sie sind anfangs weiß, später hellgraugelb und geben der Frucht ein mehlig bestäubtes Aussehen. Das Myzel ist inzwischen von der Fruchtschale aus auch in die Pulpa, die Samenschalen und die Nibs (= Keimblätter der Embryonen) eingedrungen und kann später in allen Teilen einen zweiten Typus von Fortpflanzungskörpern bilden: die dickwandigen Oosporen. Diese Oosporen werden durch Verfaulen der Früchte oder durch die Tätigkeit irgendwelcher Tiere (z. B. „Bohrwürmer“) frei. Sie können die Trockenzeit überdauern und sind in erster Linie für die vor oder zu Beginn der Regenzeit auftretenden Primärinfektionen verantwortlich zu machen. Alle weiteren Infektionen während der Folgezeit sind wohl ausnahmslos den Konidien zuzuschreiben.

Durch den Pilzbefall werden die jungen, bis über mittelgroßen Früchte am weiteren Wachstum ± stark gehindert; sie erreichen in keinem ihrer Teile eine normale Ausbildung, sondern werden vorzeitig schwarz und fallen dadurch für die Ernte vollständig aus. Bei annähernd ausgewachsenen Stadien fällt die Wachstumsverminderung nicht auf; sie reifen, ebenso wie die erkrankten, schon ausgewachsenen unreifen Früchte vorzeitig und werden zusammen mit den im Reifestadium schwarz gewordenen Früchten geerntet. Auch in diesem Falle tritt ein größtenteils durch die kleineren und leichteren Bohnen, teils aber auch durch die erschwerten Arbeitsverfahren (Schwierigkeiten bei der Entschalung u. dgl.) bedingter Gewichts- bzw. Ernteverlust ein. Es ist weiterhin einleuchtend, daß die chemische Zusammensetzung der Bohnen erkrankter Früchte in verschieden starkem Ausmaße verändert ist. Das hat zur Folge, daß die für die Aufbereitung der Bohnen nötigen Gärungsprozesse uneinheitlich und zeitlich anders verlaufen als im Normalfalle und ein andersgeartetes, minderwertigeres Produkt liefern.

Die Höhe der im Einzelfalle auftretenden Gesamtschäden ist schwer zu schätzen; sie soll in manchen Jahren bis zu 85% der möglichen Ernte und mehr betragen (vgl. dazu Tabelle 3 und 4). Aus den im „Tropenpflanzer“ vorhandenen Jahresberichten der Pflanzungen möchte ich nur anführen, daß z. B. die WAPV den Ausfall in den braunfäulereichen Berichtsjahren 1905 auf 8000 Zentner Kakao und 1912 auf mehrere 100000 Mark bezifferte. Speziellere Daten, die ich hier mitteilen möchte, verdanke ich dem Entgegenkommen der Direktion der WAPV und von Herrn Landskron, dem Leiter der Molyko-Pflanzung. Ich führe gerade diese Daten hier an, weil sie sich auf die Pflanzung beziehen, die wohl

7*

Tabelle 3. (Erläuterung auf S. 101)

Jahr	1931				1932				1933				1934			
Monat	1	2	3	4	1	2	3	4	1	2	3	4	1	2	3	4
Jan.	—	—	5	32,9	8	0	0	0,1	9,5	0	3	103,5	9	0	1	5,4
Febr.	2,75	0	5	79,6	3	0	2	36,0	3	0	7	58,3	nicht	geerntet	3	3,2
März	0,75	0	8	105,7	1,5	0	11	93,8	nicht	geerntet	12	182,0	2,5	0	11	79,3
April	0,65	0	11	251,0	1	0	6	58,4	0,75	0	14	203,6	1,25	0	15	216,9
Mai	11,75	0,5	14	182,0	10,5	0	14	208,4	4,75	0	22	201,4	6,25	0	14	193,5
Juni	44	14,5	22	251,1	48,5	4,5	14	167,6	23,5	4	20	326,2	43,5	4,5	21	291,8
Juli	**311**	**119,75**	28	392,2	**142,75**	104,5	22	349,9	**86,5**	106	26	**722,9**	127	64,75	**28**	399,0
Aug.	119,5	100,5	**30**	**587,7**	74,5	**198,5**	**27**	505,9	31,25	**307**	**31**	708,7	**176,25**	**220,25**	26	**908,2**
Sept.	2,5	64,5	24	253,7	10	109,75	**27**	**530,2**	11	299,5	29	394,7	19	110,75	25	177,0
Okt.	1,75	0	27	342,6	3,5	2,25	25	247,3	3	0,75	21	169,7	14	2	17	161,8
Nov.	3,25	0	10	102,9	5(?)	0	9	54,9	6	0	21	231,1	52,25	1	8	59,7
Dez.	7,5	0	3	20,2	5,75	0	0	0,1	8,75	0	5	28,8	71	0	5	16,2
Jahr	505,4	299,75	187	2601,6	314,0	419,50	157	2252,6	188,0	717,25	211	3330,9	522,0	403,25	174	2512,0

	1935				1936				1937			
Jan.	10,2	0	4	31,4	11	0	0	0,1	12,5	0	0	0
Febr.	15	0	4	32,5	4	0	4	52,1	10,75	0	7	72,6
März	18	0	12	196,9	1	0	17	276,8	2	0	8	202,5
April	22,5	0	12	159,4	3,5	0	8	176,2	2,5	0	14	163,1
Mai	29	0,75	14	112,7	21,75	5	19	241,7	10	0,5	14	149,6
Juni	77,75	20,75	19	351,1	134,5	66	19	297,9	72,75	9,5	20	256,8
Juli	**93,5**	143,5	28	411,4	**166**	201	27	503,2	**197**	76	25	415,6
Aug.	26	**184**	**30**	**703,1**	29	**306**	**30**	**530,4**	55	206	26	351,3
Sept.	4,5	23,75	29	419,6	3,5	42	25	497,9	23,5	**301**	**29**	**455,6**
Okt.	3,5	2,75	22	280,9	4,5	1	21	190,0	6,75	6,5	23	355,7
Nov.	12	0	7	26,4	5,5	0	8	106,6	6	0	4	34,9
Dez.	19,75	0	6	81,6	10	0	13	102,6	20	0	1	1,2
Johr	331 70	375 50	187	2807 0	394 25	621	191	2975.5	418.75	599.5	171	2459.0

am schwersten unter der Braunfäule zu leiden hat. Herr Landskron gibt an, daß durch die Braunfäule etwa ein Drittel der normalen Kakaoernte schon vorzeitig vernichtet und nicht erntereif wird. Bei dem geernteten Kakao ist ein Verlust derart anzusetzen, daß 100 Teile von geerntetem, nassen Kakao bei gesundem Material 45 Teile, bei schwarzem aber nur 25 Teile trockenen Rohkakao liefern. Die Verteilung und Höhe der Schäden auf den Jahresverlauf sei durch die folgenden Tabellen 3 und 4 erläutert.

Tabelle 3. Übersicht über die in Molyko in den Jahren 1931 bis 1937 geernteten gesunden (Spalte 1) und Phytophthora-kranken (Spalte 2) Kakaomengen. Als Grundwert dient eine bestimmte „Ernte-Einheit" (nach Landskron).

In Spalte 3 ist die Zahl der Tage mit 0,2 und mehr Millimeter Regen, in Spalte 4 die Monatsregenmenge in Millimetern angegeben. Die klimatischen Angaben verdanke ich der „Gruppe für koloniale Meteorologie und Klimatologie der Deutschen Seewarte". Die Maximalwerte sind in den einzelnen Spalten durch **Fettdruck** hervorgehoben; ein Strich („—") gibt an, daß die Werte fehlen. (Vgl. auch Tabelle 1 und 2.)

Tabelle 4. Monatliche Gesamtkakaoernte in Molyko und ihre Ausfälle durch die Braunfäule während der Monate Mai bis Oktober 1931 bis 1937 nebst den dazu gehörenden monatlichen Regenmengen. (Werte abgerundet. Maximalwerte durch Fettdruck hervorgehoben.)

Spalte a) Monatliche Gesamtkakaoernte (gesunde + kranke Früchte) in Prozenten der Jahresernte.

Spalte b) Monatliche Ernteausfälle durch die Braunfäule in Prozenten der jährlichen Gesamternte.

Spalte c) Monatliche Ernteausfälle durch die Braunfäule in Prozenten der monatlichen Gesamternte.

Spalte d) Monatsregenmengen in Prozenten der Jahresregenmengen.

Jahr	1931				1932				1933			
Monat	a	b	c	d	a	b	c	d	a	b	c	d
Mai	1,5	0	*4*	7	1,5	0	*0*	10	0,5	0	*0*	6
Juni	7	2	*25*	10	7	1	*8,5*	7	3	0,5	*7*	10
Juli	**54**	**15**	*28*	15	34	14	*44*	15	21	11	*55*	**22**
August	27	12	*45*	**22**	**37**	**27**	*73*	23	**37**	**34**	*91*	21
September	8,5	8	**95**	10	16	15	**91**	**24**	34	33,5	**96**	12
Oktober	0	0	*0*	13	1	0,5	*39*	11	0,5	>0	20	5
Jahr	100	37	—	100	100	57,5	—	100	100	79	—	100

Jahr	1934				1935				1936				1937			
Monat	a	b	c	d	a	b	c	d	a	b	c	d	a	b	c	d
Mai	0,5	0	*0*	8	4	0	*2,5*	4	2,5	0,5	*18,5*	8	1	0	*5*	6
Juni	5	0,5	*9,4*	12	14	3	*21*	12,5	20	6,5	*33*	10	8	1	*11,6*	10,5
Juli	20,5	7	*35*	16	**33,5**	20	*54*	14,5	**36,5**	20	*55*	17	27	7,5	*28*	17
August	**43**	**24**	*56*	**36**	30	**26**	**88**	**25**	33	**30,5**	**92**	**18**	26	20,5	*79*	14
Sept.	14	12	**86**	7	4	4	*84*	14,5	4,5	4	**92**	17	**32**	**30**	**93**	**19**
Oktober	2	>0	*12,5*	6	1	0,5	*44*	10	0,5	>0	*18*	6	1,5	0,5	*49*	14,5
Jahr	100	43,5	—	100	100	53,5	—	100	100	61,5	—	100	100	59,5	—	100

Die Daten der Tabellen 3 und 4 bestätigen die hinsichtlich der Abhängigkeit der Krankheit von äußeren Faktoren in der Literatur schon vielfach mitgeteilten Erfahrungen, über welche u. a. die Bücher von van Hall (1932) und Briton-Jones (1934) genauer Auskunft geben; wegen der diesbezüglich aus Kamerun vorliegenden Befunde sei auf die Mitteilungen von Busse (1905) und von Faber (1909) verwiesen.

Aus der Tabelle 3 geht hervor, daß die Braunfäule in Kamerun mit der Regenzeit, die auch die eigentliche Erntezeit des Kakaos darstellt, zusammenfällt. Im April sind in Molyko durch die Braunfäule bedingte Ernteschäden noch nicht vorhanden. Das gleiche gilt für den Monat Mai der Jahre 1932, 1933, 1934, während in demselben Monat der übrigen Jahre die sonst erst ab Juni auftretenden Schäden schon einsetzen. Eine Abhängigkeit des Beginns der Braunfäuleperioden von den Regenmengen der fraglichen und der diesen vorangehenden Monate ist nicht eindeutig festzustellen. Die Spalten c der Tabelle 4 lassen erkennen, daß die Braunfäule dann bis zum September stetig ansteigt, ohne daß eine Parallele zu den Regenmengen (Spalte d) besteht. Das Maximum an Ernteeinbuße (Spalte b) wird im Monat August, seltener im Juli oder September erreicht und fällt gewöhnlich mit der größten Gesamternte (Spalte a) und in 4 von den 7 Beispielen mit den höchsten Regenmengen zusammen (Spalte d). In dem noch regenreichen Monat Oktober klingt die Krankheit bei stark herabgesetzter Fruchtzahl mit dem verminderten Regen ab und erlischt schließlich im gleichen Monat (außer im Jahre 1934).

Im Prinzip ist damit die Abhängigkeit der Braunfäuleintensität von den Niederschlägen gegeben, doch sind im einzelnen — wie die Erfahrung lehrt — weniger die Regenmengen als vielmehr die Art des Regens ausschlaggebend. Heftige Regengüsse können sogar, wie von Faber für die sehr regenreiche Bibundi-Pflanzung angibt, die Ausbildung der Braunfäule hemmen. Sowohl die Entwicklung des Pilzes als auch seine Ausbreitung wird durch nahezu unbewegte, feuchtigkeitsgesättigte bis nebelige Luft und durch anhaltende feinste Regen stark begünstigt. Darauf ist es zurückzuführen, daß in Mulden, auf Böden mit hohem Grundwasserstand, in dicht bewachsenen Beständen u. dgl. besonders viel kranke Früchte zu finden sind. Ebenso wird nach Landskron die höhere Erkrankungsziffer von Molyko mit den auf dieser Pflanzung wegen ihrer Höhenlage (ca. 5—600 m ü. M.) besonders häufig auftretenden Nebeln im Zusammenhang stehen. Die Rolle, welche die Luftbewegung für die Braunfäule spielt, ist mit dem Gesagten schon angedeutet. Winde, welche die Luft durchmischen, verringern den Feuchtigkeitsgehalt der Luft und beeinträchtigen somit die Entwicklung der Braunfäule. Leichte Brisen hingegen, die die Luft nicht oder nur wenig austrocknen, bringen die Gefahr mit

Tabelle 5.

Tagesminima (Mi) und Tagesmaxima (Ma) in C° für Molyko, Mai bis September 1937 (nach Landskron).

1937	Mai		Juni		Juli		August		September	
Datum	Mi	Ma	Mi	Ma	Mi	Ma	Mi	Ma	Mi	Ma
1.	17	29	19	27	18	25	19	23	18	23
2.	17	30	20	26	18	25	20	22	20	24
3.	19	30	19	26	18	25	19	22	20	24
4.	19	25	20	26	19	25	18	23	20	24
5.	17	31	17	30	18	25	16	24	19	26
6.	18	29	19	28	18	25	17	24	19	26
7.	19	30	20	25	18	25	19	23	19	26
8.	19	29	18	27	17	27	19	23	18	26
9.	18	28	18	28	19	23	17	25	19	25
10.	18	29	19	27	17	26	17	28	19	25
11.	19	27	18	25	18	27	19	28	19	22
12.	20	26	18	27	20	26	19	23	19	24
13.	20	24	18	27	20	20	18	24	19	23
14.	19	26	18	26	19	24	19	24	19	26
15.	19	26	18	28	20	24	20	23	18	23
16.	19	26	18	27	19	24	19	23	18	23
17.	18	29	19	26	20	24	19	24	18	26
18.	18	27	19	26	18	25	19	23	18	26
19.	18	27	19	24	18	24	19	24	18	26
20.	20	24	18	24	17	24	20	24	18	25
21.	17	31	17	26	18	24	19	26	17	26
22.	19	26	20	26	18	22	18	24	18	26
23.	18	31	20	26	18	22	18	24	19	25
24.	19	31	18	26	20	24	20	26	18	25
25.	18	29	18	28	20	24	18	26	17	26
26.	19	28	18	25	20	26	19	24	19	28
27.	19	28	20	25	20	24	21	23	19	25
28.	19	27	20	25	20	22	19	24	19	25
29.	19	28	17	26	20	24	19	23	18	25
30.	18	28	18	26	20	23	20	24	18	26
31.	18	26	—	—	20	23	20	23	—	—
Mittelwert	18.5	27.9	18.6	26.3	18.8	24.2	18.8	24.0	18.2	25.0

sich, daß sie zur Verbreitung der Sporen beitragen und dadurch neue Infektionen veranlassen.

Weniger als von der Feuchtigkeit im allgemeinen und der Luftfeuchtigkeit im besonderen scheint die Braunfäule von der Temperatur abhängig zu sein. Die für die Entwicklung der Phytophthora in Kamerun günstigen Temperaturen mögen durch die in Tabelle 5 für die Hauptbraunfäulemonate Molykos aus dem Jahre 1937 wiedergegebenen, abgerundeten Tagesmaxima und Tagesminima charakterisiert sein. Doch findet der Pilz zusagende Entwicklungsbedingungen selbst noch bei $\pm 14^0$ C, wie die Temperaturdaten der Ekona-Pflanzung, die ebenfalls schwerste Braunfäuleschäden aufzuweisen hat, lehren (vgl. Tabelle 2 t_{min}). Nach den mir vorliegenden Mitteilungen hat die AFC-Tiko von allen Kameruner Pflanzungen am wenigsten unter der Braunfäule zu leiden. Die dort herrschenden Durchschnittstemperaturen (vgl. mt_{mx} und mt_{mi} der Tabelle 2) liegen um ca. 3—4^0 C höher als die entsprechenden Mittelwerte Molykos (Tabelle 5), wohingegen die durchschnittlichen monatlichen Regenmengen beider Pflanzungen (vgl. Tabelle 1 und 3) kaum von einander abweichen. Da nun nach allen Erfahrungen die höheren Temperaturen Tikos die Entwicklung des Pilzes begünstigen sollten, dieses sich aber tatsächlich nicht äußert, bleibt allein der Schluß übrig, daß die Temperaturverhältnisse eine nur untergeordnete und keine direkte Rolle spielen; die niedrigeren Temperaturen Molykos wirken vielmehr indirekt derart fördernd, daß sie die relative Luftfeuchtigkeit erhöhen bzw. die Nebelbildung begünstigen. Dafür spricht auch die Ansicht Landskrons, daß die Braunfäule in unmittelbarem Anschluß an verhältnismäßig kühle Tage einen Auftrieb erhält.

Die Frage nach rentablen Maßnahmen zur Bekämpfung der Braunfäule ist überaus schwierig zu beantworten. Da ich eigene Erfahrungen in dieser Hinsicht nicht besitze, gebe ich im folgenden die Ansicht wieder, die ich mir auf Grund von Literaturstudien und von Mitteilungen der Kameruner Pflanzer bildete.

Zur Verminderung der Braunfäule-Schäden kann man zwei verschiedene Wege einschlagen. Die eine Maßnahme besteht darin, den Gesamtzustand der Pflanzen zu heben, um sie so gegen den Pilz widerstandsfähiger zu machen und zugleich auch die Entwicklungsbedingungen für den Pilz auf indirektem Wege herabzusetzen („Pflanzungs-Hygiene"). Die andere Methode versucht es, den Pilz in seiner Entwicklung durch direkte Maßnahmen zu unterdrücken bzw. zu vernichten („direkte Bekämpfungsmaßnahmen"). Es mag hier erwähnt sein, daß eine vollständige Heilung einmal befallener Pflanzen heute auf therapeutischem Wege noch nicht möglich ist. Daß die sanitären und vorbeugenden Maßnahmen der Pflanzungshygiene unerläßlich sind, steht fest und geht besonders klar daraus hervor, daß manche Autoren in ihnen die einzige rentable Möglichkeit sehen, der Braunfäule entgegenzutreten. Die direkte Bekämpfung der Braunfäule lehnt sich an Erfahrungen an, die bei der Bekämpfung nahe verwandter Pilze in gemäßigten Zonen gemacht wurden, so an die Bekämpfung des „falschen Meltaus" der Reben (Plasmopara viticola), der „Kraut- und Knollenfäule“ der Kartoffel (Phytophthora infestans), des „falschen Meltaus“ des Hopfens (Pseudoperonospora humuli) usw. In allen Fällen bestehen die direkten Verfahren zur Verminderung der Schäden aus:

1. Vermeidung von Neuinfektionen und Unterdrückung der vorhandenen Infektionen durch Behandlung mit Chemikalien, die eine Weiterentwicklung des Pilzes unterbinden und die Ausbildung von Fortpflanzungskörpern verhindern sollen. Als solche kommen zur Bekämpfung der „falschen Meltaupilze“ (Peronosporaceen) nach den heutigen Erfahrungen neben schwefelhaltigen in erster Linie kupferhaltige Mittel in Frage, die als Bestäubungs- oder als Spritzmittel, wie die bekannte Kupferkalkbrühe (= Bordeaux- oder Bordelaiser Brühe), die Burgunderbrühe (= Kupfersodabrühe,) kupferhaltige Fertigpräparate der Industrie u. a. (vgl. Trappmann, 1927) angewandt werden. Die Verwendung von Bestäubungsmitteln gegen die Braunfäule in Kamerun ist von vorneherein der hohen Regenmengen wegen ausgeschlossen.

2. möglichst weitgehender Ausmerzung aller stärker erkrankten Organe sowie derjenigen Teile, welche widerstandsfähige, ausdauernde Pilzfortpflanzungskörper (Oosporen, Chlamydosporen) enthalten oder bilden könnten, durch Entfernen und mechanische oder chemische Vernichtung des erkrankten Materials.

Die Bedeutung, die diesen beiden direkten Bekämpfungsmethoden für die verschiedenen Pilze im einzelnen zukommt, ist von der Ökologie des Parasiten und von den gegebenen Außenbedingungen abhängig und somit verschieden. Im Wein- und auch im Hopfenbau, die beide relativ hochwertige Produkte liefern, haben sich diese Maßnahmen, insbesondere das Bordeaux-Brühe-Verfahren, als wirtschaftlich tragbar und lohnend erwiesen, für den Kartoffelbau sind sie aber im allgemeinen zu teuer. Die kombinierte Verwendung beider Methoden ist zur Bekämpfung der Phytophthora-Schäden in den Tropen immer und immer wieder vorgeschlagen und bei der Bekämpfung der Braunfäule auch in allen Anbaugebieten des Kakaos verschiedentlich durchgeführt worden. Die dabei gewonnenen Ergebnisse gehen sehr auseinander. Sehr viele, wohl die meisten Meinungen gehen dahin, daß diese Verfahren für die tropischen Verhältnisse theoretisch richtig, aber, wie Briton-Jones (1934), der an Hand der vorliegenden Literatur die gegensätzlichen Ansichten eingehend bespricht, ausführt, kaum ausreichend durchführbar (impracticable) und größtenteils deswegen unwirtschaftlich sind.

Da ich nach allem von dem endgültigen Versagen der chemischen Verfahren, insbesondere der Kupfermittel, nicht überzeugt bin, da wir ferner irgendwelche besseren Mittel z. Zt. nicht besitzen und unter den heute für Kamerun herrschenden Umständen in absehbarer Zeit auch nicht zu erwarten haben, halte ich es für verfehlt, der Braunfäule tatenlos gegenüberzustehen oder ihr allein durch sanitäre Maßnahmen begegnen zu wollen. Ich glaube vielmehr, daß die kupferhaltigen Spritzmittel auch heute die Möglichkeit bieten, die Braunfäuleschäden auf ein erträgliches Maß herabzusetzen, vorausgesetzt, daß man ihre Einwirkungsdauer durch Zusatz von Haftmitteln, die für das regenreiche Kamerun unbedingt erforderlich sind, verlängert.

Die verschiedenen Ansichten der Autoren hier auseinanderzusetzen, würde zu weit führen. Es sei nur erwähnt, daß u. a. Petch in Ostindien und Rorer in Westindien sich für die Durchführung der Kupferbespritzungen aussprechen. Aus Afrika liegen von der Goldküste mehrere für die Beurteilung der Braunfäulefrage allgemein sehr wichtige Arbeiten von Dade (1927ff.) vor, die über den in bezug auf die dortigen Verhältnisse nur bedingten Wert des Spritzverfahrens und weiterer Maßnahmen Auskunft geben. Außer der bei Briton-Jones (1934), van Hall (1932) und Sprecher von Bernegg (1934) angegebenen Literatur ist dann noch die Mitteilung von West (1936) in diesem Zusammenhange wichtig. West führte in den Jahren 1931—1934 in Nigerien Spritzversuche mit Kupferkalkbrühe und Bestäubungsversuche mit kupfer- und schwefelhaltigen Stäubemitteln („Cupryl"-Copper-Dust bzw. „Olite"-Sulphur-Dust) durch, erzielte dabei eine Ertragssteigerung an guten Bohnen in Höhe von 3,3% bzw. 2,8 und 5%, also Ergebnisse, die so niedrig sind, daß er zu dem Schluß kommt, daß „spraying an dusting have thus far proved to be uneconomic methods for disease control".

Die Gründe, welche die Verwendung der Kupferkalkbrühe in den Tropen erschweren, sind recht mannigfaltiger Art. Sie beruhen einerseits in Schwierigkeiten bei der richtigen Zubereitung und der richtigen Anwendung (eingeborene Arbeiter!) der Brühe, ihrer den tropischen Regen gegenüber zu geringen Haftfähigkeit, und nicht zuletzt hängt der Erfolg weitestgehend davon ab, daß die Bespritzungen zur richtigen Zeit erfolgen. Nach Briton-Jones ist es gerade der letzte Faktor, der den Erfolg des Spritzverfahrens bestimmt, und der, da die richtigen Termine nicht vorauszusehen sind, das ganze Verfahren zu einem „Glücksspiel" macht. Leider lassen sich die Spritztermine nicht auf bestimmte Zeiten festlegen, denn dazu sind gerade in Kamerun nicht nur die klimatischen Verhältnisse in den verschiedenen Jahren zu wechselnd, sondern sie weichen auf den Pflanzungen am Kamerunberg selbst zu gleicher Zeit zu stark voneinander ab (vgl. Tabelle 1). Im Prinzip handelt es sich immer darum, die erste Behandlung bald nach dem ersten Auftreten der Phytophthora, also vor

Beginn der eigentlichen Regenzeit, durchzuführen, um die Ausbildung weiterer Sporen zu verhindern und es den etwa schon vorhandenen unmöglich zu machen, auf gesunden Früchten Fuß zu fassen. Nach meiner Schätzung liegt dieser Termin zwischen Anfang April bis Ende April. Die Versuche von Busse (1906) mit 1, 1½ und 2%iger Brühe begannen auf der Idenau-Pflanzung schon Ende Februar, auf anderen Anfang März und wurden nach je 2—3 Wochen ein- oder zweimal wiederholt. Diese Termine mögen vielleicht für die Pflanzungen der Westseite zutreffen; nach meinen in der fraglichen Zeit auf der Moliwe- und der Ekona-Pflanzung angestellten Beobachtungen erscheinen sie mir für diese Pflanzungen viel zu früh. Das gleiche gilt für die später von der Molyko-Pflanzung erwähnten Spritzversuche, die am 31. I. bzw. 16. II. begannen. Da eine einmalige Behandlung der Früchte mit Kupfersalzen die Schale nicht immunisiert, d. h. ein für allemal gegen weitere Angriffe unempfänglich macht, ist die Behandlung zu wiederholen. Unter der Voraussetzung, daß bei der ersten Bespritzung alle Früchte ausgiebig betroffen und von einem „Kupferfilm" überzogen wurden, kann erneute Infektion erst wieder erfolgen, wenn der Film durch das Wachstum der Früchte zerrissen ist. Zu diesem Zeitpunkt hat dann die folgende Behandlung einzusetzen usw., von denen voraussichtlich 2 oder 3 ausreichen werden. Nach Busse dürfte eine Wiederholung nach 2—3 Wochen nötig sein. Alle Bespritzungen sollen tunlichst nur an trockenen Tagen stattfinden, damit die Lösung auf den Früchten festtrocknen kann und nicht sogleich durch Regen wieder abgewaschen wird. Diese, wenn auch mitunter schwer zu erfüllende Forderung gilt auch dann, wenn Haftmittel verwendet werden. Daß die Busseschen Versuche erfolglos verliefen, wird wahrscheinlich seinen Grund darin haben, daß die Chemikalien schon vom ersten Regen wieder abgewaschen wurden und daher zur entscheidenden Zeit nicht mehr vorhanden waren. Diesem Mangel begegnete von Faber (1907), der im Jahre 1907 Busses Versuche in Kamerun mit 1 und 2%iger Bordeaux-Brühe fortsetzte, dadurch, daß er der Brühe zur Erhöhung ihrer Haftfähigkeit ein Gemisch von Kolophonium und Stärke (250 g feinst gepulvertes Kolophonium mit 500 g Kartoffelstärke zu einem Brei verrieben auf 1 hl Brühe) zusetzte. Die Versuche ergaben, daß „die kolophoniumhaltige Bordeauxbrühe trotz heftiger Tornadoregen nicht von den Bäumen abgespült" wurde. Durch 3—4maliges Spritzen erzielte von Faber damit auf fast allen Pflanzungen befriedigende Ergebnisse, auf der Moliwe-Pflanzung z. B. bei Verwendung von 1%iger Brühe (die sich als zu schwach erwiesen hat) allerdings nur eine Ausfallsverminderung von 67% auf 59%, bei Bespritzen mit 2%iger Brühe aber eine solche von 56% auf 22,24%; nur auf der Bibundi-Pflanzung waren Erfolge nicht erreicht worden. Nach dem Rückkauf der deutschen Besitzungen (1925) wurden dann auf mehreren Pflanzungen die Bespritzungen mit Kupferkalkbrühe wieder aufgenommen und wiederholt durchgeführt. Verwendet wurden dabei 2%ige, an Ort und Stelle aus den Bestandteilen selbst oder aus Industriepräparaten hergestellte Brühen, die an bestimmten Terminen vor und während der Regenzeit verspritzt wurden, jedoch — soweit mir bekannt — ohne Zusatz von Haftmitteln. Ich möchte hier einige Ergebnisse dieser Versuche, die ich den Pflanzungsleitungen verdanke, mitteilen.

Tabelle 6

Ergebnisse von Spritzversuchen mit 2%iger Bordeauxbrühe bei der Braunfäulebekämpfung in Molyko (1934, 1935) in Prozent der erkrankten Früchte nebst abgerundeten prozentualen Mittelwerten und deren Differenzen.

Jahr	behandelte Felder				Kontrollfelder			Diff.
	a	b	c	MW	d	e	MW	
1934	5	3	22	10	35	48	42	32
1935_1	51	34	46	44	66	56	61	17
1935_2	77	74	74	75	80	81	81	6

Die Bespritzungen in den einzelnen Versuchen wurden zu folgenden Terminen vorgenommen:

Jahr	Feld	Zeiten								Summe
1934	a	31. I.	1. V.	31. V.	12. VI.	25. VI.	2. VII.	10. VII.	26. VII.	8
	b	—	1. V.	31. V.	12. VI.	25. VI.	2. VII.	10. VII.	26. VII.	7
	c	—	1. V.	31. V.	12. VI.	25. VI.	2. VII.	10. VII.	26. VII.	7
1935_1	a_1	16. II.	10. V.	—	8. VI.	22. VI.	—	16 VII.	—	5
	b_1	—	—	—	8. VI.	22. VI.	—	16. VII.	—	3
	c_1	—	11. V.	—	8 VI.	22. VI.	—	16. VII.	—	4
1935_2	a_2	16. II.	—	—	8. VI.	22. VI.	—	16. VII.	—	4
	b_2	—	11. V.	—	8. VI.	22. VI.	—	16. VII.	—	4
	c_2	—	—	—	8. VI.	22. VI.	—	16. VII.	—	3

Zur Deutung dieser Ergebnisse seien die für die Jahre 1934 und 1935_1 angegebenen Zahlen herangezogen, weil diese Versuche auf den gleichen Feldern durchgeführt wurden. Das Jahr 1934 war im Vergleich zu dem folgenden etwas regenärmer (2512 mm : 2807 mm, vgl. Tabelle 3, Spalte 4). Prozentual ist aber in den eigentlichen Braunfäulemonaten des Jahres 1935 weniger Regen gefallen als in den entsprechenden Monaten des

Jahres 1934 (80,5% : 85%, vgl. Tabelle 4 Spalte d). Auch ist die prozentuale und tatsächliche Verteilung der Niederschläge in beiden Jahren nicht ausschlaggebend verschieden, denn die Niederschläge des Monates September spielen, wie aus den Tabellen hervorgeht, für die eigentliche Höhe der Schäden keine Rolle mehr. Für die Differenzen der auf den Kontrollfeldern auftretenden Schäden ist daher der Grund nicht in den Niederschlägen der Braunfäulemonate selbst zu suchen; das Jahr 1935 war braunfäulereicher, weil die der Kalamität voraufgehenden Monate durch ihre höhere Feuchtigkeit die Entwicklung des Pilzes begünstigten.

Für die bespritzten Felder gilt natürlich das gleiche. Zieht man dann zur Beurteilung der auf ihnen gewonnenen Versuchsergebnisse die Spritztermine heran, so ergibt sich m. E., daß weniger die höhere Zahl der Bespritzungen des Jahres 1934 den Mehrerfolg bedingte, sondern er liegt vielmehr darin begründet, daß die Spritztermine in den entscheidenden Wochen richtig gewählt waren. Ausschlaggebend für das Versagen des Spritzverfahrens im Jahre 1935 war das Fehlen einer zweiten Behandlung im Mai. Ein Spritzen Ende Januar, Mitte Februar halte ich für unnötig, denn es ist nicht anzunehmen, daß der Pilz, selbst wenn er schon vorhanden sein sollte, in dieser Zeit so günstige Entwicklungsbedingungen vorfindet, daß er sich ausbreiten könnte. Die Zahl der weiteren Spritztermine wird sich durch die Verwendung von Haftmitteln sicherlich auf 2 bis 3 vermindern lassen. Die Ergebnisse der Versuche 1935_2 lassen sich auf entsprechende Weise deuten. Alle Tatsachen weisen wiederum auf die vorhin erwähnte Hauptschwierigkeit hin, daß der Erfolg der chemischen Braunfäulebekämpfung weitestgehend von dem richtigen Einsetzen der Bekämpfungsmaßnahmen und der richtigen Wahl der weiteren Behandlungstermine abhängt.

Auf der Ekona-Pflanzung wurde nach den Mitteilungen von Herrn Güther, dem Leiter dieser Pflanzung, ein augenscheinlicher Erfolg nur nach der ersten, etwa Mitte Mai durchgeführten Bespritzung festgestellt, nach der etwa je 3 Wochen später vorgenommenen zweiten und dritten Bespritzung zeigten die Versuchsfelder gegenüber nicht behandelten keinen Rückgang, d. h. das Spritzen in der eigentlichen Regenzeit verlief nutzlos. Zahlenmäßig waren die Ergebnisse in den Jahren 1936 und 1937 auf der Ekona folgende: Unbehandelte Felder lieferten 69,65% bzw. 73,28% der Gesamternte an schwarzen Früchten gegenüber 44,95% bzw. 58,15% auf den mit ihnen abwechselnd gelegenen Versuchsfeldern. Es ist wohl nicht zu bezweifeln, daß die im Rahmen der Gesamternte liegende Ertragssteigerung an gesunden Früchten des Jahres 1937 in Höhe von 15,13% auch bei Berücksichtigung der dadurch bedingten erhöhten Ausbeute an besserem Trockenkakao (S. 99, 101) keinen großen Nutzen aufweist und bei den schwankenden Kakaopreisen die Kosten kaum aufbringt. (Die Kosten in Kamerun betragen schätzungsweise sh 40 pro ha; nach von Faber (1907) 12,93 M. für dreimaliges Bespritzen von 100 Bäumen; nach Briton-Jones betragen die Kosten für zweimaliges Bespritzen von 500 Bäumen mit Bordeauxbrühe sh 31,05.) Ähnlich werden die Resultate auch auf den anderen Pflanzungen gewesen sein, und aus diesem Grunde wurde das Spritzen von allen Pflanzungen aufgegeben; nur die Moliwe-Pflanzung setzt ihre Versuche fort und führt z. Zt. Versuche mit von der J. G. gelieferten Haftmitteln durch.

Wenn auch die eben mitgeteilten Feststellungen alles andere als ermutigend sind, so glaube ich dennoch, daß eine richtig und konsequent durchgeführte Kupferkalkbrühenbehandlung sich bei Verwendung von Haftmitteln für die noch nicht überalterten Kakaopflanzungen Kameruns zum mindesten als wirtschaftlich tragbar, in günstigeren Fällen aber als durchaus lohnend erweisen wird. Bestärkt werde ich in dieser Ansicht dadurch, daß nach den Erfahrungen Kadens (1933) und nach den Mitteilungen einiger Kameruner Pflanzer sich das Spritzverfahren auf den tropischen westafrikanischen Inseln, speziell auf Fernando Poo bewährt hat. Im belgischen Kongo ergab nach Morstatt (1929) zweimaliges Bespritzen mit 1%iger Kupferkalkbrühe im Jahre 1927 einen Mehrertrag von 60 g Kakao je Baum, d. h. die in diesem Versuch behandelten 150 ha lieferten einen Gewinn von 40000 Franken!

In diesem Zusammenhange mag nachgetragen werden, daß sich nach englischen Erfahrungen statt der Kupferkalkbrühe auch die Kupfersodabrühe (Burgunderbrühe, vgl. Flugblatt 52 der Biologischen Reichsanstalt), bei der die Neutralisation des sauren Kupfersalzes statt mit Ätzkalk durch Soda erreicht wird, verwenden läßt. Sie hat nach allen Erfahrungen einen gleichen Giftigkeitswert und haftet nach Briton-Jones, wenn sie trocknen kann, selbst bei scharfem Tropenregen einige Wochen lang. Sie wäre insofern für die Tropen vorteilhafter, als Soda dort in guter Qualität viel leichter zu beschaffen ist als Ätzkalk, und ein Verstopfen der Spritzdüsen bei ihrer Verwendung nicht vorkommt. Für das mit Regen gesegnete Kamerun dürfte aber ihre Haftfähigkeit allein nicht ausreichend sein; da sie ferner eine noch geringere Haltbarkeit aufweist als die Bordeauxbrühe und auf den behandelten Teilen Spritzflecke, die allein in den Tropen eine Kontrolle der Arbeiter ermöglichen, nicht hinterläßt, dürfte von ihrer Verwendung abzusehen sein. Außerdem ist Soda für die Kakaoblüten schädlich.

Kaden (1933) weist in der oben genannten Arbeit, die im Tropenpflanzer Jg. 1934 S. 349 referiert ist, ebenso wie Busse (1906), von

Faber (1909) u. v. a. im einzelnen auf die Schwierigkeiten bei der Bereitung und der Verwendung der Bordeauxbrühe hin. Kaden spricht in seinen Ausführungen von der Notwendigkeit des Spritzens in den westafrikanischen Kakaobaugebieten und berichtet, daß sich in San Thomé eine Kupferkalkbrühe, wie sie schon von von Faber 1909 in Kamerun benutzt wurde, besser bewährte als die „alte französische Kupferkalkbrühe" und die „englische Kupferkalkbrühe" (= „Brühe nach Sicard"). Er gibt folgende Vorschrift zur Herstellung der Brühe: „Man löscht den gebrannten Kalk in einem kleineren Gefäß langsam in wenig Wasser, verrührt ihn dann unter weiterem Wasserzugeben zu einem dünnen Brei und filtriert ihn in einen großen Holzbottich. Hierauf wird die Kupfersulfatlösung langsam in den Kalkbrei eingerührt und mit Wasser auf das erforderliche Maß aufgefüllt." Diese Brühe soll die Eigenschaft haben, „besser zu haften, wenn sie erst angetrocknet ist" als die beiden anderen Brühen. Bei Regenmengen bis zu 2 Metern genügt die Anwendung einer 1 bis 1,5prozentigen Kupferkalkbrühe, bei solchen von über 2 Metern gelangt 1,5 bis 2,5 prozentige Brühe zur Anwendung, mit der dann zweimal, nur wenn es notwendig erscheint, auch noch ein drittes Mal gespritzt wird. Ein Zusatz von Haftmitteln zu der Brühe soll nach Kaden „in den Tropen so gut wie bedeutungslos sein". Von großer Wichtigkeit ist die Wahl der anzuwendenden Spritzen und Zerstäuber. Kaden schlägt für hügeliges Gelände Rückenspritzen, „gute Membranspritzen mit $^1/_2$ bis 1 Meter langem Spritzrohr und Flächenverstäuber (Holder) oder besser mit regulierbarem Baumverstäuber (Platz)" vor. Die Herstellungsschwierigkeiten dürften heute dadurch behoben sein, daß die Industrie gleichwirksame Chemikalien und auch nach neusten Erfahrungen hergestellte Haftmittel liefert, so daß auch wohl ein Neger, ohne daß immer ein Europäer dahinter stehen muß, sie sachgemäß verarbeiten kann. Mit dieser Tatsache scheint mir ein erheblicher Fortschritt erzielt zu sein, denn abgesehen von den Schwierigkeiten bei der Feststellung des richtigen Termines können die Unstimmigkeiten zwischen den in den gemäßigten Zonen und den in tropischen Gebieten erzielten Ergebnissen nicht in einem Versagen der Kupferkalkbrühe liegen, sondern sie sind vielmehr in der Unzulänglichkeit und Unzuverlässigkeit der Arbeiterverhältnisse und der eingeborenen Arbeiter selbst zu suchen. Ob man hier wird Abhilfe schaffen können?

Wie gegen das Spritzverfahren, so werden auch gegen die Nützlichkeit vorbeugender Maßnahmen, die eine Vernichtung aller erkrankten Organe zum Ziele haben, manche Bedenken erhoben. Für Kamerun fordern Busse, von Faber und Zeller (1925) in ihren Arbeiten die restlose und sofortige Entfernung und Abtötung aller, auch der kleinsten Früchte, die Anzeichen einer Erkrankung aufweisen, um sie damit als Quellen für neue Infektionen auszuschalten. Sprecher von Bernegg (1934) sagt: „Wer dieser Forderung nicht strikte nachkommen will, dem ist nicht zu helfen."

Da ein Verbrennen oder Vermeilern des kranken Materials wegen der hohen Feuchtigkeit in Kamerun selbst bei Verwendung besonderer Verbrennungsöfen (Zellersche Verbrennungsöfen) überaus schwierig erscheint, empfiehlt von Faber zur Desinfektion des zusammengetragenen pilzhaltigen Materials rohes Eisenvitriol, das nach seinen Erfahrungen auch die derben Oosporen zum Absterben bringt. Nach Briton-Jones haben aber sowohl Dade als auch Rorer nachgewiesen, daß ein ausreichendes Zerstören allen kranken Materiales praktisch undurchführbar ist. Da ferner das abgenommene und besonders das liegende Material größtenteils schon schwarz ist, kann es wohl kaum noch Konidien bilden, kommt also für die Verbreitung des Pilzes praktisch nicht mehr in Frage. Infolgedessen ist eine sofortige Vernichtung nicht erforderlich. Das Entfernen der erkrankten Früchte vom Baum darf aber nicht unterbleiben, weil das Pilzmyzel sonst den Fruchtstiel durchwachsen und in die Blütenpolster bzw. Rinde eindringen würde, wo es die gefürchtete Rindenfäule (s. später) hervorruft. Sicherlich ist es in Kamerun auch so, daß schwarze Früchte oder Fruchtschalen für das Umsichgreifen der Braunfäule in der gerade laufenden Krankheitsperiode nur sehr untergeordnet in Frage kommen. Da wir aber aus Kamerun nicht darüber informiert sind, wodurch im Frühjahr die Primärinfektionen veranlaßt werden, liegt es nahe, dafür die in den Früchten bzw. Fruchtschalen überdauernden Oosporen verantwortlich zu machen, und schon aus diesem Grunde halte ich eine sorgfältige Vernichtung des kranken Materiales für erforderlich (vgl. auch Rindenfäule). Wenn dieses, wie auf einigen Kameruner Pflanzungen, durch einfaches Vergraben geschieht, so ist dagegen nichts einzuwenden, vorausgesetzt, daß ein vorzeitiges Ausgraben nicht erfolgt, da die Sporen selbst in der Erde noch mehrere Jahre lang am Leben bleiben können. Deswegen schlagen Busse und von Faber chemisches Abtöten vor, das weiterhin den Vorteil haben soll, daß die Schalen nach vollständiger (!) Abtötung sich als Kompost verwenden lassen. Es muß aber besonders darauf verwiesen werden, daß auch heute die praktische Durchführung einer Kompostierung mit völliger Abtötung der Sporen überaus heikel ist. Busse (1906) meint, daß „die Behandlung solchen Materials mit frischgebranntem Kalk die idealste und einfachste Lösung" sei; doch verkennt er nicht die Schwierigkeiten, die sich der Beschaffung von solchem Kalk in den Tropen entgegenstellen, und schlägt deshalb als billigeren Weg die Verwendung des später von von Faber in seiner Wirkung erprobten rohen Eisenvitriols vor, wobei die Verwendungsfähigkeit des eisenhaltigen Kompostes zu untersuchen wäre.

Es hat nicht an Überlegungen gefehlt, der Braunfäule auf anderem Wege wirkungsvoller entgegenzutreten. Ludwigs hoffte in Anlehnung an ähnliche, bei anderen Pflanzen erfolgreich verlaufene Verfahren, nämlich durch Zusatz von bestimmten Düngesalzen oder anderen Chemikalien („Spurenelementen") auf innertherapeutischem Wege die Widerstandsfähigkeit der Kakaofrüchte gegen Braunfäule steigern zu können. Entsprechende Versuche wurden in den Jahren 1933 bis 1936 auf verschiedenen Kameruner Pflanzungen durchgeführt. Da Mitteilungen in der Literatur darüber nicht vorliegen, möchte ich auf Grund persönlicher Auskünfte von Herrn Prof. Ludwigs sowie der Kameruner Pflanzer kurz auf die Versuche eingehen. Verwendet wurden dabei folgende Stoffe:

Kainit (250; 500; 500 + 500 g, diese in je 2—3 Wochen Zwischenraum)
Chlorkalium (250, 500, 500 + 500 g)
Kupfersulfat (100, 200 g)
Schwefel (100, 200, 150 + 150 g)
Magnesiumsulfat (125, 150, 250, 300 g)
Mangansulfat (125, 150, 250, 350 g).

In Klammern sind die pro Baum verwendeten Mengen angegeben, die im Bereich der Kronentraufe ausgestreut und leicht eingehackt wurden. Das Verfahren wurde zweimal im Jahre durchgeführt, wobei die Mengen für die einzelnen Versuche konstant blieben, die immer mehrere Monate auseinanderliegenden Termine aber wechselten.

Die Ergebnisse dieser Versuche sind sowohl im Rahmen der gleichartigen Reihen als auch im allgemeinen so uneinheitlich, daß ihre Deutung hier unmöglich ist. Die Kameruner Pflanzer sahen in den Ergebnissen keinen Erfolg und stellten deswegen weitere Versuche ein. Nach Aussagen von Herrn Prof. Ludwigs kann aber von einem generellen Mißerfolg nicht die Rede sein, da in manchen Einzelversuchen auffällig bessere Ernten erzielt wurden. Zudem wurden die Versuche auf verschiedenen Böden mit verschiedenartigem Pflanzenmaterial und auch zu kurzfristig ausgeführt. Da diese methodischen Fehler auf den bestehenden Pflanzungen unvermeidbar sind, zeigt der Ausgang dieser Versuche wieder einmal eindeutig, daß ein endgültiges Urteil über den Wert einer Methode nur auf besonders ausgewählten und hergerichteten Versuchsfeldern erreicht werden kann. Dem Betrieb einer normalen Pflanzung können solche Versuche aber nie zugemutet werden.

Wie schon erwähnt, bleibt nach den Ansichten derjenigen Autoren, die die Verwendung von chemischen Mitteln zur direkten Bekämpfung ablehnen, als einziger Weg zur Verminderung der Ernteschäden durch die Braunfäule nur der übrig, den Lebensraum der Kakaobestände so auszugestalten, daß in ihm Bedingungen geschaffen werden, die der Entwicklung der Phytophthora entgegenarbeiten, dem Kakao aber nützlich oder zum mindesten nicht schädlich sind. Mit anderen Worten, es handelt sich darum, durch Vornahme von Dränagen, Wahl der richtigen Pflanzweite, Entfernen von unnötigem Boden- und Stammbewuchs, Auslichten und sachgemäßes Beschneiden der Bäume und andere sanitäre Manipulationen jede überflüssige Feuchtigkeit und Beschattung zu vermeiden und so viel Licht, Luft und Wind in die Pflanzung zu bringen, wie unter Berücksichtigung der allgemeinen Verhältnisse irgend zulässig ist.

Die Maßnahmen brauchen hier im einzelnen nicht erörtert zu werden. Sie sind den meisten Pflanzern bekannt und können andernfalls in jeder einschlägigen Abhandlung eingesehen werden. Ohne Zweifel kommt diesen Maßnahmen für die Bekämpfung aller Parasiten aus dem Pflanzenreiche eine nicht zu unterschätzende Bedeutung zu, die durch keine anderen Maßnahmen ersetzt werden kann. Daher kann auch die Durchführung der Bespritzung nicht ein Allheilmittel, sondern immer nur eine zusätzliche Maßnahme sein.

Bei den vorbeugenden Maßnahmen des Pflanzenschutzes sind aber nicht nur die bisher allein erwähnten Standorte mit der Gesamtheit ihrer Faktoren zu berücksichtigen, sondern als weiterer sehr wichtiger Faktor kommt die Pflanze selbst hinzu. Besonders in solchen Fällen, in denen alle anderen vorbeugenden und technischen Methoden sich als nicht ausreichend erwiesen, versucht man, die Rentabilität gefährdeter Gebiete dadurch aufrechtzuerhalten, daß man zum Anbau entweder von anderen Kulturpflanzen oder von widerstandsfähigen Sorten der gefährdeten Pflanze selbst übergeht. Das zuerst genannte Verfahren würde Fruchtwechsel bedeuten, scheidet also für die vorhandenen Kameruner Dauerkulturen zunächst aus. Das zweite Verfahren könnte im Hinblick auf die Braunfäule des Kakaos darin bestehen, daß man versucht:

1. Die Frucht- bzw. Erntezeit des Kakaos so zu verschieben, daß sie in die Trockenzeit fällt, in der ja die Braunfäule nicht vorkommt, und
2. Kakaosorten zu züchten, die für die Phytophthora unempfänglich sind.

Die Möglichkeit einer Verschiebung der Hauptfruchtzeit auf Termine, die nicht in die Regenzeit fallen, schien einigen Pflanzern auf den im Nordosten des Gebietes liegenden Pflanzungen der KEG (Tombel) und KKC (Mukonje) zum Teil verwirklicht zu sein. Wenn dort auf einigen Feldern die Hauptkakaomengen tatsächlich vor oder nach der Regenzeit geerntet werden, so könnte das klimatisch oder rassenmäßig bedingt sein. Die Verbreitung der Niederschläge ist aber in Tombel und Mukonje (vgl. Tabelle 1, Tombel und Laduma) nicht prinzipiell anders als auf den weiter südlich gelegenen Pflanzungen. Daher kann der Grund für die andersartige

Erntezeit nicht in klimatischen Verhältnissen zu suchen sein. Daß auf diesen Pflanzungen andere Rassen als anderswo in Kamerun kultiviert werden, glaube ich nicht; vielmehr möchte ich annehmen, daß die fraglichen Ernten von jungen Beständen stammen. Es ist bekannt, daß junge Kakaobäume ihre Erstlingsernten zu ganz verschiedenen Zeiten liefern können. Erst in den späteren Jahren erfolgt eine gewisse Festlegung der Hauptblüte- und -fruchtzeit. Das heißt also, die Termine sind für den einzelnen Baum nicht erbmäßig festgelegt und daher etwa durch Wahl der Saatzeit willkürlich zu bestimmen, sondern ihr Auftreten richtet sich nach den herrschenden klimatischen Bedingungen. Aus diesem Grunde erscheint es mir unmöglich, eine Verlagerung der Erntezeit in die Trockenzeit zu erreichen.

Unendlich wichtig für die Kakaokultur ist das zweite der oben genannten Verfahren: die Erzielung nicht anfälliger Kakaosorten, eine Methode, die z. B. im Getreide- und Kartoffelbau mehr und mehr an Bedeutung gewinnt. Dieses Ziel läßt sich allgemein nur durch Züchtung erreichen, würde also für den mehrjährigen Kakao sehr viele Jahre in Anspruch nehmen. In diesem Zusammenhange möchte ich auf eine Mitteilung von Zeller (1925, S. 80) verweisen. Zeller sagt dort: „Interessant ist, daß sich auf einer Kameruner Pflanzung einige ihrer Abstammung nach nicht definierbare Kakaobastarde als völlig immun gegen die Phytophthora erwiesen haben." Ob und wie lange Zeller diese Pflanzen während seiner Tätigkeit in Kamerun beobachtete, entzieht sich meiner Kenntnis. Vielleicht entlehnt Zeller diese Mitteilung auch nur einem Bericht von Busse (1905), in dem angeführt wird, daß solche Pflanzen auf der Moliwe vorhanden seien. Leider scheinen diese überaus wichtigen Pflanzen inzwischen verloren gegangen zu sein, denn trotz vielfacher Nachfrage konnte ich über eine Existenz solcher Pflanzen in Kamerun nichts mehr in Erfahrung bringen. Es ist aber im Interesse aller dringend zu wünschen, auch jetzt wieder exakte Beobachtungen über weniger oder gar nicht anfällige Einzelpflanzen anzustellen und mitzuteilen. Selbst wenn derartige Pflanzen nur ein geringwertiges Produkt liefern, so würde doch ihre Auffindung für die baldigst in Angriff zu nehmenden Züchtungsversuche — die sich dann nicht nur auf Braunfäuleresistenz, sondern auch auf die durchaus notwendige Qualitätsverbesserung zu erstrecken hätten — eine vieljährige Zeitersparnis bedeuten.

Zusammenfassend ist zu sagen, daß in Zukunft eine Verminderung der Braunfäuleschäden nach folgenden Gesichtspunkten vorzunehmen sein wird:

1. Züchtung von widerstandsfähigen Kakaosorten,
2. „Pflanzungspflege und -hygiene",
3. Anwendung technischer und chemischer Methoden zur Beseitigung

des erkrankten Materials (Früchte und Schalen) sowie zur direkten Bekämpfung der Phytophthora, wofür ich die Verwendung von kupferhaltigen Spritzmitteln unter Zuhilfenahme von Haftmitteln vorschlagen möchte. (Vgl. auch den Abschnitt „Rindenfäule").

Anhangsweise muß hier auf zwei weitere Pilze verwiesen werden, die ebenfalls auf lebenden Kakaofrüchten vorkommen können, z. Zt. in Kamerun aber als Schädlinge von Kakaofrüchten an sich keine Rolle spielen.

Aus der Gattung Colletotrichum sind mehrere Arten als Kakaoparasiten bekannt. Busse und von Faber berichten aus Kamerun von Colletotrichum incarnatum Zimm. (= ? Colletotrichum (Fusarium) theobromae App. et Strunk und wahrscheinlich Konidienform von Glomerella coffeicola Averna), daß dieser Pilz, ein weit verbreiteter Parasit der Kaffeefrüchte, an Kakaofrüchten eine Krankheit hervorrufe, die der Braunfäule äußerlich sehr ähnlich sei, weshalb auch beide Autoren vorziehen, nicht von Braunfäule, sondern von Phytophthora- bzw. Colletotrichum-Fäule zu sprechen. Das Krankheitsbild ist anfangs dasselbe wie bei der Phytophthora-Fäule, sobald aber die Fruchtkörperbildung eintritt, sind beide Fäulen nicht miteinander zu verwechseln. Die Phytophthora-Flecke bleiben matt und sind von den Konidienrasen grobmehlig bestäubt, während die Colletotrichum-Flecke trockener, glänzend, leicht eingesenkt und von den Konidien der dichtstehenden, runden, bis stecknadelkopfgroßen, fleischfarbenen Konidienlagern nur leicht rötlich bereift erscheinen. Dieses Colletotrichum scheint, wie die meisten Vertreter dieser Gattung, hauptsächlich als Schwäche- oder Folgeparasit aufzutreten. Doch wies Busse durch Infektionsversuche nach, daß der Pilz auch gesunde Früchte zu befallen vermag; von 30 Früchten erkrankten in einem Versuch 7 Stück. Nach dem gleichen Autor findet sich der Pilz vornehmlich an jungen Früchten; gegen Außenfaktoren ist er widerstandsfähiger als die Phytophthora. So ist er dies besonders der Trockenheit gegenüber und kann daher früher im Jahr auftreten als die Phytophthora, in Viktoria z. B. nach Busse schon zu Anfang Februar, während die erste an Phytophthora erkrankte Frucht erst am 7. März beobachtet wurde. Ich sah diese Colletotrichum-Fäule ebenfalls schon sehr frühzeitig, nämlich in der letzten Februarwoche, auf kleinen Früchten in einem Bestand der Likomba. Auch auf der Moliwe und der Ekona war der Pilz vorhanden, doch nicht rein, sondern immer zusammen mit der Phytophthora. Insgesamt ist das Colletrichum in Kamerun auf Kakaofrüchten viel seltener als die Phytophthora, besonders selten auf großen Früchten. Daher scheint mir eine besondere Bekämpfung, — die nach den für die Phytophthora geschilderten Verfahren durchgeführt werden könnte, — zunächst nicht erforderlich. Wichtig ist die Kenntnis dieses Pilzes aber insofern, als man seine Fäule mit der Phytophthora-

Fäule verwechseln könnte, und das erste Auftreten der eigentlichen Braunfäule, das ja für die Wahl des Spritztermins ausschlaggebend ist, aus diesem Grunde zu früh angesetzt werden könnte. Ob der Pilz der Entwicklung der Phytophthora-Fäule Vorschub leistet, etwa in der Weise, daß Colletotrichum-kranke Früchte von der Phytophthora schon merklich früher und unter trockneren Bedingungen befallen werden als gesunde, erscheint nicht unwahrscheinlich, doch müßten erst weitere Untersuchungen an Ort und Stelle darüber Auskunft geben.

Eine weitere, der Braunfäule sehr ähnliche Erkrankung der Kakaofrüchte kann durch einen mit der Phytophthora nahe verwandten Pilz, Trachysphaera fructigena Tabor und Bunting, verursacht werden. Dieser auch in Westafrika verbreitete Pilz ist an der Goldküste auf den Beeren des Liberiakaffees sehr schädlich aufgetreten und wird von dort auch vom Kakao angegeben. Die Konidien des Pilzes bilden auf den Früchten ähnliche Überzüge wie die Phytophthora. Sie sind anfangs ebenfalls weiß und mehlig, später aber rötlich-braun, und „überkrusten" dann zum Unterschied von der Phytophthora die Oberfläche der Früchte. Aus Kamerun ist dieser Pilz nicht bekannt, ich erwähne ihn nur, um die Aufmerksamkeit auf ihn zu lenken.

Ein weiterer Pilz, Botryodiplodia theobromae Pat., ist in Kamerun auf allen möglichen Pflanzen weit verbreitet und häufig. In der Literatur wird er unter sehr verschiedenen Namen geführt, so z. B. als Diplodia cacaoicola P. Henn., Diplodia theobromae Now., Lasiodiplodia theobromae Griff. et Maubl., Lasiodiplodia nigra App. et Strunk, Chaetodiplodia griesea Petch u. a. (vgl. Sorauer Bd. 3).

Auch von Faber (1909), der diesen Pilz und sein Vorkommen in Kamerun ausführlicher bespricht, führt neben der Botryodiplodia die Diplodia cacaoicola als besondere Art an. Wie von Faber, so fand auch ich den Pilz verschiedentlich an Kakao, sowohl an Früchten, wie an Zweigen. An Zweigen soll der Pilz eine Spitzendürre („die back-disease") hervorrufen (siehe Abschnitt „Spitzendürre"). Die Früchte können in jedem Alter befallen werden, gesunde nach van Hall (1932) aber nicht. Von Faber schildert den Krankheitsverlauf folgendermaßen. Erkrankte Früchte zeigen anfangs braune Flecke, die sich besonders bei Feuchtigkeit rasch und vollständig über die Frucht ausdehnen. Die Flecke dunkeln allmählich nach, ihre Oberfläche wird rauh und schließlich bricht auf ihnen ein schwarzes Myzel mit den die Sporen enthaltenden Behältern (Pykniden) in Form kleinerer zerstreuter Gruppen oder zu größeren Krusten vereinigt durch. Diese schwarzen Krusten sind auch in der Trockenzeit reichlich vorhanden und so typisch, daß der Pilz mit den vorher genannten nicht verwechselt werden kann. Die Streitfrage, ob es sich bei dieser Botryodiplodia um einen primär auftretenden Schädling oder nur um einen Schwäche- oder Wundparasiten handelt, dürfte heute wohl dahin entschieden sein, daß der Pilz nur kranke oder verwundete Pflanzenteile zu befallen vermag. Daher ist auch eine mitunter empfohlene direkte Bekämpfung durch Bespritzen nicht erforderlich (vgl. den Abschnitt „Spitzendürre").

Weitere, auf lebenden und toten Kakaofrüchten vorkommende Pilze der verschiedensten systematischen Zugehörigkeit sind bei von Faber (1909) erwähnt; auf einige Hypomyces-Arten an Kakaofrüchten weist Wollenweber (Sorauer, Bd. 2, S. 562) hin. Die aus Kamerun angeführten Arten besitzen für die Praxis keine Bedeutung, brauchen daher hier nicht genannt zu werden.

2. Die Rindenfäule.

An zweiter Stelle sei hier — abweichend von der sonst nach der praktischen Bedeutung der Objekte vorgenommenen Einteilung — die Rindenfäule der Kakaobäume besprochen. Diese Krankheit wird ebenfalls durch den Braunfäuleerreger, die Phytophthora Faberi Maubl. (= Phytophthora omnivora de Bary p. p., = Phytophthora palmivora Butler p. p.) hervorgerufen, eine Tatsache, die für Kamerun durch Ludwigs (Tropenpflanzer Jg. 17 (1913) S. 709; vgl. auch Jg. 18 (1914) S. 333) nachgewiesen wurde. Die schon von Preuß (1903) für Kamerun erwähnte Krankheit wird in den Arbeiten von Busse (1905) und von Faber (1909) als durch Nectria-Arten verursacht angesehen. Diese Annahme führte auch zu der Bezeichnung „Krebs" (canker) für die Erkrankung, treffender aber wird sie durch den Begriff „Fäule" (Stamm-, Zweig- oder Rindenfäule) gekennzeichnet. Auf die merkwürdige Tatsache, daß die Phytophthora ihre verheerende Tätigkeit in manchen Gebieten als „Braunfäule", in anderen Gebieten aber als „Rindenfäule" ausübt, und die jeweils andere Befallsform im gleichen Gebiet gewöhnlich eine verhältnismäßig sekundäre Rolle spielt, wurde schon im vorigen Abschnitt aufmerksam gemacht. Ob und wieweit diese Krankheiten in Kamerun von verschiedenen Rassen des Pilzes veranlaßt werden, und ob ferner die an anderen Wirtspflanzen auftretenden, ebenfalls zur Phytophthora Faberi gehörenden Pilze Spezialrassen darstellen, ist für Kamerun noch nicht untersucht und kann nur durch Untersuchungen des Originalmateriales entschieden werden. Die Klärung dieser Frage ist für die Kenntnis der Epidemologie und damit für die Bekämpfungsmethodik der Braunfäule überaus wichtig, für die Durchführung von Züchtungen resistenter Kakaosorten unerläßlich und deshalb baldigst in Angriff zu nehmen. Nach den in anderen Gebieten gemachten Erfahrungen lassen sich verschiedene Rassen unterscheiden, die jedoch hinsichtlich ihrer Wirtswahl nicht sehr spezialisiert sind. Ashby (1929) teilt z. B. mit, daß Pilze der „Kakaogruppe" Hevea zu infizieren vermögen und umgekehrt die der „Heveagruppe" Kakao befallen können; Reinking

(1923) stellt fest, daß der Pilz, der auf den Philippinen eine Herzfäule an Kokospalmen hervorruft, der gleiche ist wie die Kakao-Phytophthora, usw. (vgl. dazu van Hall (1932), Briton-Jones (1934), Dade (1928) u. a.). Ähnliches ist infolgedessen auch wohl für den Kameruner Pilz anzunehmen.

Ich sah die Rindenfäule am Kakao auf folgenden Pflanzungen: Moliwe, Ekona, Tiko, Idenau; doch ist sie sicherlich auch heute weiter verbreitet. Wenn sie auch nirgends Schäden in dem Ausmaße, wie Friederichs (1913) sie für Samoa beschreibt, anrichtet, so sind in Kamerun die Schäden trotz des zerstreuten Vorhandenseins der Fäule m. E. doch höher als z. B. die Ausfälle durch die „Bohrer". Sie dürfen schon aus diesem Grunde nicht vernachlässigt werden, und erst recht nicht im Hinblick auf die Braunfäule, für die sie einen stets vorhandenen Gefahrenherd darstellen können, und umgekehrt.

Befallen werden von dem Pilz vor allem die Stämme, aber auch Zweige und ältere Äste jeglichen Alters, wobei 5—10 jährige Bäume das Maximum an Anfälligkeit zeigen sollen; selbst von Schößlingen wird Befall gemeldet („chupon wilt" = Schößlings-Welke). Mehrfach wurde auch eine Erkrankung von Blüten- bzw. Fruchtlagern beobachtet (u. a. Dade, 1928, 1929), was im Hinblick auf die Braunfäule nicht verwunderlich, aber besonders zu beachten ist, weil von hier aus eine Infektion der Früchte auch ohne Sporen erfolgen kann, wie auch umgekehrt hängenbleibende erkrankte Früchte Ursache für die Rindenfäule der Blütenlager sein können.

Die Krankheit äußert sich folgendermaßen. Auf der Rinde der Stämme bzw. Zweige treten anfangs kaum erkennbare, dunkler gefärbte, nasse, meist in Längsrichtung des Organs etwas gestreckte Flecke von verschiedener Ausdehnung auf, unter denen die Gewebe zunächst grau bis rötlichgrau, später purpurrot bis braunrot verfärbt und faulig-naß erscheinen. Aus den reiferen Krankheitsherden tritt direkt oder beim Anschneiden eine schleimartige, etwa weinrote Flüssigkeit hervor, die am Stamm herabläuft und dort zu rostartigen Streifen eintrocknet, die so den Herd verraten. Alte Infektionsstellen sind besonders in der Trockenzeit eingesunken und lassen das bloße Holz zutage treten. Die Rinde regeneriert nicht, so daß die Ränder nicht überwallen, sondern als toter Gürtel die Wunde umrahmen (vgl. aber von Faber, 1907). Im Inneren der Rinde geht die Ausbreitung des Pilzes schneller vor sich als in den äußeren Teilen. Eine dunkelbraune Zone grenzt den Herd ziemlich scharf von dem rötlichen oder auch gelblichen gesunden Teil der Rinde ab. Nach Briton-Jones kann sich die Erkrankung auch auf das Holz erstrecken, das dann ± verfärbt und von schwarzen Linien durchzogen ist. Das die Rinde bewohnende Myzel kann die Trockenzeit überstehen, und, falls die befallenen Teile nicht vorher eingehen, lange Zeit überdauern. Die Ausbildung von Konidien erfolgt anscheinend nur bei genügender Feuchtigkeit, also in der Regenzeit, wie überhaupt alle Außenfaktoren, die die Braunfäule begünstigen, auch die Entwicklung und Verbreitung der Rindenfäule fördern. Die Erkrankungen sind auch in der Trockenzeit vorhanden, erreichen ihr Maximum aber in den niederschlagsreichen Monaten. Die oberhalb der Infektionsherde liegenden Teile kränkeln zunächst. Ihre Blätter werden gelb, sterben und fallen ab, worauf dann je nach der Heftigkeit der Infektion auch die Äste, Zweige bzw. der Stamm, zuweilen unter Aufplatzen der Rinde, zugrunde gehen.

Für die Bekämpfung der Rindenfäule gilt sinngemäß das, was schon für die der Braunfäule gesagt wurde. Die wichtigsten und zuverlässigsten Maßnahmen sind vorbeugender Art, bestehen also — wie oben angeführt — in der Hauptsache aus Kulturmaßnahmen. Vorbeugende Behandlung der Stämme mit chemischen Mitteln wurde ebenfalls vorgeschlagen, so nennt z. B. Zeller (1925) Bestreichen der Stämme mit Kalk. Wenn überhaupt nötig, so ist wenigstens für Kameruner Verhältnisse eine Verwendung von Chemikalien als Vorbeugungsmittel bei der Rindenfäule überflüssig; zudem stellt eine gegen die Braunfäule vorgenommene Bespritzung der Stammteile mit Kupferkalkbrühe sowieso eine der besten Maßnahmen dieser Art dar. Auf die in diesem Zusammenhange (vgl. S. 112) notwendige Entfernung und Vernichtung aller braunfäulekranken Früchte und Schalen und die Maßnahmen dazu weist u. a. Friederichs (1923) hin, der außerdem weitere Bekämpfungsmethoden erörtert.

Die Bekämpfung schon vorhandener Erkrankungen muß natürlich anders vorgenommen werden als bei der Braunfäule. Eine Behandlung der Herde mit Spritzmitteln müßte versagen, weil diese Mittel den Pilz im Inneren der Rinde nicht erreichen können. Direkte Bekämpfung des Rindenpilzes ist daher nur durch Ausscheiden und Abtöten der Herde möglich. Während Ludwigs (1914/15) diese Maßnahmen für praktisch undurchführbar und auch für viel zu schädlich für den Baum hält, möchte ich auf Grund der Kameruner Befunde und in Übereinstimmung mit vielen anderen Autoren diese Wundbehandlung gerade für die Kameruner Pflanzungen empfehlen (vgl. auch „Hevea-Rindenfäule"). Bei dem Ausscheiden ist darauf zu achten, daß auch tatsächlich der ganze Herd, dessen Umfang — wie erwähnt — äußerlich nicht erkennbar ist, entfernt wird. Zum Ausschneiden sind möglichst scharfe Messer zu verwenden, die vor jeder Behandlung eines neuen Objektes durch Hitze, Formalin, Petroleum o. dgl. keimfrei zu machen sind. Nur scharf ausgeführte Schnitte gewährleisten — wie aus der Hevea-Praxis bekannt — eine normale Regene-

Abb. 18. Erkrankte Banane mit drei äußerlich gesund aussehenden Schößlingen. (8. 3. 1938.)

Abb. 19. Gesunde und von Phytophthora Faberi befallene Kakaofrüchte (Forastero). An einer Frucht oben rechts und an mehreren der unteren Gruppe sind junge Befallsherde in Form dunkler Stellen erkennbar. In der unteren Gruppe ferner links eine, rechts zwei völlig erkrankte Früchte mit mehligen Konidienrasen. (19. 5. 1938.)

Abb. 20. Phytophthora Faberi auf Kakaofrüchten (Forastero). Eine Frucht der mittleren und drei Früchte der oberen Gruppe sind völlig erkrankt und braun verfärbt, zwei weitere unten rechts sind bereits „schwarz" geworden. (19. 5. 1938.)

Abb. 21. Toter, von Unkraut überwachsener Kakaostamm auf einer durch einen Wurzelpilz (Armillaria?) verursachten Sterbelücke in einem lange Jahre hindurch vernachlässigten, alten Kakaobestand. (7. 6. 1938.)

Abb. 22. Beginnende Wurzelpilz-Sterbelücke. Außer dem toten Kakaostamm deuten auch die links im Bilde stehenden Bananen durch ihre verdorrten, nicht abgeknickten unteren Blätter auf Erkrankung durch den Wurzelpilz hin. (13. 4. 1938.)

Abb. 23. An Wurzelfäule zugrunde gegangene, umgefallene Kakaostämme am Rande einer Fehlstelle in einem älteren Kakao-Hevea-Mischbestande auf schwerem Boden. (8. 4. 1938.)

Abb. 24. Durch Wurzelfäule bedingte Sterbelücke in einem jüngeren Kakaobestande auf stark laterithaltigem Boden. (11. 3. 1938.)

ration der Rinde, die Briton-Jones für wichtiger hält als die Behandlung der Wunde mit Fungiziden. Das Ausschneiden der Faulstellen hat möglichst, wie überhaupt jedes Beschneiden des Kakaobaumes, an trockenen Tagen zu erfolgen. Alle Wunden müssen dann mit Desinfektionsmitteln bestrichen werden, um Neuinfektion oder einen Befall durch die in den Tropen überall reichlich vorhandenen Wundparasiten zu vermeiden. Zur Desinfektion werden, abgesehen von einigen als Spritzmittel verwendeten Fungiziden (z. B. Kupferkalkbrühe) in erster Linie Teer und Teerpräparate und außerdem Baumwachs vorgeschlagen. Über die Verwendbarkeit der „Teere" findet man in der Literatur recht widersprechende Angaben. So weist von Faber z. B. darauf hin, daß nach Erfahrungen auf der Moliwe „Karbolineum" sich für Kakao als ungeeignet erwies, weil es den Kakao schädigte, und empfiehlt deshalb Teer. „Teer" wird aber von Briton-Jones als unwirksam abgelehnt und statt dessen die Verwendung von „Agrisol", „Brunolinum", „Solignum" o. ä. vorgeschlagen; die Holländer verwenden „Carbolineum Plantarium" mit gutem Erfolg. Diese Widersprüche erklären sich daraus, daß unter der Bezeichnung „Teer" oder „Karbolineum" Präparate in den Handel kommen, die in ihrer Zusammensetzung sehr voneinander abweichen und daher bald so, bald so wirken können. Es empfiehlt sich deshalb, „Karbolineen" von wenigstens einigermaßen bestimmter Zusammensetzung zu verwenden, die der höheren Pflanze nicht schaden, was für die eben genannten ausländischen Präparate zutrifft, denen aber deutsche Marken als gleichwertig zur Seite stehen, wie etwa Arbolineum, Brunonia, Dendrin, Florium u. v. a. Meines Wissens wurde zu ähnlichen Zwecken das Dendrin in Kamerun mit bestem Erfolg verwendet.

Baumwachse, durch Zusammenschmelzen von Harzen und Wachsen mit Fetten, Ölen und anderen Stoffen hergestellt, haben sich als Streichmittel zum Wundverschluß ebenfalls bestens bewährt. Sprecher von Bernegg (1934) gibt z. B. folgende Herstellungsvorschrift für ein Baumwachs an: 1000 g Harz, 80 g Pech, 60 g Schmalz, 60 g Wachs und 100 g Holzasche werden zusammengeschmolzen. Aus dieser Vorschrift geht hervor, daß die „Baumwachse" erheblich teurer sein werden als die Teer-Handelspräparate. Daher wird sich ihre Verwendung bei dem hier in Frage stehenden Fall nicht lohnen, sondern sie wird nur für die Behandlung solcher Wunden in Frage kommen, bei denen jede schädigende Nebenwirkung ausgeschlossen sein muß, wie z. B. bei Okulationswunden oder dgl.

Besondere Aufmerksamkeit erfordern außerdem die abgeschnittenen oder herausgeschnittenen pilzhaltigen Teile. Diese dürfen nicht einfach weggeworfen werden, sondern sind radikal zu vernichten, was je nach den vorhandenen Möglichkeiten etwa durch Verbrennen, durch längeres Eintauchen in pilztötende Flüssigkeiten (z. B. Kupferkalkbrühe, Petroleum, Formalin), durch Vergraben mit oder ohne Zusatz von Chemikalien (Kalk, Eisenvitriol u. a.) geschehen kann.

3. Die Wurzelpilzerkrankungen.

Nächst der Braunfäule wird der Kakao in Kamerun am meisten durch Wurzelpilze geschädigt. Schon in den älteren Berichten wird verschiedentlich auf diese Schädlinge hingewiesen und erwähnt, daß sie lokal beträchtliche Ausfälle verursachen. Schäden in solchem Umfange aber, wie sie heute vorhanden sind, werden nicht angegeben. Die demnach inzwischen erfolgte Ausdehnung der Pilze nimmt nicht Wunder, wenn man bedenkt, daß die Pflanzungen in der Kriegs- und der ersten Nachkriegszeit ± vernachlässigt wurden. Dies geht besonders klar aus den Verhältnissen hervor, die noch vor kurzem auf der erst neuerdings wieder übernommenen Idenau-Pflanzung, einer ehemaligen Musterpflanzung, herrschten. Unterblieb doch nicht nur ein Einschreiten gegen die Pilze, sondern es wurde fast jede normale Pflege der Bestände unterlassen (Abb. 21, 27) und dadurch Bedingungen geschaffen, die die Entwicklung dieser Pilze und auch der meisten anderen Parasiten in geradezu idealer Weise begünstigten. Hat der Pilz aber einmal ein größeres Areal besiedelt, so ist seine Ausrottung sehr schwierig und nur durch peinlichste Durchführung der Bekämpfungsmaßnahmen zu erreichen, andernfalls tritt er in den auf solche Gebiete gepflanzten Neukulturen gleich welcher Art in fast unverminderter Heftigkeit sofort wieder auf.

Die Klärung der systematischen Zugehörigkeit dieser Wurzelpilze ist, wie schon bei den Bananen-Wurzelpilzen gesagt wurde, schwierig, weil Fruchtkörper nur selten vorhanden sind und außerdem auf erkrankten Pflanzen eventuell auftretende Pilzfruchtkörper nicht zwingend zu dem schädlichen Myzel zu gehören brauchen. Es handelt sich nach meinen Erfahrungen bei den im Kamerun an Kakao auftretenden Wurzelpilzen um mehrere Arten. Kulturen von mitgenommenem, pilzhaltigen Kakaomaterial lieferten bedauerlicher Weise in Rostock bisher keine Fruchtkörper, die ich als zu einem Schädling gehörig betrachten möchte. Daher bleibt die Frage nach der Art der Pilze zunächst größtenteils offen. Das ist im Hinblick auf die Bekämpfung der Schädlinge bedauerlich, wenn auch nicht von unbedingt entscheidender Bedeutung.

Wurzelpilzschäden am Kakao wurden aus Kamerun von fast allen Phythopathologen und von allen Pflanzungen gemeldet. Als erster berichtet Chalot (1899) von einem weißen Pilz auf der Bimbia-Pflanzung, dessen Myzel sich zwischen Rinde und Holz der Wurzeln festsetzt und die

Bäume in kurzer Zeit zum Absterben bringt. Preuß (1903) erwähnt das Vorkommen eines ansteckenden, sehr schädlichen Pilzes, der die Wurzeln zum Verfaulen bringt, und dessen weißes Myzel sich an Rinde und Holz findet; Busse (1905) vermutet, daß es sich bei dem von ihm beobachteten Pilz um einen Verwandten des auch in Europa schädlichen Hallimaschs (Armillaria mellea Fl. Dan. = Agaricus (Clitocybe) melleus Vahl, Fam. Agaricineae) handelt. Auch von Faber (1909) gelang es nicht, die Zugehörigkeit der Pilze zu ermitteln; er beschreibt die äußeren und inneren Krankheitssymptome, von denen erwähnt sei, daß der Wurzelkörper und auch die Stammbasis durch ein dickes gelblichweißes Hyphengeflecht radial zerklüftet werden. In einer Anmerkung teilt der Autor ferner mit, daß in den „Jahresberichten über die Entw. der Schutzgebiete usw. 1907/08 Teil A. Allgemeines. S. 52" der Pilz Polyporus (Polystictus) Persooni (Fam. Polyporaceae) als Wurzelschädling aus Kamerun gemeldet wurde. Ausführlich berichtet dann Ludwigs (1920) über einen Wurzelpilz aus Kamerun, den er als Lepiota spec. (Fam. Agaricineae) bestimmt, und dessen weißes Myzel ebenfalls eine radiale Zerklüftung des Holzkörpers der Wurzeln und Stammbasen bewirkt, und welches ebenfalls ein riesiges Ausbreitungsvermögen besitzt. Befallen werden nicht nur Kakaopflanzen, sondern alle möglichen Pflanzen, Planten ebenso wie Gründünger, in Oechelhausen blieben 1913 selbst Araukarien nicht verschont. Der Pilz unterbindet an befallenen Bäumen, die an ihrer runzeligen Basis leicht zu erkennen sind, die Wasserzuleitung vom Boden her, was bewirkt, daß die Blätter plötzlich schlaff herabhängen, und der Baum rasch (bei Eintritt der Trockenzeit mitunter in 2—3 Tagen) vollständig abstirbt, wobei die Blätter am Baume hängen bleiben. Die Fruchtkörper können jahrelang fehlen und treten nur periodisch in sehr feuchten Wochen der Regenzeit (wohl erst nach dem Tode des Stammes?) auf. Sie erscheinen in Kolonien an den vorhandenen Rissen, von der Stammbasis aufwärts. Der etwa 3—5 cm breite Hut ist oberseits hellgelbbraun, in der Mitte dunkelbraun und trägt unterseits weiße Lamellen. Der Stiel wird zur Basis hin dunkelbraun und besitzt 1—1,5 cm unter dem Hut einen Ring (Annulus).

Aus diesen Berichten ist schon zu entnehmen, daß in Kamerun zum mindesten zwei verschiedene Wurzelpilze als Schädlinge am Kakao auftreten. Sie unterscheiden sich hinsichtlich der Art und Weise, in der sie die Pflanzenteile zerstören. Der von Preuß erwähnte Pilz veranlaßt nur eine „Wurzelfäule", während — soweit ersichtlich — die den übrigen Autoren vorliegende Art in ihrer Wirkung durch eine radiale Zerklüftung des Holzkörpers (= „Sternrisse") der Wurzeln und unteren Stammteile gekennzeichnet ist. Beide Typen der Schädigung habe auch ich in Kamerun angetroffen. Das von vielen Autoren als charakteristisch beschriebene plötzliche Verwelken und Vertrocknen aller Blätter sowie das Absterben der Bäume selbst blieb mir unbekannt, wohl, weil meine Beobachtungen erst nach dem Einsetzen der Trockenzeit begannen, oder, weil die einzelnen Beobachtungszeiten zu kurz waren. Ich sah als fortgeschrittene Stadien nur abgestorbene, mitunter noch aufrecht stehende (Abb. 22), gewöhnlich aber umgefallene (Abb. 23), meist völlig blattlose Bäume, deren Todesursache an den reichlich vorhandenen Myzelien und weiteren Merkmalen ohne Schwierigkeiten zu erkennen war.

Der erste Typus, die „Wurzelfäule", scheint mir in Kamerun der häufigere zu sein. Ich fand durch Wurzelfäule verursachte Pilzschäden auf typischen, mehr oder weniger großen Fehlstellen besonders in alten Kakao-, aber auch in alten Hevea- und Mischbeständen auf Missellele, auf der Moliwe (Abb. 22, 23), der Ekona und vor allem auf Idenau; in jüngeren Kakaobeständen findet sich der Pilz anscheinend seltener, so in Molyko (Abb. 24). Das weiße Myzel dieses Wurzelpilzes findet sich anfangs nur auf der Oberfläche der Wurzeln, und zwar in Form von lockeren Netzwerken aus kräftigeren Fäden oder feineren, am Ende mitunter fächerartig verzweigten Strichen; von hier aus dringt es dann in die Gewebe ein. Nach längerem Befall erfolgt die Hauptentwicklung des Pilzes aber zwischen dem Rinden- und Holzteil der Wurzeln, wo das Myzelgeflecht weiße bis gelblich-weiße lockere oder dichtere Platten bildet. Die Hyphen dringen von hier aus auch in das Holz ein und zersetzen es, ohne daß größere Risse oder Zersprengungen des Holzkörpers erfolgen. Das erkrankte Holz verliert die rötliche Tönung seiner Gewebe, die statt dessen einheitlich intensiver gelb bis gelblichgrau erscheinen und allmählich in ihrem Gefüge so gelockert werden, daß sie schließlich nur noch eine kaum mehr feste Masse bilden, die sich leicht mit der Hand zerbröckeln läßt. Es handelt sich also um eine „Trockenfäule". An den abgestorbenen Bäumen sind nahezu alle Seitenwurzeln, gleich welchen Umfanges, in verschieden starkem Ausmaße zersetzt. Das gleiche trifft gewöhnlich auch für die Hauptwurzeln zu (umgefallene Bäume), und kann sich auf die peripheren Teile der Stammbasis erstrecken. Ist die Hauptwurzel aber nur relativ wenig infiziert, so kann der abgestorbene Baum noch längere Zeit aufrecht stehen bleiben (Abb. 22). Die vernichteten Pflanzen fallen in den Beständen besonders dann auf, wenn sie an Rändern von Fehlstellen stehen. Das Vorhandensein größerer Fehlstellen, in denen das Absterben von einem Zentrum ausgehend nacheinander erfolgt, ist ein Zeichen dafür, daß das Myzel sich über größere Strecken aktiv auszudehnen vermag. Da die Wurzelpilze nicht auf bestimmte Nährpflanzen angewiesen sind und sich auch saprophytisch ernähren können, kann diese Ausbreitung über die Wurzeln von anderen Kulturpflanzen (Gründünger!) und Unkräutern, ja selbst über tote Pflanzenteile erfolgen. Den Boden allein durchwachsende Stränge (Rhizomorphen), wie sie vom Hallimasch her bekannt sind, konnte ich bei diesen Myzelien nicht beobachten.

Hier mag eingeschaltet werden, daß unter den Hymenomyzeten als Erreger von Kakao-„Wurzelfäulen“ nach Briton-Jones in anderen Gebieten zwei Pilze aus der Familie der Polyporaceen in Frage kommen, nämlich

1. Rigidoporus (Polyporus) microporus (Sw.) van Overeem (= Fomes lignosus Klotzsch, = Fomes semitostus auct. nec Berk., = Polyporus zonalis Berk., u. v. a. m.), dessen weißes Myzel an verschiedenen Wirten eine Trockenfäule (white root disease) verursacht. Der Pilz ist in den östlichen Tropen weit verbreitet und besonders an Heveen sehr schädlich, wurde aber auch aus Afrika von der Sierra Leone, der Goldküste und aus Belgisch-Kongo gemeldet.

2. Ganoderma (Polyporus) pseudoferreum (Wakef.) v. Overeem und Steinm. (red root fungus) (= Poria lateritia Berk., = P. hypobrunnea Petch, = Trametes theae Zimm.), ein nur von Ost-Indien bekannter Pilz, der an den verschiedensten Kultur- und Wildpflanzen eine Naßfäule (wet rot) hervorruft.

Ich habe diese Daten hier erwähnt, weil ich vermute, daß auch die Kakaowurzelfäule Kameruns durch einen oder mehrere Pilze aus der Familie der Polyporaceen verursacht wird. Von den eben erwähnten Pilzen scheidet das Ganoderma aus, weil eine „Naßfäule“ bisher in Kamerun nicht festgestellt wurde. Der Rigidoporus oder eine ihm nahe verwandte Art könnte aber für die Kameruner Schäden in Frage kommen. Zur gleichen Familie gehört auch der eingangs für Kamerun als Kakaoschädling erwähnte Polystictus Persoonii, über dessen Wirkungsweise ich leider nichts in Erfahrung bringen konnte; Seabra (1922) fand auf S. Thomé Trametes Persoonii Mtg. häufig auf alten toten Kakaostrünken.

Als Erreger von Schäden mit radialem Zerreißen des Holzkörpers, die ich im folgenden kurz als „Sternriß-Schäden“ bezeichnen möchte, werden für Kamerun Agaricaceen angegeben (Lepiota spec. nach Ludwigs) oder vermutet (Armillaria mellea nach Busse). Ich sah derartige Schäden viel seltener als die vorigen, und ausschließlich in alten Kakaobeständen der Likomba, der Ekona und in größerem Ausmaß auf der Idenau (Abb. 25), sowie ferner an einigen unbestimmten, aber gleichartigen Bäumen in einem sekundären „Buschbestand“ oberhalb von Buea. Das Myzel war an den abgestorbenen Pflanzenteilen folgendermaßen verteilt: Außen auf der Wurzelrinde vereinzelte gelbliche bis dunkelbraune, derbe und zähe Fäden; zwischen Holz und Rinde ziemlich dichte, weiße, zum Ende hin fächerartig aufgelockerte Platten, die sich zuweilen in die radialen Risse des Holzes, besonders der Wurzeln fortsetzten, wo sie als kompaktes Geflecht (Xylostroma) dünnere Spalten vollständig ausfüllten. An einigen genauer untersuchten Ekona- und Idenau-Stämmen, sowie an den Wurzeln des Buea-Materiales fanden sich außerdem zwischen Rinde und Holz bzw. auf den Wurzeln bis zu 2 mm dicke, zähe, bindfadenartige, schwarzbraune Stränge (Rhizomorphen), die sich auch ins Erdreich verfolgen ließen. Eine Fäulnis des Holzes war nur an den oberflächlich gelegenen Geweben festzustellen, während die zentralen Teile in den Winkeln zwischen den Sternrissen an Festigkeit wenig eingebüßt hatten. Das mag auch der Grund sein, weswegen die sternrißkranken Bäume längere Zeit nach dem Tode aufrecht stehen bleiben. Als weiterer Unterschied gegenüber der Wurzelfäule kommt hinzu, daß sich dieses Myzel viel höher stammaufwärts ausbreitet als die Myzelien der Polyporaceen.

Das Vorhandensein von dunklen bis schwarzen Rhizomorphen isoliert im Boden soll allein für den Hallimasch typisch sein. Daher nehme ich an, daß die von mir untersuchten sternrißkranken Kakaopflanzen von der Armillaria mellea befallen waren. Die gleiche Vermutung äußerte für Kameruner wurzelpilzkranke Bäume — wie erwähnt — schon Busse. Bestärkt wird diese Ansicht noch dadurch, daß Dade (1927) für eine Kakaokrankheit mit im großen und ganzen ähnlichen Symptomen (collar crack) von Togo und der Goldküste angibt, daß sie durch Armillaria mellea (Vahl) Fr. verursacht werde. Die Armillaria besitzt eine sehr große Liste von Wirtspflanzen (u. a. Hevea, Coffea, Erythrina, Mango, Guajave, Avocato, Pfeffer, Plante, ja selbst Elefantengras) und ist sowohl aus den gemäßigten Zonen als auch aus den östlichen Tropen und aus Afrika (an Kakao: Goldküste, Togo, Uganda, San Thomé) bekannt.

Nach allem kommen als Erreger der Sternrißkrankheit des Kakaos in Kamerun zwei Agaricaceen in Frage: erstens die von Ludwigs festgestellte Lepiota spec. und zweitens der Hallimasch oder zum mindesten eine ihm sehr nahe stehende Art. In seinem ersten Bericht erwähnt Busse allerdings, daß er an den Längsrissen in der Rinde und auch unter der Erde Fruchtkörper in „Gestalt gelbbrauner, dünnlederiger Lamellen" beobachtet habe. Derartige Fruchtkörper finden sich in der Familie der Agaricaceen kaum. Da Busse diese Angaben aber in seinen späteren Berichten nicht wiederholt, ist anzunehmen, daß er diese Pilze auch nur als sekundäre Fäulnisbewohner betrachtet.

Auf einen weiteren, bisher noch nicht erwähnten Kakaowurzelpilz, aus der Familie der Corticiaceen, auf die Hymenochaete noxia Berk. (= Fomes noxius Corner, = Fomes lamaoensis Murrill p. p.) machte schon Ludwigs (1920) aufmerksam. Er fand diesen in den östlichen Tropen verbreiteten Schädling einmal auf der Jsongo-Pflanzung und vermutet, daß der Pilz durch Hevea-stumps aus Ceylon eingeschleppt sei. Heute ist der Pilz in Kamerun weiter verbreitet, denn ich fand ihn auf der Ekona- und der Molyko-Pflanzung an Kakao und in Missellele an Hevea. Seine Bedeutung für Kamerun und als Kakaoschädling überhaupt ist gegenüber den übrigen Wurzelpilzen nur zweitrangig. Doch soll er in Heveenbeständen Ostindiens erhebliche Ausfälle verursacht haben.

Dieser Wurzelpilz ist auch ohne Fruchtkörper unverkennbar. Seine lohfarbenen bis bräunlichweißen Myzelstränge, die sich auf den Wurzeln und eben über der Erde auch an den Stämmen finden, verschleimen an ihrer Oberfläche. Aus diesem Grunde verkleben sie innigst mit den Bodenpartikelchen, wodurch die für diesen Pilz typische, braune, einige Millimeter dicke und kaum abwaschbare Mischkruste an den Wurzeln zustande kommt (brown root disease). Später kann der Pilz nach Briton-Jones darüber noch eine schwarze bröckelige Schicht hervorbringen, die die Wurzeln dann schwarz erscheinen läßt. Die abgestorbenen Gewebe der Rinde sind bräunlich verfärbt, das Holz ist weich geworden und von braunen Pilzhyphen wabenartig durchsetzt.

Diese braune Wurzelfäule fand ich nur an jungen Pflanzen (Abb. 28) und ausschließlich auf steinreichen, durchlässigen, trockenen Böden, ganz im Gegensatz zu den vorher genannten Wurzelpilzen, welche nur in Ausnahmefällen auf trockenen Böden auftreten. In größerer Anzahl kam die Erkrankung nur in Molyko und auf der Ekona vor. Die befallenen Bäumchen besaßen nur wenige bis gar keine Seitenwurzeln, die meisten von ihnen waren blattlos und tot, ohne aber umzubrechen; nur wenige waren dem Angriff noch nicht ganz erlegen und besaßen an ihren kahlen Ästchen noch einige Blätter (Abb. 28). Demnach scheint es so, als ob bei den am braunen Wurzelpilz erkrankten Pflanzen das Absterben allmählich erfolgt und nicht so plötzlich, wie sonst allgemein für wurzelpilzkranke Bäume angegeben wird. Das Myzel dieses Pilzes wächst sehr langsam und vermag den Boden allein nicht zu durchdringen. Daher kommen bei dieser Wurzelfäule auch nie größere konzentrische Fehlstellen oder Sterbelücken vor, denn ein erkrankter Baum stirbt gewöhnlich ab, bevor die Nachbaren infiziert sind.

Ob es sich bei einigen Xylarien (Ascomyceten), deren schwarze, verzweigt keulenförmige oder stabförmige Fruchtkörper ich in einem Vorkriegskakaobestand der Ekona auf einigen aufrecht stehenden, toten Stämmen fand, um einen Parasiten handelt, ist schwer zu entscheiden. Die fraglichen Pflanzen zeigten außerdem an ihren Wurzeln ein Hymenomyzetenmyzel, das wohl ihren Tod veranlaßt hatte. Die Xylarien besitzen kein weißes Außenmyzel, sondern überziehen die kranken Teile, die eine Weißfäule erleiden, mit einer schwarzen Kruste. Das letzte gilt auch für gewisse Entwicklungsstadien von einigen nächsten oder nahen Verwandten der Xylarien (alles Pyrenomyzeten), nämlich für Ustulina zonata (Lév.) Sacc. und Rosellinia-Arten, die in manchen Tropengegenden als arge Schädlinge auftreten. Da ich die Xylaria nur für einen Saprophyten halte, und die übrigen Arten in Kamerun vermutlich nicht vorkommen, mag nur erwähnt sein, daß diese Pilze sich durch Sporen ausbreiten, und daher das Ziehen von Isolierungsgräben für ihre Bekämpfung nutzlos ist.

Bekämpfung der Wurzelpilze.

Ich behandle diese Frage hier ausführlich, weil mir die Wurzelpilze in Kamerun eine unnötig große Rolle zu spielen scheinen, und die Meinungen über die Bekämpfungsmethoden in Kamerun sehr geteilt sind. Die Ausführungen beziehen sich nicht nur auf die Wurzelpilze der Kakaobäume, sondern gelten in gleicher Weise für die Wurzelpilze der Heveen; vgl. auch Wurzelpilze der Bananen S. 82 und Ölpalmen S. 169.

Für die Bekämpfung der Wurzelpilze ist es wichtig, die Lebens- und vor allem Verbreitungsweise der einzelnen Pilze und ihre Beeinflußbarkeit durch äußere Faktoren zu kennen. Leider sind wir für Kamerun über diese Dinge nur sehr oberflächlich unterrichtet.

Die in den Fruchtlagern gebildeten Sporen sind nach den meisten aus den Tropen vorliegenden Erfahrungen nicht imstande, gesunde lebende Pflanzen zu infizieren. Sicherlich kommen sie für die rapide Ausbreitung mancher Kameruner Pilze nicht in Frage, zum Teil schon aus dem Grunde, weil Fruchtkörper lange Zeiten hindurch gar nicht gebildet werden. Lebende Pflanzen können wohl nur durch direkte Berührung mit im Boden vorhandenen Myzelien befallen werden. Dabei setzen erfahrungsgemäß gesunde Pflanzen dem Eindringen erheblich mehr Widerstand entgegen als schwächliche oder gar solche mit offenen Wunden. Für die Ausbreitung des Pilzes über größere Strecken hinweg kommen zwei Möglichkeiten in Frage. Einmal könnte eine Verschleppung des Myzels direkt vorliegen (etwa durch Abtransport von erkrankten, abgestorbenen Pflanzenteilen, durch Verwendung von krankem Pflanzmaterial u. dgl.), oder es könnten andererseits die durch Wind, Wasser oder Insekten verbreiteten Sporen an Ort und Stelle auf verrottenden Stubben oder anderen Pflanzenteilen auskeimen und zu einem infektionstüchtigen Myzel heranwachsen.

Man kann daraus entnehmen, daß gesunde Bestände praktisch durch Sporen nicht infiziert werden können. Aus diesem Grunde halten viele Autoren ein Vernichten eventuell auftretender Fruchtkörper für eine weitgehend sekundäre, wenn nicht nutzlose Bekämpfungsmaßnahme.

Bei den in älteren Beständen schon vorhandenen Krankheitsherden ist wiederum zu berücksichtigen, daß gut gedeihende Pflanzen einer Infektion besser widerstehen als Schwächlinge. Alle Faktoren also, die ein normales Gedeihen der Pflanzen beeinträchtigen, fördern die Pilzentwicklung direkt oder indirekt. Über die Rolle, welche in dieser Hinsicht Feuchtigkeit und Temperatur für die Entwicklung der Wurzelpilze spielen, gilt das gleiche, was schon für die Braunfäule-Phytophthora gesagt wurde. Entscheidender als die klimatischen Faktoren sind für die Wurzelpilze aber die Verhältnisse im Boden. Auch unter diesen spielt dann wieder die Feuchtigkeit eine ausschlaggebende Rolle. Jedes Mehr an Feuchtigkeit ist den Pilzen — abgesehen von der Hymenochaete — lieb (stagnierendes Wasser, höhere Feuchtigkeit durch zu dichten Bodenbewuchs u. a.), jede Durchlüftungsmaßnahme aber nicht zuträglich (Dränage, Bestandsreinigung u. a.). Von großer Bedeutung können, wie besonders neuere Untersuchungen lehren, auch weitere physikalische und chemische Eigenschaften des Bodens, vor allem sein Säuregrad sein. Gerade in Kamerun wird der Säuregrad des Bodens allgemein so sein, daß er die meisten Wurzelpilze begünstigt, die Kulturpflanzen aber ± benachteiligt. Deshalb halte ich aus beiderlei Gründen seine Herabsetzung durch Kalken für sehr wichtig. Im übrigen wissen wir über die Kameruner Wurzelpilze zu wenig, als daß Vorschläge über die Anwendung von Düngemitteln oder sonstigen Chemikalien (insbesondere „Spurenelementen", von denen vor allem der Schwefel für saure Boden sehr empfohlen wird) für die Praxis gemacht werden können (vgl. die Versuche von Ludwigs bei der Braunfäule). Düngung wurzelpilzhaltiger Felder mit Kompost, der noch faulende Stoffe enthält, ist ebenso wie das Vergraben von Kakaoschalen zu vermeiden, weil diese Verfahren dem Fortkommen der Pilze stark Vorschub leisten würden (Feuchtigkeit, Nahrung!).

Die Wirkungsweise der Umweltsfaktoren darf man nicht für alle Pilze gleichsetzen, denn die einzelnen Arten können ihre optimalen Lebensbedingungen unter ganz verschiedenen Verhältnissen finden. So weicht unter den hier genannten Arten die Hymenochaete noxia in ihren Ansprüchen sehr von allen anderen Wurzelpilzen ab. Sie findet sich nie in dichten Beständen unter feuchten Bedingungen, sondern kommt nur an offenen Standorten vor, wobei sie gut durchlüftete und relativ trockene Böden bevorzugt. Das alles sind aber gerade Umstände, welche man bei der Bekämpfung der übrigen Pilze zu erreichen sucht. Es wäre falsch, wollte man zu ihrer Bekämpfung dichte und feuchte Bestände schaffen, allein schon im Hinblick auf die Braunfäule; zudem dürfte ein solches Ziel sich praktisch schwer verwirklichen lassen. Daher bleibt als einzige Maßnahme gegen die Hymenochaete die auch aus anderen Gründen vorzuschlagende Entfernung und Vernichtung der befallenen Pflanzen.

Da die Zeit, welche von der Infektion einer Pflanze bis zu ihrem Tode vergeht, besonders bei Holzpflanzen eine längere Spanne umfaßt, ist theoretisch eine Rettung oder doch ein Hinausschieben des Eingehens einer erkrankten Pflanze möglich. Praktisch wird dies allerdings für Kamerun nicht in Frage kommen, es sei denn, daß es sich um ganz besonders wertvolle Pflanzen handelt, etwa um braunfäuleresistente Kakaopflanzen oder um besonders gut produzierende Heveen. Dabei ist darauf hinzuweisen, daß gute Produzenten oft gerade deshalb gut produzieren, weil sie an Wurzelpilz erkrankt sind. Kräftigere, an Wurzelpilz erkrankte Pflanzen suchen nämlich den Verlust einer Wurzel dadurch auszugleichen, daß sie neue Wurzeln in größerer Anzahl („Hungerwurzeln") anlegen, die den oberirdischen Teilen dann mehr Nahrung zuführen als zuvor. Dies ist auch der Weg, der es kräftigen Pflanzen mitunter gelingen läßt, schwache Pilzinfektionen zu überwinden. Weniger kräftige Pflanzen aber werden durch den entstandenen augenblicklichen Auftrieb nur überbeansprucht und gehen dann ihrem Ende um so schneller entgegen.

Die Schwierigkeiten, die sich der Ausführung eventueller Heilungsmaßnahmen entgegenstellen, liegen vor allem darin, daß man beginnende Wurzelpilzerkrankungen an den oberirdischen Teilen nicht feststellen kann. Treten schon die ersten äußerlich sichtbaren Krankheitssymptome (Runzelung und Rauhwerden der Rinde an der Stammbasis) auf, so ist selbst vorübergehende Rettung unmöglich. Will man also bestimmte wertvolle Einzelpflanzen (Heveen!) in gefährdeten Gebieten retten, so muß konsequent in bestimmten Zeitabschnitten (nach Sharples alle vier Monate etwa) das dickere Wurzelwerk vorsichtig freigelegt und auf das Vorhandensein von Pilzmyzel und von Fäulniserscheinungen geprüft werden. Wurzeln, die schon Fäulniserscheinungen zeigen, sind soweit abzuschneiden, daß der ganze Herd entfernt wird; etwa vorhandene Myzelien sind abzuschaben und die Umgebung der kranken Wurzel nach der Infektionsquelle und weiteren myzelbesetzten Teilen genau abzusuchen. Alle pilzhaltigen Teile sind dann — wie bei der Rindenfäule angegeben — abzutöten. Schabestellen sind durch Behandlung mit pilztötenden Mitteln (2%ige Kupfervitriollösung, 10—20%ige Eisenvitriollösung o. dgl.) zu desinfizieren; entstandene Wunden durch Bestreichen mit Kohlenteer oder einem anderen unschädlichen Teerpräparat zu verschließen.

Da im allgemeinen eine Heilung erkrankter Pflanzen praktisch ausscheidet, ist eine Verminderung der Pilzschäden nur noch dadurch möglich, daß man dafür sorgt, daß vorhandene Krankheitsherde nicht um sich greifen können und tunlichst vollständig ausgerottet werden.

Die Begrenzung der Krankheitsherde wird durch Anlage von Isolierungsgräben erreicht. Für den Erfolg dieses Verfahrens ist natürlich die Ausbreitungsweise der einzelnen Pilze maßgebend. Hymenochaete noxia z. B. wächst sehr langsam und breitet sich selbst in geraumer Zeit kaum über die nähere Umgebung ihres durch den Wirt gegebenen Wirkungskreises aus. Dort, wo sie in größeren zusammenhängenden Komplexen auftritt, sind diese Herde nicht durch neuerdings erfolgte Ausbreitung entstanden, sondern das Myzel war in eben dieser Ausdehnung schon ursprünglich im Boden vorhanden und gelangte erst während der Beobachtungszeit aus nicht ersichtlichen Gründen zur Entfaltung seiner schädlichen Kräfte. Anlage von Isolierungsgräben würde daher nicht viel nützen, sondern eher auf den von der Hymenochaete bewohnten, an sich schon trockenen Böden die Gefahr einer zu starken Austrocknung mit sich bringen können. In diesem Fall bleibt also als einzige Maßnahme, wie schon erwähnt, die Entfernung und Vernichtung aller erkrankten Teile übrig.

Anders liegen die Dinge für alle übrigen hier genannten Wurzelpilze, deren Myzelien ein aktives Ausbreitungsvermögen besitzen, sei es durch Rhizomorphen, sei es, daß es unter Zuhilfenahme von lebenden oder toten Pflanzenteilen geschieht. In all diesen Fällen ist die Anlage von Isolierungsgräben das sicherste Mittel, ein weiteres Umsichgreifen der Pilze zu verhindern. Die Tiefe der auf der Sohle bis etwa 50 cm breiten Gräben ist von der Mächtigkeit der myzeldurchsetzten Zone abhängig. Diese wird auf bindigen Böden schätzungsweise etwa 30—40 cm betragen, auf lockeren Böden mehr; daraus ergibt sich die Grabentiefe, die um einiges größer sein muß als die Myzeltiefe, zu 50—60 cm und mehr. Faulendes Holz und besonders Stubben dürfen in den Gräben nicht vorhanden sein. Auch ist in allen Fällen, ob es nun nötig erscheint oder nicht, die eventuell pilzhaltige Aushuberde immer auf den zu isolierenden Bezirk zu werfen. In bindigen Böden wirken derartige Gräben nicht nur als mechanisches Hindernis für das Myzel, sondern sie schaffen zugleich in einem ± großen Umkreis Bedingungen, die der Entwicklung des Pilzes nachteilig sind (Entwässerung, Durchlüftung). Unterstützen kann man diese pilzhemmende Wirkung noch dadurch, daß man vor allem die Innenseiten der Gräben mit Ätzkalk bestreut oder mit Kalkmilch begießt, welche die saure Bodenreaktion in eine für die meisten Pilze ungünstige neutrale bis alkalische verwandelt.

Vielfach wird nun, gerade auch in Kamerun, von Mißerfolgen dieses Verfahrens berichtet. Als Hauptgrund für das Versagen dieser Methode kommt m. E. die Tatsache in Frage, daß die Gräben zu eng gezogen wurden und daher den wahren Umfang des Herdes nicht einschlossen. In dieser Entscheidung liegt die eigentliche Schwierigkeit dieser Methode. Wie mehrfach erwähnt, ist es einem Baum nicht ohne weiteres anzusehen, ob er erkrankt ist oder nicht. Will man eine Untersuchung der Wurzeln der entfernter stehenden Bäume nicht vornehmen, so sollte man lieber einen Umkreis von Bäumen mehr abschreiben als durch einen zu eng gezogenen Graben den Erfolg der ganzen Arbeit in Frage stellen. Dabei kann man in Beständen auf einheitlichen Böden von der Annahme ausgehen, daß die Ausbreitung des Pilzes radial allseits gleichartig erfolgt, und den Graben kreisförmig anlegen.

Diese Überlegungen gelten nur für Felder, die schon längere Zeit in Kultur standen, nicht aber, wie besonders Sharples (1936) betont, auch für jüngere Kulturen auf Neuschlägen. Für diese kommt als besondere, die schon bei der Hymenochaete erwähnte Tatsache hinzu, daß zunächst unbekannt bleibt, wie groß tatsächlich das von einem Wurzelpilz ursprünglich durchseuchte Gebiet ist. Eine anfänglich auftretende Ausbreitung braucht demnach keine wirkliche zu sein! Nach den von Sharples angestellten Beobachtungen in jungen Heveabeständen, die durch Rigidoporus microporus (= Fomes lignosus) infiziert waren, erwiesen sich Gräben in den ersten 5—6 Jahren als wertlos, während sie im späteren Verlauf ihren vollen praktischen Nutzen erreichten. Demnach bleiben, solange der eigentliche Umfang der Herde nicht feststeht, Aufdeckung und Ausmerzung der Herde die einzig möglichen, aber durchaus wichtigen Bekämpfungsmaßnahmen. Die eben erwähnten Zeiten wechseln natürlich in der Hauptsache nach der Natur des gerade vorliegenden Pilzes; nur dann, wenn die Pilzinfektion ausschließlich durch direkte Berührung lebender Wurzeln erfolgen kann, sind die Zeiten auch von der Wachstumsgeschwindigkeit des Wurzelwerkes der Wirtspflanze abhängig. Als Beispiel für rein pilzbedingte Unterschiede teilt Sharples (1936) mit, daß der Rigidoporus seinen Schädlingscharakter schon im fünften Jahre offenbart, während Ganoderma pseudoferreum es erst im zehnten Jahre tut. Über die Zeiten, welche die Kameruner Pilze bis zur Entfaltung ihrer augenfälligen Wirkung benötigen, wissen wir nichts; sie müßten erst ermittelt werden, wenn man den Pilzschäden in Neukulturen wirksam entgegentreten will. Es sei hier ausdrücklich nochmals darauf verwiesen, daß diese Überlegungen allgemein nur für Neuanlagen gelten, nicht aber auch für die Sterbelücken in älteren Pflanzungsteilen.

Es taucht dann die Frage auf: Was hat auf den isolierten Flächen zu geschehen? Die Antwort lautet gewöhnlich: völlige Entfernung aller myzelhaltigen Teile aus dem Boden durch Roden und peinlichste Vernichtung derselben. Über den praktischen Wert dieser Maßnahmen gehen die Ansichten — nicht nur in Kamerun — wiederum auseinander.

Die Gegner des Rodens wenden ein, daß eine vollständige Entfernung aller myzelhaltigen Teile nicht möglich ist, und wollen daher nach Isolierung die verseuchten Gebiete aufgeben und sich selbst überlassen. Das ist — im Hinblick allein auf die Wurzelpilze — unter der Voraussetzung angängig, daß eine Verbreitung des Pilzes durch Sporen nicht erfolgen kann. Andere Autoren schlagen vor, alle Rodungsarbeiten zu unterlassen, den Boden aber von Bewuchs frei zu halten, und sind der Meinung, daß durch diese Maßnahmen der Pilz im Laufe der Zeit eingehen müßte, so daß nach längerer Zeit eine Neubepflanzung erfolgen könnte. Dieses

Verfahren wäre unter der Voraussetzung zulässig, daß ein Absterben des Pilzes auf diese Weise zu erzielen wäre. Für den Fall aber, daß die obigen Voraussetzungen nicht zutreffen, und man weiterhin die Felder nicht völlig oder für mehrere Jahre aufgeben will, bleibt nur der Weg, Maßnahmen durchzuführen, welche ein beschleunigtes Absterben des Pilzes bewirken.

Eine Vernichtung des Pilzes mit chemischen Mitteln ist heute noch nicht möglich. Die bekannten Unkrautvertilgungsmittel sprechen wohl auf höhere Pflanzen, nicht aber auch auf Bodenpilze an; oder anders gesagt, zur Vernichtung der Pilze müßten Chemikalien in solchen Mengen angewandt werden, daß dadurch ein Wachstum für Kulturpflanzen ebenfalls für geraume Zeit ausgeschlossen würde. Denkbar bleibt als chemische Methode nur das schon oben kurz erwähnte Verfahren, durch Zusatz von bestimmten Chemikalien die Bodenreaktion so zu verändern, daß der Pilz seine schädliche Kraft einbüßt. Leider wissen wir über diesen durchaus wichtigen Fragenkomplex besonders in bezug auf die Kameruner Wurzelpilze so wenig, daß auf Pflanzungen ausführbare Versuche oder Verfahren nicht vorgeschlagen werden können.

Die Vernichtung des Pilzmateriales muß also auf technischem Wege erfolgen. Das heißt, alle erkrankten Pflanzen und auch die im Boden eventuell vorhandenen Stubben und Äste sind auszugraben und zu vernichten. Auf größeren Fehlstellen wird ein Verbrennen während der Trockenzeit ohne Schäden für die umstehenden Pflanzen möglich sein. Auf kleineren Fehlstellen wird man dies durch Austrocknung und Behandlung mit Chemikalien (Kalk, Eisenvitriol u. a.) zu erreichen suchen. Abtransport trägt immer die Gefahr einer Myzelverschleppung in sich, und kann daher nur selten vorgenommen werden. Ist das Material für ein Verbrennen zu naß, so steht einer vorübergehenden Aufschichtung nichts im Wege, wenn diese so erfolgt, daß Wind und Luft allseits Zutritt haben (vgl. Banane), sodaß eine Austrocknung erfolgen kann. Diese wird auch der Ausbildung von Fruchtkörpern, über deren praktische Bedeutung für die Kameruner Verhältnisse wir ja nicht orientiert sind, entgegenarbeiten.

Eine Neubepflanzung solcher Felder kann frühestens nach 1—2 Jahren vorgenommen werden. Dabei sollen tunlichst Pflanzen vermieden werden, die sehr pilzanfällig sind. Dazu gehören außer der Hevea noch viele Schatten- und Gründüngerpflanzen aus der Familie der Leguminosen, in Kamerun in erster Linie Leucaena, Tephrosia und Erythrina. Wie weit sich dies für Kamerun verwirklichen läßt, kann nur an Hand der Lokalfaktoren entschieden werden. Es wäre für größere Fehlstellen und gefährdete Neulandfelder vielleicht an eine Zwischenkultur von einjährigen

Pflanzen für die Eingeborenen-Verpflegung zu denken (Mais, Makabo). Von mehrjährigen Pflanzen käme in erster Linie die Ölpalme in Frage (vgl. Wurzelpilze der Ölpalme) oder eventuell auch die Plante. Ich erwähne die Plante hier, weil sie sich nach Herrn Zindels Erfahrungen in pilzinfizierten Mischbeständen der Moliwe verschieden verhält. In einigen Herden erliegt sie wie die Hauptkulturpflanze dem Angriff, in anderen aber zeigte sie sich als weitgehend widerstandsfähig. Das könnte heißen, daß die Plante wenigstens einem der Kameruner Wurzelpilze gegenüber resistent ist. Diese Tatsache ist im Hinblick auf die Wiederbepflanzung von Sterbelücken überaus wichtig, ihre eingehende Überprüfung daher sehr erwünscht. Das gleiche gilt natürlich auch für die Auffindung wurzelpilzresistenter Einzelpflanzen von den übrigen Kulturpflanzen.

Der Vollständigkeit halber mögen hier noch zwei weitere Vorschläge zur Vermeidung von Wurzelpilzschäden erwähnt sein, die von Ludwigs und von Faber mitgeteilt werden. Ludwigs (1920) erwähnt Beobachtungen von Oechelhausen, nach denen sich dort die Wurzeln von Schößlingen, die an Lepiota-kranken Bäumen entstanden waren, als „immun" gegen die Lepiota erwiesen. Wie lange diese Widerstandsfähigkeit anhält, ist aber nicht bekannt. Dade (1927) teilt demgegenüber mit, daß die Armillaria auch die Schößlingswurzeln sofort befällt und vernichtet. von Faber (1909) zitiert nach Preuß, daß die Eingeborenen von Samoa fest daran glauben, daß der Kakao dann nicht an Wurzelpilz erkrankt, wenn Crinum asiaticum, eine auch als Zierpflanze verwendete Zwiebelpflanze, neben den zu schützenden Baum gepflanzt wird (Grund: zusätzliche Bodenbearbeitung?). Ein paar leicht auszuführende Versuche dürften wohl über die Unzulänglichkeit dieser Meinungen schnell Auskunft geben.

Eine Herabminderung der Wurzelpilzschäden auf ein erträgliches Maß ist in Kamerun meines Erachtens zu erreichen; besonders auch aus dem Grunde, weil alle auszuführenden Methoden an die Intelligenz der Arbeiter keine besonderen Ansprüche stellen. Ich schlage dazu folgendes vor:

1. Pflanzungspflege zur Erzielung kräftiger Bestände bei gleichzeitiger Herabsetzung der das Pilzwachstum begünstigenden Faktoren (Dränage, Bodenreinigung, Kalken).
2. Isolierungsgräben bei Pilzen, die allein oder über lebendes oder verrottendes Pflanzenmaterial Bodenstrecken aktiv zu überbrücken vermögen.
3. Vernichtung aller im Boden der Infektionsherde vorhandenen Myzelien auf technischem Wege. Bodendurchsonnung. Kalken.
4. Wahl einjähriger (annueller) oder möglichst widerstandsfähiger Pflanzen für die Wiederbepflanzung.

5. Untersuchungen über Natur und Lebensweise der einzelnen Pilze und ferner Beobachtungen über eventuell resistente Einzelpflanzen als Vorarbeiten für weitere Gegenmaßnahmen.

4. Die Kakao-Rindenwanze

Die Kakaorindenwanze, Sahlbergella singularis Hagl. (= Deimatostages contumax Kuhlg.), ist wie die Phytophthora Faberi seit langem als Kakaoschädling in Kamerun bekannt. Sie wird von fast allen Pflanzungen erwähnt und war nach zahlreichen früheren Mitteilungen vor dem Kriege nächst der Braunfäule-Phytophthora der schlimmste Feind der Kakaokultur.

Nach den im Sorauer (Bd. 3) oder bei Sprecher von Bernegg (Bd. 3_1) zusammengefaßten Mitteilungen erfolgt die Eiablage zu Beginn und Ende der Regenzeit, und zwar mit Vorliebe in die lebende Rinde der am Stammgrunde entspringenden Wasserschößlinge. Die Eidauer beträgt etwa 16 Tage; in 32—41 Tagen ist das Insekt, welches dann 2—3 Monate leben kann, voll erwachsen. Die Fortpflanzungsfähigkeit ist unter günstigen Bedingungen außerordentlich groß. Es können das ganze Jahr über alle Stadien vorhanden sein (vgl. Mallamarie (1934): Bull. Col. Afric. Or. Franc. Band 17).

Die voll entwickelten, etwa 10 mm großen Tiere haben eine tiefbraune bis rötlichbraune Grundfarbe und gleichen wegen der vorhandenen helleren, verwaschenen Fleckung in gewisser Hinsicht der Rinde der Kakaostämme. Bei ruhigem Wetter sitzen nach von Faber die Tiere auf den Zweigen, bei Erschütterungen (Wind, Schütteln, Regen, Bespritzen) verstecken sie sich in Rindenrissen, Astgabeln o. dgl. Sie sind fluguntüchtig und haben daher ein geringes aktives Ausbreitungsvermögen. Die Sahlbergella ist nicht auf den Kakao allein angewiesen, sondern zählt noch eine ganze Anzahl von Pflanzen der gleichen Verwandtschaftsreihe zu ihren Wirten, kommt also nicht nur in den Pflanzungen, sondern auch im „Busch" vor. In Kamerun finden die Rindenwanzen sich nach Zwingenberger (1903) hauptsächlich in den beiden Übergangszeiten (III—VI, IX—XI). Die Hauptschäden werden in der Trockenzeit bemerkbar.

Die erwachsenen Wanzen stechen, ebenso wie die Larven und Nymphen besonders in den frühen Morgenstunden die Zweige zur Nahrungsaufnahme an. Bevorzugt werden junge, bis zwei Jahre alte Triebe von rasch wachsenden, 2—5jährigen Pflanzen. Die anfangs glasigen Stichstellen sinken bald ein, ihre Gewebe vertrocknen und platzen zu bräunlichen Längsrissen auf, die sich schnell vergrößern, wobei sie schwarz werden. Sind mehrere solcher Stichstellen an jungen Trieben vorhanden, so verwelken die Blätter und fallen ab. Bald stirbt dann auch der oberhalb der Stichstellen liegende Sproßteil von oben her ab. Die toten Triebe lassen noch lange danach an ihrer schülferigen, rissigen Rinde den Urheber des Schadens eindeutig erkennen. Mit gleichem Erfolg können auch Frucht- und Blattstiele befallen werden. Früchte selbst werden ebenfalls angestochen; auch an ihnen sinkt die Stichstelle ein und vertrocknet oder bildet Wundkork, so daß die Oberfläche stark aufgerauht und runzellig erscheint. An älteren Früchten sind weitere Schäden kaum feststellbar, jüngere aber verkrüppeln unter diesem Einfluß. Ähnliche Schäden an Früchten können auch durch weitere Wanzen verursacht sein. So meldet Busse die etwa 17 mm große, olivgrüne, schwarz gezeichnete Blattwanze Bathycoelia thalassina Schout. als allerdings unbedeutenden Fruchtschädling vom Kakao, von Faber Helopeltis-Arten. Der eigentliche, durch die Sahlbergella verursachte Schaden bezieht sich nicht auf die Früchte, sondern besteht in der Tötung der jungen Triebe (Abb. 29). Die Pflanze sucht diesen Verlust durch Neubildung von Seitentrieben auszugleichen („Zweigsucht"), die aber ihrerseits auch wieder angegriffen und zum Absterben gebracht werden. Auf Grund der Schäden können nach Sorauer die Kronen 3jähriger Bäume in 8—14 Tagen zugrunde gehen und junge Bestände im Nu vernichtet werden. Ältere Bestände haben weniger zu leiden.

Die aus den einzelnen Jahren gemeldeten Schäden sind verschieden groß und werden wie die Schwankungen aller periodischer Schäden auf Umweltsbedingungen zurückzuführen sein. Eingehende Untersuchungen über die begünstigenden Faktoren stehen für Kamerun noch aus. Allgemein kann nur gesagt werden, daß die Rindenwanze offene Bestände und leichte Trockenheit schätzt (in der eigentlichen Trockenzeit sind kaum Wanzen zu entdecken!). Starke Regen verträgt die Wanze nicht. Daher sind auch die Schäden auf den regenreichen Pflanzungen der Westseite geringer. Während der Regenzeit selbst halten sich die Tiere verborgen, um aber mit dem ersten hellen Sonnenschein wieder da zu sein (Strunk 1906).

Das Jahr 1938 war anscheinend für eine Massenvermehrung der Wanze nicht günstig. Daher ist es möglich, daß die Schäden dieses Jahres kein richtiges Bild von der Gefährlichkeit des Tieres lieferten. Erhebliche Ausfälle sah ich nur auf einigen aneinander und an den Urwald grenzenden Feldern der Moliwe und der WAPV; sonst bewegten sich die Schäden in den besuchten Gebieten nicht in erschrecklichen Ausmaßen.

Zur direkten Bekämpfung der an sich ziemlich empfindlichen Tiere wurden von Busse (1906) chemische und technische Verfahren vorgeschlagen und ausgeführt. Strunk (1906) ergänzte die Zahl der Spritz-

Abb. 25. Große Sterbelücke infolge Wurzelpilzerkrankung (Armillaria?) in einem jahrelang unbearbeiteten alten Kakaobestand auf schwerem Boden. (4. 6. 1938.)

Abb. 26. „Spitzendürre" Kakaobäume aus einem ehemaligen Hevea-Kakao-Mischbestand. Nur ein Teil der untersuchten dürren Triebe zeigte Befall durch Botryodiplodia theobromae Pat.; Sonnenbrand-Schaden? (30. 3. 1938.)

Abb. 27. „Spitzendürre" in einem alten Kakaobestand als Folge jahrelanger Vernachlässigung des Bestandes. (3. 4. 1938.)

Abb. 28. Junges Kakaobäumchen auf lockerem, steinreichem Boden. Die Krone trägt nur noch wenige Blätter, weil die Wurzeln an Hymenochaete noxia Berk. erkrankten. (23. 4. 1938.)

Abb. 29. Die Blätter des mittleren, des rechten und teils auch des linken Triebes von dem älteren, 2 bis 3jährigen Kakaobäumchen sind verdorrt oder beginnen abzusterben, weil die Zweige von Rindenwanzen angestochen waren. Der Mittelzweig zeigt ferner einen Botryodiplodia-kranken, „spitzendürren" Trieb und übermäßige Verzweigung (= „Zweigsucht"). (13. 4. 1938.)

Abb. 30. Unterer Teil der in der Abbildung 34 dargestellten Ölpalme; die äußeren wedeltragenden Teile des Stammes noch im Zusammenhang. Der am Boden befindliche Teil der verfaulten Bruchstelle zeigt das weiße Myzel des Pilzes.

Abb. 31. Durch Webervögel fast vollständig entblätterte Ölpalme mit den Nestern der Webervögel. (23. 2. 1938.)

mittel und überprüfte ihre Wirkung in Käfigversuchen. Die wichtigsten dieser Ergebnisse seien im folgenden mitgeteilt.

Die sonst gegen Wanzen vielfach empfohlenen Abkochungen bzw. Auszüge von Quassia zeigten, rein oder mit Zusatz von Seife oder Petroleumseifenemulsion, ungleichartige Ergebnisse, sind daher abzulehnen.

Lysol- und Kreolin-Lösungen versagten (Strunk), ebenso Petroleumseifenmischung (Busse), während Schmierseifenlösung (2,5 kg : 100 l) ebenso wie reine Petroleumemulsion (3% + Dextrin, Strunk) gute Wirkungen zeigten.

Busse ermittelte als wirksamstes Mittel, das auf der Moliwe volle Erfolge zeigte, eine Mischung von 40 g Schweinfurtergrün, 3 Liter Petroleum, 1 Kilo Seife, 1 Kilo Soda, 1000 Liter Wasser. Er meint, daß Soda, da wegen des hohen Alkaligehaltes für die Kakaoblüten schädlich, wegfallen könnte, empfiehlt aber zur Kontrolle der Arbeiter Zusatz von Kalk. Der Kalkzusatz muß aber, worauf schon Strunk hinwies, unbedingt unterbleiben, da er die Seife unwirksam machen würde. Strunk bestätigt die Wirksamkeit dieser Mischung, weist aber darauf hin, daß es immer schwierig ist, Emulsionen durch farbige Arbeiter herstellen zu lassen, und schlägt deshalb die Verwendung von Seifen- oder Tabaksmischungen vor.

Danach soll 1%ige Seifenlösung verwendet werden, der man zur Erhöhung und Verlängerung ihrer Wirksamkeit Arsenik oder Schweinfurtergrün in dem Verhältnis 1 : 1000 zusetzt. Allen anderen Mitteln gegenüber, die nur bei direkter Berührung der Tiere wirken, haben die Arsenmittel den Vorzug, auch nicht direkt berührte Tiere abzutöten, wenn diese an den behandelten Früchten saugen. Es wäre m. E. zu versuchen, den Wert dieses Spritzmittels als Magengift noch dadurch zu erhöhen, daß man als Lockmittel ca. 100—150 g Zucker oder Syrup auf je 10 Liter Flüssigkeit zusetzt (vgl. Eichinger, 1912 und Tropenpflanzer 1933, S. 222). Sollte sich die Sahlbergella durch zuckerhaltige Mittel ködern lassen, so wäre auch ein Ausstellen von arsenhaltigen Zuckerlösungen als Giftköder besonders bei Massenauftreten sehr in Erwägung zu ziehen. Einen Nachteil aber tragen alle Arsenmittel in sich; sie stellen wegen ihrer Giftigkeit eine gewisse Gefahr für die Arbeiter dar.

Harmlos sind in dieser Hinsicht die Tabakzubereitungen, die sich nach Strunk in Form von 1-, 2- oder 3%igen Brühen als gleich wirksam erwiesen. Sie haben nach seinen Erfahrungen aber den Nachteil, daß sie sich nicht so fein verteilen und schlechter haften als die Seifenbrühen, und daß sie nicht nachwirken wie die auch als Magengifte wirkenden Arsenmittel. Der erste Einwand ließe sich dadurch vermeiden, daß man der Tabaksbrühe Seife zusetzt (1—2 Kilo Seife auf 100 Liter Brühe), der zweite Einwand ist nicht zu überbrücken. Zudem besitzen alle Spritzmittel, die nur als Berührungsgifte wirken, den Nachteil, daß es sehr oft schwierig ist, die Tiere auch tatsächlich zu treffen. Welcher Methode man den Vorzug geben soll, ist nur für den Einzelfall zu entscheiden. Berücksichtigt man nur die Gestehungskosten der Rohmaterialien, so ist unbedingt den Tabakzubereitungen der Vorzug zu geben, denn Tabak kann durch Nebenanbau jederzeit an Ort und Stelle zur Verfügung stehen. Besonders eignen würden sich zu diesem Zweck natürlich nikotinreiche Pflanzen, dahin gehören vor allem bestimmte Sorten des Bauerntabaks, Nicotiana rustica. Ein Nachteil haftet aber den selbst hergestellten Präparaten an: man kann wegen des schwankenden Nikotingehaltes der Blätter die anzuwendende Ausgangsmenge nicht voraussehen. Die erforderlichen Konzentrationen müssen durch Vorversuche erst ermittelt werden; dasselbe gilt, falls die Methode gegen verschiedene Tierarten angewendet werden soll. Vorschriften zur Selbstherstellung von nikotinhaltigen Brühen gibt es aus den eben erwähnten Gründen sehr viele. Als Beispiele seien angeführt:

1. 5 kg fein zerteilte, trockne Tabaksblätter dreimal hintereinander je 24 Stunden lang in je 33 Liter ausziehen. Auszüge abseihen und zusammengießen (Trappmann, 1927) oder

2. 6000 g grüne Tabakblätter mit 20 Liter Wasser extrahieren und eine Lösung von 500 g Schmierseife hinzufügen (Eichinger, 1912).

Ein eindeutiger Erfolg solcher Zubereitungen ist niemals vorauszusehen. Daher wird von vielen Seiten die Herstellung der zu verwendenden 0,1—0,2%igen Nikotinlösungen aus im Handel erhältlichen Nikotinsalzen oder Tabakextrakten angeraten.

Statt der Nikotinzubereitungen wird besonders von amerikanischer Seite die Verwendung weiterer Giftdrogen, vor allem von Derris-Präparaten zur Bekämpfung von Insekten mit saugenden und beißenden Mundwerkzeugen vorgeschlagen (1 kg Derrispulver, 500 g Seife auf 100 Liter Wasser). Die „Derris-Wurzeln" stammen von bestimmten Lonchocarpus-, Tephrosia- und Derris-Arten (besonders D. elliptica und D. malaccensis), deren Versuchsanbau auch für Kamerun dringend zu empfehlen ist. Als wirksame Substanz enthalten sie das Rotenon oder nahe verwandte Stoffe, die wie das Nikotin als Berührungsgift, in vielen Fällen jedoch ungemein stärker wirken. Noch mehr als den Tabakblättern haftet aber den verschiedenen Derrisrohprodukten ein schwankender Gehalt an Wirkstoffen an. Daher wären die Wirkungsgrade eventuell selbst geworbener Derriswurzeln vor ihrer Anwendung als Bekämpfungsmittel erst zu normen. (Vgl. auch Tropenpflanzer 1931, S. 163; 1934, S. 533; 1936, S. 345 (!) und Schmitt (1932).

Der Erfolg der Spritzverfahren, gleich welcher Art, bei der Bekämpfung der Sahlbergella hängt weitgehend von der Wahl des richtigen Spritztermines ab. Nach Strunk ist das Spritzen an trockenen Tagen unmittelbar im Anschluß an die Regenzeit vorzunehmen. Keinesfalls sollte man die ersten Schäden und damit die Brut abwarten, sondern es sind alle vorjährigen Schadstellen des Schädlings sofort zu behandeln, sonst würde auch das beste Mittel versagen. Nötigenfalls ist das Spritzen bei stärkerem Auftreten zu wiederholen. Hinzuzufügen wäre, daß als günstigste Tageszeit der frühe Morgen anzusehen ist, da nach von Faber die Wanzen hauptsächlich in dieser Zeit ihre Tätigkeit entfalten, und außerdem zu starke Sonne ein zu schnelles Eintrocknen der Brühe bewirken könnte.

Die weiteren chemischen und technischen Maßnahmen, die bislang zur Bekämpfung der Sahlbergella angegeben wurden, spielen m. E. den Spritzmitteln gegenüber nur eine untergeordnete Rolle. So wird z. B. das Bestreichen der holzigen Teile mit Kalk, Seifenlaugen, Teerpräparaten usw. empfohlen. Der Hauptgrund, der die Autoren zu diesem Vorschlag veranlaßte, scheint mir darin zu liegen, daß durch das Bestreichen die fälschlicher Weise in den Rindenrissen vermuteten Eier abgetötet werden sollten. Da in den Rissen Eier aber nicht vorhanden sind, muß der eigentliche Erfolg ausbleiben. Selbst wenn das Verfahren seine Berechtigung als Abtötungsmaßnahme für die Tiere selbst hätte, spräche doch die mit dem Bestreichen verbundene Gefahr der Zerstörung eventuell vorhandener Blütenanlagen gegen diese Methode. Das gleiche gilt für das Abbrennen der Stämme und Zweige mit Fackeln, besonderen Lampen u. dgl. Ein Abschneiden und Vernichten der getöteten Äste und Ästchen ist für die Bekämpfung der Sahlbergella eine überflüssige Angelegenheit und braucht nur im Rahmen der nötigen Baumpflege durchgeführt zu werden. Das z. T. auch heute noch durchgeführte Absammeln und anschließende Abtöten in petroleumüberschichtetem Wasser durch Trupps von Kindern dürfte recht teuer sein und außerdem für die Sahlbergella nicht ausreichen, da die scheuen Tiere sich schon bei leichter Erschütterung verkriechen, so daß viele auch vom geübten Auge übersehen werden. Ein Abschütteln und Fangen der Tiere gelingt ebenfalls nicht in ausreichender Weise.

So erweisen sich m. E. alle zuletzt genannten chemischen und technischen Verfahren als unzulänglich. Als Bekämpfungsmittel der Kakaorindenwanze bleiben nur die Spritzmittel übrig, nämlich:

1. Arsenhaltige Seifenlösungen, eventuell mit Zuckerzusatz,
2. Tabak-Seifen-Brühen (eventuell statt dessen Derris-Seifen-Brühen).

Es soll auch in diesem Abschnitt nicht unerwähnt bleiben, daß, wie Busse in seinem ersten Bericht mitteilt, auf der Moliwe sich einige Kakaobastarde der Sahlbergella gegenüber als besonders widerstandsfähig erwiesen haben. Sie wurden zwar in gleicher Weise befallen, erholten sich jedoch schnell und vollständig. Auch derartige Pflanzen verdienen hervorgehoben zu werden und sind, nicht allein im Hinblick auf die Kakaorindenwanze, für die vorzunehmenden Züchtungen von widerstandsfähigen Sorten von größter Bedeutung.

5. „Spitzendürre", Zweigsucht und Hexenbesen am Kakao

Sehr häufig sieht man in den Kakaobeständen aller Kameruner Pflanzungen, daß an den Zweigenden die Blätter anfangen, in abwärts gerichteter Folge abzusterben und abzufallen. Die Pflanzen bieten dann ein eigenartiges Aussehen, indem nämlich die grüne Krone von den blattlosen und gewöhnlich abgestorbenen Reisern überragt wird (Abb. 26, 27). Im einzelnen kann die Ausdehnung dieser „Spitzendürre" sowohl an den Pflanzen als auch im Bestande außerordentlich schwanken.

Die Gründe, welche zu diesen Dürreerscheinungen führen, können sehr verschiedenartiger Natur sein; in vielen Fällen sind es dieselben, die bei Bananen und Planten die Erscheinungen der „Mangelkrankheit" veranlassen (vgl. S. 78).

a) Spitzendürre

Die eigentliche „Spitzendürre" (Spitzensterbe, Gipfelsterbe oder -dürre, die back disease) wird als eine Krankheit angesehen, bei welcher der Pilz Botryodiplodia theobromae Pat. (= Diplodia cacaoicola P. Henn. usw. vgl. S. 117) in wechselndem Ausmaße beteiligt ist. Die Botryodiplodia wurde in der vorliegenden Abhandlung schon einmal als Schwäche- oder Wundparasit erwähnt, nämlich von Kakaofrüchten. Sie findet sich wie wohl überall in den Tropen, so auch in Kamerun an dürren Zweigen und weiteren, ± dem Untergange geweihten oder toten Pflanzenteilen von Kakao, Hevea und anderen Kultur- sowie Wildpflanzen und fehlt auf keiner Pflanzung. Am Kakao traf ich ihre Fruchtkörper am häufigsten auf dürren Endtrieben an, ferner an dünnen und dickeren, z. B. durch die Rindenwanze oder den Kakaobohrer beschädigten Ästen, an alten Schnittstellen, an Stämmen, ohne daß erkennbare Wunden vorhanden waren, und auch auf Früchten. Doch fand ich andererseits auch vielfach dürre Spitzen, ohne daß Fruchtkörper oder — wie eine nachträgliche mikroskopische Prüfung ergab — Myzelien der Botryodiplodia vorhanden waren. Der Pilz *kann* also bei der „Spitzendürre" vorhanden sein, *braucht* es aber *nicht*.

An den befallenen Zweigen und Ästen findet sich sein dunkelbraunes bis schwarzbraunes Myzel in der Rinde, nur selten dringt es auch in das Holz ein. Die im Myzel gebildeten Sporenbehälter (Pykniden) durchbrechen dann die äußeren Rindenschichten und erscheinen zu ± großen Gruppen vereinigt in den entstandenen Rissen in Form von schwarzen, höckerigen, traubenartigen Kolonien. Eine scharfe Grenze zwischen dem toten, fast schwarzen Holz und den noch lebenden Teilen, wie sie nach von Faber für nicht-parasitär bedingte Dürren charakteristisch ist, fehlt hier; der Übergang erfolgt allmählich.

Die Literatur über den Pilz ist riesengroß und dementsprechend sind auch die Ansichten über seine Bedeutung als Schädling recht unterschiedlich. Ohne darauf näher einzugehen, kann gesagt werden, daß heute die Meinungen so gut wie ausnahmslos darin übereinstimmen, daß die Botryodiplodia als primäre Ursache für die Spitzendürre nicht in Frage kommt. Sie kann nur irgendwie geschwächte oder verwundete Pflanzen befallen, dann allerdings auch auf bis dahin gesund erscheinende Teile übergreifen und den Tod der befallenen Teile beschleunigt herbeiführen. In allen Fällen ist sie also nur ein Schwächeparasit. Für keine Erkrankung gilt das in erweitertem Sinne aufzufassende Wort „Krankheiten sind oft ein Zeichen von Kulturfehlern" mehr als für die durch diesen Pilz veranlaßten Erscheinungen.

Die Frage nach den Ursachen, welche die Widerstandsfähigkeit der Pflanzen gegen die Botryodiplodia aufheben und einen Befall durch den Pilz ermöglichen, ist, wenn überhaupt, so nur nach genauester Untersuchung der Einzelfälle zu entscheiden. Klar liegen die Verhältnisse bei etwa vorhandenen offenen Wunden. Im Hinblick auf die weiteren Fälle mag gesagt sein, daß hierfür nicht nur die mehr oder weniger ständig wechselnden Einflüsse von Klima und Boden, sondern auch solche durch die Organismenwelt in Frage kommen. Am schwierigsten sind die Bodenverhältnisse zu beurteilen. Liegen sie nicht im augenfälligen Nährstoff- oder Wassermangel, so läßt sich schwer etwas über sie aussagen; hier eröffnet sich für den bodenkundigen Pflanzenarzt gerade in den Tropen ein Feld unendlicher Betätigungsmöglichkeiten. Die genauere Kenntnis der durch den Boden bedingten Fehlerquellen wäre aus dem Grunde besonders erwünscht, weil man praktisch die Bodenverhältnisse durch Bodenverbesserung, Bodenbearbeitung, Düngung, Gründüngung und Sonderdüngung (Kupfer, Mangan, Schwefel usw.) viel eher beeinflussen kann als die klimatischen und biotischen.

Unter den klimatischen Faktoren ist am Zustandekommen der „Spitzendürre" des Kakaobaumes in erster Linie das Licht oder die Besonnung zu nennen. Ohne die Frage: „Schatten oder kein Schatten für den Kakao" erörtern zu wollen, muß darauf hingewiesen werden, daß sich jede, gleich wie gerichtete, ± plötzliche Änderung in der Besonnungsstärke für ältere, auf ihren Standort eingestellte Pflanzen ungünstig auswirken muß. Fortnahme des Schattens führt sehr oft zu einer Art Spitzendürre (Abb. 26). Aber auch der umgekehrte Weg, ältere, an stärkeres Licht gewöhnte Bestände durch Beschattung ertragreicher gestalten zu wollen, wird viel eher zur „Zweigsucht" und der vielfach anschließenden Spitzendürre führen als zu dem gewünschten Erfolg. Wenn nicht aus ganz bestimmten Gründen unbedingt erforderlich, so ist in älteren Beständen eine Veränderung der Beschattungsverhältnisse in größerem Ausmaß im Hinblick auf die damit verbundenen parasitologischen Tatsachen zu vermeiden.

Die Abbildung 27 gibt einen Fall wieder, wie er in den seit Kriegsbeginn wohl nicht mehr unterhaltenen Feldern der Idenau-Pflanzung vielfach zu beobachten war. Übermäßiger Bewuchs mit Epiphyten und starker Behang mit rankenden, kletternden und windenden Pflanzen bedecken die Pflanzen so stark, daß ein normaler Gasaustausch nicht möglich ist. Die Pflanzen fallen einem allmählichen Erstickungstod anheim, der an den abgestorbenen Trieb- und Zweigenden, die teilweise Fruchtkörper der Botryodiplodia trugen, eindeutig zu erkennen ist.

Sehr oft ist die Spitzendürre ferner eine Folgeerscheinung von parasitären Erkrankungen. Zerstören die Parasiten, z. B. Wurzelpilze, Engerlinge, das Wurzelwerk einer Pflanze ± vollkommen, so sterben infolge Wassermangels die außen an der Krone stehenden Blätter ab. Dieser Vorgang beschränkt sich gewöhnlich nicht auf einzelne Teile der Krone, sondern dehnt sich über ihre ganze Oberfläche aus, wobei zunächst je nach dem Grad der Erkrankung eine mehr oder weniger große, einander aber entsprechende Anzahl von Blättern an den jüngsten Holztrieben und schließlich diese selbst mit oder ohne Hilfe der Botryodiplodia zugrunde gehen. In dieser Erscheinung stimmen die durch Wurzelparasiten bedingten Spitzendürren im allgemeinen mit jenen überein, die durch Einflüsse der leblosen Natur verursacht werden. In gewissem Gegensatz dazu stehen die „Spitzendürren", welche primär durch solche Parasiten hervorgerufen werden, die an den oberirdischen Teilen der Pflanze leben (Wanzen, Bohrer, Corticium, Misteln u. v. a.). Sie sind gewöhnlich über die Krone nicht gleichmäßig verteilt, sondern finden sich nur an mehr oder minder scharf umrissenen, einzelnen Zweigsystemen. An solchen Ästen und Zweigen findet sich nicht selten die Botryodiplodia ebenfalls.

Insgesamt geht aus dem Gesagten hervor, daß eine direkte Bekämpfung durch Bespritzen mit pilztötenden Mitteln nicht nötig ist, weil der Pilz die Krankheit nicht hervorruft, sondern höchstens das Sterben von sowieso dem Tode geweihten Pflanzen und Pflanzenteilen beschleunigt.

Die zur Vernichtung der Infektionsquellen dienenden Maßnahmen des Ausschneidens und Verbrennens sind im Hinblick auf diesen Pilz überflüssig, weil es praktisch nicht möglich ist, auch die sonst massenhaft noch vorhandenen Infektionsquellen auszuschließen. Wichtig für seine Bekämpfung sind vielmehr vorbeugende Maßnahmen, wie Schaffung guter Wachstumsbedingungen für die Wirte, sachgemäß durchgeführte Auslichtung der Kronen (vgl. u. a. Kaden, 1934), Desinfektion und Verschluß aller Wunden und anderes mehr. Welche von diesen Maßnahmen im einzelnen anzuwenden sind, kann nur durch jeweilige Prüfung der primären Schadursachen entschieden werden.

Eine Pilzkrankheit des Kakaos aus Kamerun, die wohl am besten hier Erwähnung findet, nennt Wollenweber (Sorauer, Bd. 2_1 S. 564) nach Brick. Danach beschreibt Brick (1908) aus Bibundi eine Krankheit von Kakaozweigen, die einer gefäßparasitären Welkekrankheit ähnlich sei und durch den Pilz Calonectria rigidiuscula (Berk. et Br.) Sacc. (= Fusarium decemcellulare Brick) hervorgerufen werde. Brick empfiehlt das Verbrennen der erkrankten Zweige, was überflüssig erscheint, da Wollenweber den Pilz im wesentlichen für einen Saprophyten hält.

b) Zweigsucht

Den Verlust von Triebspitzen, gleichgültig ob er durch Parasiten oder durch falsches Beschneiden bedingt wird, versucht die Pflanze vielfach dadurch auszugleichen, daß sie mehrere von den unterhalb des ausgefallenen Zweiges liegenden Knospen austreibt. So treten statt des einen Zweiges nun mehrere auf, ein Vorgang, der sich besonders unter der Mitwirkung von Parasiten wiederholen kann, ohne daß dabei eigentliche „Hexenbesen" gebildet werden. Ludwigs (1934) verwendet für diese, durch die anders gearteten Blätter oft sehr auffällige Erscheinung die Bezeichnung „Zweigsucht", und vermutet, daß für ihr Zustandekommen die in dem Beobachtungsjahre 1933 herrschenden abnormen klimatischen Bedingungen verantwortlich zu machen wären. Solche im Übermaß gebildeten Schößlinge kann der Baum nur selten ernähren, daher sterben sie ab und bieten dann ebenfalls das Bild einer „Spitzendürre", bei der sich in vielen Fällen auch die Botryodiplodia wieder einfindet. Die Zweigsucht tritt als Folge von Parasitenbefall augenfällig nur an beschränkten Teilen der Kronen auf (Rindenwanze, vgl. Abb. 29; Thrips), bleibt bei Massenbefall aber gewöhnlich aus, weil die Pflanzen meist vorher eingehen. Zeigen die Kakaopflanzen insgesamt übermäßig dichtstehende Triebe, so ist das vielfach eine durch die Bodenverhältnisse bedingte Mangelerscheinung, wie z. B. Kali- oder Kupfermangel u. a. (vgl. auch Kaden, 1933).

Die Zweigsucht kann, wie auch die ihr oft folgende Spitzendürre, nur vorbeugend durch Pflanzungspflege bekämpft werden.

c) Hexenbesen

Der Kameruner Kakao-Hexenbesen wird durch den Pilz Taphrina (Exoascus) Bussei von Faber (Exoascaceae) verursacht. Pilz und Krankheit wurden eingehend durch von Faber (1908) untersucht. Diese Krankheit ist nicht identisch mit der in den westlichen Tropen sehr schädlich auftretenden Hexenbesenkrankheit (Kräuselkrankheit, Krulloten-ziekte), die durch Marasmius perniciosus Stahel, (nicht, wie man früher annahm, durch Colletotrichum luxificum v. Hall et Droste) hervorgerufen wird.

Die Hexenbesen gleichen manchen Formen der „Zweigsucht" sehr. Sie unterscheiden sich äußerlich von ihnen durch ein viel dichteres Zusammenstehen der Zweige, die, als weiteres Unterscheidungsmerkmal, in typischen Fällen gedrungen, schwammig, übermäßig dick und — gleich in welcher Lage — senkrecht nach oben gekrümmt sind. Die Lebensdauer dieser Hexenbesen, die sowohl an Haupt- wie an Seitenästen vorkommen können, ist nur kurz. Ihre Teile sterben bald ab und bieten dann das Bild einer lokalen Spitzendürre. Der Pilz lebt mit seinem Myzel in allen Teilen des Hexenbesens und bildet seine mikroskopischen Fruchtkörper (Asci) in der Nähe der Mittelrippe auf der Blattober- und -unterseite aus.

Busse (1905) berichtet als erster von dieser Krankheit aus Kamerun, wo er sie in Bibundi und Isongo entdeckte. Von Faber (1908, 1909) erwähnt ihr nur sporadisches Vorkommen dann von allen besuchten Pflanzungen und meint, daß ihr nur für Bibundi und die Moliwe festgestelltes, häufigeres Vorkommen mit erhöhter Feuchtigkeit in Zusammenhang stünde. Zu ihrer Bekämpfung schlägt er Ausschneiden und Verbrennen der erkrankten Teile vor und empfiehlt die Durchführung von Bestandspflege als vorbeugende Maßnahme.

1934 erwähnt Ludwigs wieder Hexenbesen aus Kamerun. Die von ihm beobachteten Mißbildungen hält er aber nicht für echte Hexenbesen, sondern für durch abnorme Witterungsverhältnisse bedingte „Zweigsucht"-Erscheinungen. Ich konnte trotz vieler Umfragen über das Vorhandensein von eigentlichen Hexenbesen nichts in Erfahrung bringen. Daß der Pilz aber aus Kamerun nicht verschwunden ist, zeigt ein mir aus der Moliwe vorliegendes typisches, myzelhaltiges Exemplar, das ich, auch wenn die Fruchtkörper fehlen, eindeutig für einen Taphrina-Hexenbesen halte. Eine direkte Bekämpfung dieser in Kamerun wohl nur ganz ausnahmsweise in größerer Menge auftretenden Krankheit ist heute nicht erforderlich.

6. Die Kakaobohrer.

Auf allen Kameruner Pflanzungen machen sich die Kakaobohrer recht unangenehm bemerkbar. Sie finden sich überall in den Beständen und wurden mir als besonders häufig von den küstennahen, südlich gelegenen Pflanzungen gemeldet, so vor allem von der Ombe-Pflanzung. Gründe für diese Verschiedenheiten im Auftreten sowohl im Gebiet als auch in den einzelnen Pflanzungen vermag ich nicht anzugeben; nähere Beziehungen zu den Urwaldbeständen scheinen nicht gegeben zu sein.

Es handelt sich bei diesen Schädlingen fast ausnahmslos um die fußlosen Larven von Bockkäfern (Cerambyciden); Preuß meldete jedoch auch die mit Kranzfüßen versehene Schmetterlingsraupe einer Zeuzera-Art (vermutlich Zeuzera coffeae Nietn. Familie: Cossidae) als nicht besonders gefährlichen Holzbohrer vom Kameruner Kakao.

In den von mir untersuchten Fällen handelt es sich ausschließlich um ältere Bockkäferlarven, die als echte Holzfresser in verschieden dicken Ästen, aber auch in den Stämmen von drei- bis vieljährigen Bäumen angetroffen wurden. Nur in dünneren Zweigen erstrecken sich die Gänge auch so dicht unter die Rinde, daß diese mit der Hand leicht einzudrücken war. Die Larven waren verschieden groß, ca. 30—70 mm lang, und fraßen abwärtssteigend bis zu 11 mm dicke, meist zentral gelegene Gänge in das Holz (wahrscheinlich also mehrere Arten). Kurz vor meiner Abreise stellte mir Herr Karstedt, der Pflanzungsleiter der Likomba, eine Anzahl von Zweigen mit fortgeschrittenem Befall zu Zuchtzwecken zur Verfügung. Leider überstanden die Tiere die Reise nicht lebend, so daß ich über ihre nähere systematische Zugehörigkeit nichts aussagen kann. Das Material enthielt große ausgewachsene Larven, deren Kopf abwärts gerichtet war, und in einigen Ästen Puppen, die sich im zentralen Holz verwandelt hatten (anscheinend keine Notverpuppung!). Sie lagen in dem nicht besonders auffälligen erweiterten unteren Gangteil zwischen zwei 2,5 bis 3 cm langen, den Gang ausfüllenden Pfropfen von dicht gelagerten Raspelspänen mit dem Kopf nach oben.

Durch den Bohrerbefall wird an den Ästen früher oder später die Wasserzufuhr zu den äußeren Teilen der Organe unterbunden. Dadurch verwelken die Blätter und sterben ab, wobei sie längere Zeit am Baume hängen bleiben! Schließlich können auch die oberen Partien der bewohnten Teile mehr oder weniger ganz zugrunde gehen. Die Anwesenheit junger Larven verrät sich durch aus dem Gang hervortretende feine Holzraspelspäne; auch tritt an bewohnten stärkeren Ästen oft Gummifluß ein.

Das Austreten von Gummi kommt nach Fickendey (1912) am Kakao-Altholz auch ohne Zusammenhang mit Bohrern vor. Er berichtet, daß diese Erscheinung in allen Pflanzungen Kameruns, und zum Teil häufig auftrete. Als Ursache gibt er neben Verwundungen durch andere Insekten auch ein zu starkes oder unzweckmäßiges Beschneiden der Bäume an. Von Faber (1909) fand in Kamerun auf Stammrinden mit starker Gummibildung, die aber von ihm nur selten beobachtet wurde, den Pilz Melanomma Henriquesianum Bres. et Roum. (Sphaeriaceae), der möglicherweise am Auftreten der Gummibildung beteiligt sein könnte. (Vgl. auch Rindenfäule). Gummifluß ohne Zusammenhang mit parasitären Erkrankungen sah ich in Kamerun nur ganz vereinzelt.

Von einem der Kameruner Kakaobohrer ermittelte von Faber (1909) die systematische Zugehörigkeit. Es handelte sich dabei um den Bockkäfer Monohammus ruspator F., der in Mabeta und Kriegsschiffhafen recht schädlich auftrat. Preuß (1903) meldet von Kakao dann weiter die Bockkäfer Tragocephala senatoria Chevr. und Moecha adusta Har., die aber nicht so schädlich sein sollen wie die vorige Art, da sie nur in Ästen, und nicht auch wie die vorige, in den Stämmen leben. Von einem weiteren, nach Preuß im Mark der Hauptstämme lebenden Bockkäfer vermutet von Faber, daß es sich dabei vielleicht um Bixadus sierricola White, einen gefürchteten Kaffeeschädling (vgl. Morstatt, Tropenpflanzer 1935), handeln könnte, dessen Unwesen am Kaffee ich in Molyko wiederum feststellen konnte. Auch Sternotomis chrysopras Voet., Phrystola hecphora Thoms. und Plocederus chloropterus Chevr., sowie die Bostrychide Apate monachus F. („bohrt im Stamme aufwärts") werden als Kakaobohrer aus Kamerun gemeldet (vgl. u. a. Aulmann, 1912; van Hall, 1932; Sprecher von Bernegg, Teil 3).

Die Bekämpfung der „Bohrer" richtet sich gewöhnlich gegen die Larven und ist meist technischer Art, indem die bewohnten Zweige ausgeschnitten und verbrannt werden; das erfolgt auch heute in Kamerun auf einigen Pflanzungen durch besondere Arbeiterkolonnen. In anderen Fällen hat man auch versucht, junge Larven im Gang selbst zu töten. Das geschieht wohl nur noch selten vermittels eines biegsamen Drahtes, mit dem die Larven aufgespießt werden, sondern gewöhnlich in der Weise, daß man flüchtige Stoffe wie Schwefelkohlenstoff, Petroleum, Benzin oder dgl. in den Gang einspritzt oder mit Hilfe von besonderen Patronen einführt, und den Gang dann mit Wachs oder Kohlenteer verschließt. Die gegen den Pfirsichbohrer empfohlene Behandlung mit Paradichlorbenzol wird sich wohl nur für im Stammgrunde oder in den Wurzeln lebende Bohrer verwerten lassen, kommt also hier nicht in Frage.

Der Zweck dieser Maßnahmen liegt für Kameruner Verhältnisse weniger darin, die befallenen Teile eventuell zu retten, sondern es wird damit vielmehr angestrebt, die Entwicklung der Larve zum fertigen Käfer und damit das Auftreten neuer Brut zu verhindern. Dieses Ziel ließe sich vielleicht auf wirtschaftlicherem Wege erreichen. Dazu müßte man aber wissen, um welchen Schädling es sich lokal handelt, und welche Lebensweise er führt. Käfer, welche die Eiablage an bestimmten Stellen (etwa am Wurzelhals) vornehmen, hat man durch Bestreichen oder Ausstreuen von Chemikalien, z. B. von Kalk oder Teerpräparaten, an der Eiablage zu hindern versucht, eine Methode, die für Kameruner Kakaobohrkäfer ebenfalls nicht in Frage kommt. Viel eher wären Versuche darüber anzustellen, ob man die vermutlich nächtlicher Weise zu Beginn der Regenzeit tätigen Käfer durch Auslegen von Giftködern vor der Eiablage töten oder durch Aufstellen von Fangkloben zur Eiablage an diese bewegen könnte.

7. Kakao-Engerlinge

Nicht nur an der Banane und Plante sondern auch am Kakao treten auf allen Pflanzungen zeitweise ernstliche Schädigungen durch Engerlinge auf. In jüngeren Beständen ist der Schaden besonders an bewuchsreichen Stellen erheblich empfindlicher als in älteren, weil die Tiere an jungen Pflanzen alle Seitenwurzeln abfressen und dadurch Vergilben und Abfallen der Blätter sowie den Tod der Pflanzen veranlassen. An älteren Bäumen wirkt sich der Verlust der zarteren Wurzeln nicht so augenfällig aus; die Pflanzen erleiden einen Wachstums- und Ernterückgang und werden außerdem in ihrer Gesamtkonstitution so geschwächt, daß sie anderen hinzutretenden Schädigungen aus der belebten oder unbelebten Natur leichter zum Opfer fallen. Eine Kräftigung solcher Pflanzen erreichte beispielsweise Strunk (1906) in Kamerun durch bestimmte Düngungen, über die er ausführlich berichtet.

Preuß (1903) und Aulmann (1911, 1912) wiesen als Kakaoengerlinge folgende drei Blatthornkäfer (Lamellicornier) nach: Camenta Westermanni Har., Camenta Hintzi Aulm., und Schizonycha serrata Aulm.

Auf diese Tiere und ihre mögliche Bekämpfung wurde schon bei der Besprechung der Bananen-Engerlinge (S. 84) hingewiesen. Sinngemäß gelten diese Ausführungen auch für die Kakao-Engerlinge.

8. Misteln

Merklich beeinträchtigt werden die Kakaobäume weiterhin durch die in Kamerun überall und oft reichlich vorhandenen Misteln (Loranthus-Arten). Gegen die Misteln hilft nur ein Mittel: Ausschneiden der von Misteln befallenen Teile, und zwar muß dabei dafür Sorge getragen werden, daß das Ausschneiden soweit unterhalb der Mistelrosette erfolgt, daß auch tatsächlich alle zur Mistel gehörenden Saugwurzeln entfernt werden.

Wieweit für Kamerun ein Abschießen der die Mistelsamen verbreitenden Vögel, insbesondere des Gabun-Bülbüls (Pycnonotus gabonensis), von wirtschaftlichem Nutzen sein könnte, entzieht sich vorläufig meiner Kenntnis. Es darf nie außer Acht gelassen werden, daß auch von den körnerfressenden Vögeln Insekten nicht verschmäht werden, und daß auch solche Vögel eine sehr wirksame Hilfe bei der Schädlingsvernichtung leisten.

9. Die Giftpilzkrankheit

Die Giftpilzkrankheit (pink disease, djamoer oepas) wird durch einen Pilz aus der Familie der Corticiaceen hervorgerufen, nämlich durch Corticium salmonicolor Berk. et Br. (= Corticium javanicum Zimm., = C. Zimmermanni Sacc. et Syd. = Necator decretus Massee). Dieser Pilz hat eine große Reihe von Wirtspflanzen und wird aus verschiedenen Gegenden der Tropen gemeldet, wo er ernstlich besonders an Heveen auftritt, während er am Kakao nach Briton-Jones (1934) selten schwere Erkrankungen verursacht.

Auffällige Schäden hat der Pilz in Kamerun bisher noch nicht verursacht, denn seit von Faber (1909), der ihn in Kamerun an Kaffee entdeckte, ist meines Wissens sein Vorkommen von dort nicht wieder gemeldet. Während meines Aufenthaltes konnte ich den Pilz in Missellele auf Heveen und auf der Moliwe am Kakao nur vereinzelt feststellen. Häufig fand ich ihn aber ferner in Mukonje und auf der Moliwe-Pflanzung auf den Stämmchen von Crotalarien. Der Pilz bildete an diesen Pflanzen zwei von den vier Formen, in denen er auftreten kann, nämlich die Spinnengewebe-Myzelien und die Knötchenform aus. Seine Wirkung äußerte sich an den Pflanzen so, daß die oberhalb der Infektionsstellen liegenden Triebe bleichere Blätter besaßen, die oft noch lebend, in vielen Fällen aber auch in spitzenwärts gerichteter Folge abgestorben waren, ohne zunächst abzufallen. Ich rechne diese sterilen Myzelien von den Crotalarien-Stämmen zu dieser oder doch wenigstens zu einer ihr sehr nahestehenden Art, ohne es in Ermangelung von Fruchtkörpern allerdings beweisen zu können.

Trotz der heute für die Kameruner Pflanzungen nur geringen Bedeutung des Pilzes möchte ich dennoch die Aufmerksamkeit auf ihn lenken. Mögen auch viele Pflanzen, unter denen sich der Kakao befindet, ihm gegenüber sehr widerstandsfähig sein, so gehören doch die Heveen und nach meinem Dafürhalten auch die in Kamerun vielfach angebauten Crotalarien zu den sehr empfänglichen Arten. Auch hat man schon mehrfach erlebt, daß lange Zeit hindurch harmlos erscheinende Parasiten sich plötzlich als arge Schädlinge entpuppten, wie z. B. Preuß es für Kamerun von der Braunfäule-Phytophthora vermutet.

Der Pilz lebt nach Art der Wurzelpilze, nur daß er an oberirdischen Teilen vorkommt, wo er Stämme, Äste und Zweige verschiedensten Umfanges befallen kann. Die Infektion kann durch Sporen und Konidien erfolgen. Das Myzel wächst zunächst nur auf der Rinde, dringt aber später in sie ein und tötet ihre Gewebe. Die beschädigte Kakaorinde sondert an mehreren Stellen eine braune Flüssigkeit ab. Zum Unterschied von der Phytophthora-Rindenfäule, mit der dieses Stadium verwechselt werden könnte, finden sich hier viele kleine braune Flecke, deren Absonderungen schnell eintrocknen, während die rindenfaulen Flecke mehr rotbraun erscheinen, groß sind und auch viel mehr Gummi ausscheiden. Schließlich dringt das Myzel auch in das Holz ein, und oft jetzt erst macht sich der Befall durch die damit erfolgte Störung der Wasserzufuhr am kronenwärts gelegenen Blattwerk bemerkbar. Die Blätter welken plötzlich (besonders bei den Crotalarien auffallend!), sterben und fallen erst nach längerem Hängenbleiben ab. Die Zweigrinde reißt dann bald auf, löst sich vom Holz und kann ebenfalls abfallen. Inzwischen ist der oberhalb der Infektionsstelle liegende Teil abgestorben. Die toten Teile werden zuweilen dann oder auch schon vor ihrem Absterben von der Botryodiplodia befallen; auch siedeln sich mitunter an den basalwärts befindlichen geschwächten Teilen von älteren Stämmen Borkenkäfer an, jüngere und kräftigere Pflanzen beginnen aber, die unter dem Infektionsherd liegenden Knospen auszutreiben, was besonders an Crotalarien zu einem sehr dichten und auffallenden Buschwuchs (vgl. „Zweigsucht") führen kann.

Der Pilz tritt, wie vor allem Rant (1912) ausführlich beschreibt, in vier verschiedenen Formen auf. Zunächst erscheint auf der Rindenoberfläche ein spinnengewebeartiges, oft radiär-längsstrahlig gebautes, weißes, zuweilen rosig überlaufenes Myzel, das besonders an Crotalarien die Rinde wie silbrig überzogen erscheinen läßt (Spinnengewebeform). Später erscheint die sogenannte Knötchenform, die wie die vorige Fortpflanzungskörper nicht ausbildet. Diese niedrigen Höckerchen finden sich locker stehend im Zentrum des Myzels oder zu Reihen angeordnet in Rindenrissen. Von ihnen aus erfolgt wahrscheinlich die Besiedlung der inneren Rindengewebe. (Diese beiden Formen fand ich sehr häufig an den Crotalarien, die beiden folgenden sind mir nur vom Kakao und von Heveen bekannt geworden.) Nachdem dann ein Teil der Gewebe durch die Tätigkeit des Innenmyzels abgestorben ist, bildet sich das dritte, das sogenante Corticium-Stadium aus. In diesem Zustand ist der Pilz durch seine Farbe außerordentlich auffallend und unverkennbar, denn sein nunmehr dichteres, ebenfalls auf der Oberfläche gelegenes Myzel ist hellrosa bis hell-lachsfarben und wird von einem weißlichen, dem Spinnengewebemyzel gleichenden Saum eingefaßt [1]). Diese Krusten sind an älteren Stämmen (Heveen) oft mehrere Dezimeter lang; sie überziehen aufrechte Organe allseits, finden sich an schrägen aber nur unterseits. Frische und feuchte Myzelien besitzen den typischen Pilzgeruch. Nachdem dieses Corticium-Stadium seine Fortpflanzungskörper (Basidiosporen) ausgebildet hat, verblaßt die charakteristische rosige („giftige") Farbe; das Myzel zerreißt ± rechtwinklig (= „writing fungus") und nimmt eine weiß-graue Farbe an. Schließlich oder auch parallel mit dem letztgenannten Stadium erfolgt auf den meist schon toten Ästen die Ausbildung der vierten, der sogenannten Necator-Form. Diese Form ist nicht wie das Corticium lichtflüchtig, sondern es bildet sich auf den dem Lichte zugekehrten Seiten der Organe, an schrägen Zweigen z. B. oberseits aus. Es besteht aus kleinen, etwa 3 mm breiten, eben unter der Oberhaut liegenden, gelb- bis orangeroten Pusteln, die man früher für einen besonderen Pilz (Necator decretus) hielt. In diesen Pusteln bildet sich eine zweite Art von Fortpflanzungskörpern, die Konidien.

Die Höhe der in anderen Gebieten durch diesen Pilz verursachten Schäden ist nach Rant (1912) u. a. in erster Linie von der Natur und dem Zustande der Wirtspflanze abhängig. Anderweitig geschwächte Pflanzen leiden viel mehr unter einem Befall als gesunde. Die verschieden starke Anfälligkeit der einzelnen Pflanzenarten liegt im Wesen der Wirte selbst begründet und ist nicht etwa darauf zurückzuführen, daß der Pilz in Rassen aufgespalten ist, die eine verschiedenartige Befallstüchtigkeit aufweisen. Von den Außenfaktoren, die das Ausmaß der Schäden merklich beeinflussen, kommt fast ausschließlich die Luftfeuchtigkeit der Standorte in Frage. In seinen Ansprüchen an die Feuchtigkeitsverhältnisse (Nebel, Mulden) gleicht der Pilz der Braunfäule-Phytophthora, von der er sich in seinem Verhalten nur dadurch unterscheidet, daß er auch weniger große Feuchtigkeit vertragen kann; daher auch sein Auftreten in der Trockenzeit.

Aus diesen Gründen besteht auch die wirkungsvollste Bekämpfungsmethode in indirekten Maßnahmen, nämlich solchen, die die Luftfeuchtigkeit in den Beständen herabsetzen (Auslichten, Dränage usw. vgl. Braunfäule). Für eine direkte Bekämpfung können Spritzmittel eigentlich nur dann in Erwägung gezogen werden, wenn Massenauftreten in niedrig-

---

[1]) Verwechselt werden könnten diese Myzelien allerdings mit einer Flechte, die sich auf der Rinde von verschiedenen Bäumen (u. a. auch von Hevea und Kakao) auf mehreren Pflanzungen oft nicht selten fand. Diese Flechte erscheint auf den Rinden in Form von pfennig- bis handflächengroßen Lagern, die je nach ihrem Feuchtigkeitsgehalt und Alter auffallend wein- bis zinnoberrot gefärbt sind. Ihre Lager sitzen den Rinden fest auf und lassen sich nur mit Mühe abschaben, während sich die immer auch größeren Corticien-Myzelien demgegenüber leicht entfernen lassen.

wüchsigen Beständen vorliegt. Für alle anderen Fälle bleibt als allerdings unbedingt erforderliche direkte Maßnahme nur das Ausschneiden und Vernichten (Verbrennen) des Materials übrig. Solange nur die sterilen Myzelien (Spinnengewebe- und Knötchenform) vorliegen, genügt dies; sobald aber die beiden Sporen oder Konidien ausbildenden Stadien (Corticium- und Necator-Form) vorhanden sind, werden besondere Maßnahmen erforderlich, um zu verhindern, daß durch die Bekämpfung der Ausbreitung des Pilzes (Ausschütteln der Fortpflanzungskörper) Vorschub geleistet wird. Die kranken Stellen mit den fruchtenden Myzelien sind daher an der Pflanze selbst vor dem eventuellen Ausschneiden mit einem pilztötenden Anstrich zu versehen. Sharples (1936) hält folgendes Verfahren zur direkten Bekämpfung des Giftpilzes in den Heveenbeständen der Malayischen Staaten für am wirksamsten:

1. in der Trockenzeit: Bestreichen mit Teerpräparaten oder mit ölverdünntem Teer (80% tar, 20% crude oil). Der Anstrich soll zwei Fuß breit die Ränder überragen. Ausschneiden und Verbrennen.

2. in der Regenzeit: nur entsprechenden, längere Zeit haftenden Teeranstrich, oder, da dieser leicht abpflastert, besser nicht abspringenden Asphaltanstrich. (Das zähflüssige „Asphalt", ein Rückstand bei der Petroleumdestillation, soll angewärmt mit Petroleum verdünnt werden (asphalt 50 lbs, kerosene oil 4 glls), um es auch ohne Hitze verstreichen zu können.) Nach einem Monat erfolgt ein zweiter Anstrich.

Für Kamerun wären besondere vorbeugende Maßnahmen zur Bekämpfung dieses Pilzes also nicht erforderlich, da diese schon im Hinblick auf die Braunfäule vorgenommen werden. Als direkte Bekämpfungsmethode in Kakao- und Heveabeständen kämen Verfahren, wie Sharples sie vorschlägt, in Frage; für die Crotalarien, falls an ihnen allein die nicht fruchtenden Formen vorhanden sind, nur Vernichtung.

10. Der Kakao-Blasenfuß

Der alltropische Kakao-Blasenfuß (Kakao-Thrips), Heliothrips (Selenothrips, Physopus) rubrocinctus Giard (Thysanoptera) findet hier aus dem gleichen Grunde Erwähnung wie das Corticium. In Kamerun ist dieser Blasenfuß auf allen Pflanzungen vorhanden. Das Tier ist in seiner Nahrung nicht wählerisch und lebt in allen seinen Entwicklungsstadien auf der Oberfläche von weichhäutigen, saftreichen Pflanzenteilen, denen es durch Anbohren und Saugen seine Nahrung entzieht. Ich sah das bis 1½ mm große Tier während der ganzen Zeit meines Aufenthaltes in Kamerun, hier und da auch am Kakao. An den Früchten fand ich die Schäden gewöhnlich an dem nach unten hängenden Spitzendrittel, auf dem die weißlich-gelben bis gelben, an den beiden roten Streifen auf dem Abdomen sofort kenntlichen Larven zu mehreren (etwa 1 Dutzend) lebten. Die Tierchen bohren die Zellen der Oberhaut an, die dadurch zugrunde gehen und sich bräunen. Überzieht diese Bräunung die ganze Oberfläche der Frucht, so erschwert sie das Erkennen des Reifezustandes, der sich nach leichtem Abreiben aber doch schnell erkennen läßt. Der Schaden an den Früchten ist also praktisch gleich Null. Fast noch geringer schienen mir die Schäden an den Blättern. Nur in wenigen Fällen konnte ich auf den Pflanzungen, wo ich Muße zu eingehenden Beobachtungen hatte, Äste finden, an denen mehrere Blätter durch Thripsbefall gebräunt waren, sonst waren nur Einzelblätter durch die an der Unterseite lebenden Tiere mehr oder weniger ganz geschädigt. Neben dieser Thrips-Art wird auch noch Heliothrips decolor Karny als Parasit des Kakaos aus Kamerun gemeldet. Insgesamt ist nach den bisherigen Erfahrungen die Ausführung direkter Bekämpfungsmaßnahmen gegen die Thripse in Kamerun z. Zt. nicht erforderlich.

Diesen Kameruner Befunden stehen aber Erfahrungen aus anderen Gebieten gegenüber. So erwähnen Sprecher von Bernegg (1934) u. a., daß in Mittel-Amerika infolge mehrmaliger Entblätterung durch Thripsbefall Bestandsausfälle in älteren Feldern bis zu 5%, in jüngeren aber bis zu 50% verursacht wurden. Kaden (1934) berichtet von großen Thrips-Schäden auf den portugiesisch-westafrikanischen Inseln San Thomé (1916) und Principe (1918); er erörtert zugleich eingehend das Zustandekommen und die Bekämpfungsmöglichkeiten der Schäden.

Die Thripse kommen das ganze Jahr hindurch vor; das Massenauftreten erfolgt aber, wie bei den meisten freilebenden schädlichen Insekten und ganz im Gegensatz zu dem der Mehrzahl der Pilze, in der Trockenzeit. Das Tier liebt Licht und nicht zu große Trockenheit; es fehlt daher in schattigen und feuchteren Beständen. Die dunkelbraunen bis schwarzen Vollkerfe sind fluguntüchtig. Ihre Ausbreitung erfolgt weniger durch aktives Fliegen als durch Luftströmungen. Diese Dinge sind sehr zu beachten; sind doch sonst Licht und Luft die besten Bundesgenossen bei der Bekämpfung der Schädlinge; hier fördern sie deren Entwicklung und Ausbreitung!

Als indirekte Bekämpfungsmaßnahmen empfiehlt daher Kaden (1934): Schaffung von Hochschatten, Windbrechern und die Ausführung weiterer Kulturmaßnahmen (u. a. Kalidüngung zur Stärkung leidender Pflanzen). Für eine direkte Bekämpfung erwies sich die Anwendung von Stäubemitteln für westafrikanische Gebiete wiederum als unzulänglich. Nikotin- und Kresolseifenbrühen waren gut. (Derris würde sich sicherlich in gleicher Weise bewähren.) Preuß erzielte sehr gute Erfolge mit 1, 1,5 und 2%iger „Tetraemulsion“, einem Mittel mit 50% Tetrachlorkohlenstoff als wirksamem Bestandteil. Der Anbau von Tabak als Fangpflanze, der von manchen Autoren als Bekämpfungsmaßnahme vorgeschlagen wurde, ist nach Erfahrungen in Florida (Sorauer, Bd. 4) abzulehnen, da die Tiere den Tabak gar nicht befallen, infolgedessen durch seine Ausscheidungen auch nicht getötet werden können. Auch wird angegeben, daß Acalyphen, die auch in Kamerun häufig als Ziersträucher angepflanzt sind, von Kakaofeldern fern zu halten seien, da sie beliebte Brutpflanzen des Schädlings darstellten.

11. Weitere Kakao-Schädlinge

In diesem Abschnitt sollen einige weitere tierische und pflanzliche Schädlinge des Kakaos kurz besprochen werden, die, soweit ich die Sache übersehe, in wirtschaftlicher Hinsicht nenenswerten Schaden z. Zt. nicht anrichten. Voraussichtlich werden sie eine allgemeine Bedeutung kaum gewinnen; lokal könnte der eine oder der andere von ihnen vielleicht doch in einem Ausmaße auftreten, welches seine Bekämpfung erforderlich machen würde. Wo es mir ratsam erscheint, gebe ich infolgedessen wenigstens allgemeine Hinweise auf die Bekämpfungsmöglichkeiten, die u. a. bei van Hall (1932), Sprecher von Bernegg (1934), Briton-Jones (1934) oder im Sorauer (1924/28) etwas eingehender dargestellt sind. Die Anordnung der einzelnen Parasiten erfolgt im Rahmen der erwähnten befallenen Organe nach rein technischen Gesichtspunkten.

A. An Früchten [1]

1. Hier und da findet man tief hängende Früchte, deren Inhalt durch seitliche, etwa faustgroße Löcher ausgefressen wurde. Busse (1906) macht dafür die Hamsterratte (Cricetomys gambianus Waterh.) verantwortlich, die nach seinen Erfahrungen „stellenweise große Verheerungen" anrichtet und u. a. auch eben ausgelegten Saatbohnen nachgeht. Von Faber stellte außerdem noch Eichhörnchen als Fruchtliebhaber fest und schlägt zur Bekämpfung der Ratten Giftköder (Strychnin, Bariumkarbonat, weniger Arsenik) vor. Wahrscheinlich läßt sich statt dieser Gifte auch die von der J. G. herausgebrachte „Zeliopaste", die als wirksamen Bestandteil Thalliumsulfat enthält, verwenden, und von der Fickendey (1929) aus Sumatra berichtet, daß sie sich in Verbindung mit entsprechenden Lockmitteln bei der Rattenbekämpfung bewährt habe. Bakterienhaltige Präparate sollen nach anderen Erfahrungen in den Tropen versagt haben.

2. Verhältnismäßig häufig fand ich im ganzen Gebiet und während der ganzen Zeit meines Aufenthaltes am Baum hängende, mittelgroße bis annähernd erwachsene, trockene Kakaofrüchte, die in vielen Fällen

[1] Vgl. dazu Winkler, 1905.

von mehreren Schmetterlingsraupen bewohnt waren. Diese Raupen fraßen im Inneren der Früchte die eingetrockneten Samen und Pulpateile fast vollständig auf und verpuppten sich in Gespinsten zwischen den massenhaft im Inneren vorhandenen Kotbröckeln. Die Schmetterlinge schlüpften schon im Februar (eine am 9. 2. zur Zucht angesetzte Frucht lieferte z. B. am 21. 2. einige Schmetterlinge), weiterhin erschienen aber noch Schmetterlinge bis Anfang August (in Rostock aus mitgebrachten vertrockneten Früchten). Herr Prof. Hering bestimmte die Tiere als Mussidia melanoneura Ragonot aus der Familie der Pyraliden. Eine andere Mussidia, M. nigrivenella, wird vom Belgisch-Kongo als Kakaofruchtschädling angegeben (Sorauer, Bd. 4). Weiter wird dort von der brasilianischen Pyralide Myelois duplipunctatella Rag. erwähnt, daß sie in Kakaofrüchten die Samen verzehrt, wodurch die Früchte verwelken. Da ich aber von der Mussidia in ein und derselben vertrockneten Frucht neben erwachsenen Raupen auch ganz junge der gleichen Art (Zucht!) fand, schließe ich daraus, daß der Schmetterling seine Eier an Früchte ablegt, die schon aus anderen Ursachen eingegangen sind; die Raupen ernähren sich also nur von totem Material oder können es zum mindesten tun. Gleichzeitig mit diesen Raupen können in den Fruchtschalen und auch in Fruchtinneren Käferlarven vorhanden sein.

Mit der berüchtigten Kakaomotte Javas Acrocercops (Zaratha) cramerella Snell. (= Gracilaria cramerella Snell.) hat diese Art also nichts zu tun!

Die Spuren einer weiteren Schmetterlingsraupe, die aber nur in der Fruchtschale lebt, fand ich in den Beständen der Likomba, Moliwe, Mukonje und Ekona. An jüngsten Früchten scheint diese Raupe nicht vorzukommen; an älteren bis nahezu erwachsenen wird durch den Befall ein teilweises vorzeitiges Reifen und damit Unbrauchbarwerden der Früchte bedingt, das den an „wurmstichigen" Äpfeln auftretenden Erscheinungen nicht unähnlich ist. Die befallenen Früchte zeigen an ihrem oberen, zum Stiel gekehrten Drittel sich vorzeitig gelb, später braun verfärbende und schnell vergrößernde Flecke, die in der Mitte ein von einem Kothaufen bedecktes oder umrahmtes Loch (Austrittsstelle der Raupe?) aufweisen. Derart befallene Früchte werden frühreif, vertrocknen am Baum und können dann zuweilen auch von der vorher erwähnten Mussidia besiedelt werden. Vermutlich hat Strunk (1906) dieselbe Art gesehen, von der er mitteilt, daß sie den Criollo-Kakao mehr befällt als alle anderen vorhandenen Sorten. Auch von Faber (1907, 1909) hat wohl die gleiche Art vor sich gehabt. Er beobachtete sie besonders auf Mabeta und erwähnt, daß an den Früchten eine kleine, vom Fruchtschalenschleim bedeckte Öffnung vorhanden war. Die genauer beschriebene, 6—7 mm lange Larve rechnet er zu den Lymantriiden und sagt weiter, daß auf Mabeta Bespritzungen mit Schweinfurtergrün gegen diesen „bedeutende Ausfälle" verursachenden Schädling gute Ergebnisse gezeigt hätten. Van Hall berichtet von einer kleinen Euproctis-Art (Lymantriidae), daß sie eine ähnliche Lebensweise führt, was vielleicht darauf hindeutet, daß auch das Kameruner Tier zu dieser Gattung gehört. Die Zucht des Tieres mißglückte mir, steht daher noch aus. Über die tatsächlich auftretenden Schäden habe ich ein abschließendes Urteil nicht gewonnen, halte sie aber für keineswegs Besorgnis erregende. Weitere Beobachtungen sind im Hinblick auf die Angabe von Fabers aber dringend erwünscht.

Aulmann (1912) teilt mit, daß in Viktoria eine Euproctis-Raupe im August-September die Fruchtschale benagte, und schildert Euproctis crocata Boisd., eine Art, welche aus Kamerun bekannt, in ihrer Lebensweise aber nicht geklärt ist.

Als weiteren Fruchtschädling erwähnt Preuß (1903) eine etwa 3 cm lange, braunbehaarte, an unsere Nonne erinnernde Schmetterlingsraupe, die nachts die Stiele von Früchten, selten auch von Blättern durchnagt, so daß diese abfallen. Er vermutet, daß es sich dabei um eine Spilosoma-Art (Lymantriidae) handelt.

Schließlich sei als letzter und harmlosester Schmetterling von Kakaofrüchten noch ein Kleinschmetterling genannt, dessen Larven in silbrigglänzenden, sehr langen, später zum Platz erweiterten und dann oft aufplatzenden Minen mit zentraler, dicker Kotlinie in den Oberhäuten der Früchte miniert. Die Minen waren im Februar/März häufig, fehlten aber auch später nicht. Diese Art könnte höchstens insofern eine Rolle spielen, als sie anderen Sekundär-Schädlingen (bes. Ameisen und Pilzen) den Zutritt zur Frucht erleichtert. Die Klärung der Art gelang nicht, da mir Ameisen (Monomorium pharaonis L.) die Züchtlinge im Koffer auffraßen.

3. An Käfern sind mir außer den oben erwähnten, in trockenen Fruchtschalen bzw. Früchten gefundenen Larven nur ganz vereinzelt Borkenkäfer an lebenden Kakaoschalen bekannt geworden; ihre Bestimmung steht noch aus. Winkler (1905) erwähnt, daß der unseren Erdflöhen verwandte, etwa 5 mm große braune Käfer Crepidodera costatipennis Jacoby (Chrysomelidae) in Kamerun die Kakaofrüchte oberflächlich befraß, ohne Schaden anzurichten.

4. Aus der Gruppe der Fliegen verdient eine Art, die wohl den Trypetiden angehört, Erwähnung. Ihre Larven fand ich auf der Likomba vereinzelt in der Schale und auch in der Pulpa kleinerer, wohl durch den Befall in der Entwicklung gehemmter Früchte, die durch ihre Frühreife auffielen. Den Larven nach könnte es sich gut um eine Ceratitis-Art handeln

(vgl. *Zacher*, 1912). Bekämpfung m. E. nicht erforderlich. Sonst verwendet man zur Bekämpfung der Kakaofruchtfliege Ceratitis punctata Wied. zuckerhaltige Arsen-Spritzmittel (1500 g Zucker, 120 g Bleiarseniat, 26 l Wasser). *Busse* erwähnt eine wohl hierher gehörende Fliege, die durch ihre Eiablage in die Fruchtschale auf den Schalen schwarze erhabene Pusteln hervorruft. Derartige Pusteln findet man auf Schalen sehr oft, besonders an zurückgebliebenen Früchten. Nach meinen Erfahrungen stellen diese Pusteln keine Sonderbildungen dar, sondern entstehen überall dort als Wundreaktion, wo die Schalen durch Stiche verletzt wurden. Sie sind also m. E. weniger durch Fliegen als durch Wanzen und andere Insekten bedingt und spielen als solche für den Pflanzer keine Rolle. Die von *von Faber* als für Kamerun selten erwähnte „Schorfkrankheit" der Kakaofrüchte blieb mir unbekannt.

5. Die Rolle, welche die *Ameisen* für den Kameruner Kakaobau spielen, bespricht *Winkler* (1905) ausführlich. Er führt u. a. aus, daß Camponotus brutus For. die Fruchtstiele annagt, Crematogaster africana Mayr. var. Winkleri die Oberfläche der Früchte befrißt, was Camponotus akwapimensis Mayr. ebenfalls tut, und daß die angriffslustige Oecophylla smaragdina Fabr. var. longinoda Latr. zuweilen die Arbeiten stört. Mir fiel auf, daß Crematogaster (Atopogyne) buchneri For. ssp. clariventris Mayr. die auf den Früchten vorhandenen Schildläuse (Stictococcus Sjöstedti) betreute und vereinzelt auch mal die Fruchtschale lokal benagte. Eine weitere Art, Crematogaster (Atopogyne) depressa Lab., baute riesige, im Geruch an Mandeln (?) (Benzaldehyd?) erinnernde Nester in die Baumkronen; sie stört, wie auch die an den Blattunterseiten in Nestern aus mit Pflanzenresten untermischter Erde lebende Macromischus aculeatus Mayr. ssp. andricus Em. durch ihre Angriffslust. (Für die Bestimmung der Ameisen bin ich Herrn Dr. *Kutter* sehr dankbar.)

Eigentliche Schäden — (*Winkler* erwähnt, daß durch die Tätigkeit des Camponotus brutus weit mehr als $^1/_4$ der Früchte an der vollen Entwicklung gehindert werden oder z. T. abfallen) — durch Ameisen habe ich nicht gesehen. Ameisen-Bekämpfung wird von einigen Autoren weiterhin angeraten, weil diese Tiere schädliche Blatt- und Schildläuse pflegen und verbreiten, weil einige durch ihren Nestbau den Blütenansatz beim Kakao verhindern, und weil andere wiederum zur Verbreitung der Fortpflanzungskörper pflanzlicher Schädlinge beitragen. Für die Kameruner Ameisen scheinen mir diese Dinge nur biologisch interessant zu sein. Außerdem stellt allein die Anwesenheit von Ameisen wenigstens einen gewissen Schutz gegen eine Besiedlung durch andere tierische Parasiten dar, so daß ich eine Bekämpfung der Ameisen in Kamerun für überflüssig halte. Erreichen ließe sich eine Vernichtung der Ameisen sonst durch Auslegen von Giftködern oder durch Vergasung der Nester mit Schwefelkohlenstoff, Schwefeldioxyd, Kalziumzyanamid u. a.

6. Unter den Schnabelkerfen (Rhynchoten) spielen als Fruchtschädlinge des Kakaos Wanzen und Schildläuse eine gewisse Rolle. Aus der Gruppe der Wanzen gehören hierzu die auf S. 135/6 erwähnten Vertreter der Gattungen Sahlbergella, Bathycoelia und Helopeltis. Sie alle schaden durch Anstechen der Früchte. Kleinere Früchte werden dadurch in ihrer Entwicklung gehemmt und verkrüppeln, an größeren treten Schäden nur bei Massenbefall ein, sonst leidet nur das Aussehen der Früchte durch die einsetzende Wundkorkbildung. Die Schädlichkeit der Sahlbergellen als Rindenwanzen steht außer Zweifel und erfordert eine Bekämpfung (vgl. S. 137). Eine Bekämpfung der Bathycoelia, der Helopeltis-Arten (nach Poppius, 1911/12, kommen in Kamerun Helopeltis Bergrothi Reut. und H. Alluaudi Reut. vor) und eventueller weiterer, an Früchten auftretender Wanzen halte ich für im Kakaobau nicht erforderlich.

Unter den Schildläusen ist die schon von Busse gemeldete Stictococcus Sjöstedti Ckll., die durch die radiale Streifung ihres ovalen Schildes auffällt, in Kamerun auf Früchten und besonders auf den Fruchtstielen nach wie vor überall häufig. von Faber hält sie für einen Schädling und schlägt deshalb als Bekämpfungsmittel für Schildläuse Petroleum-Seifen-Emulsion vor (vgl. S. 160). Ich bin nicht von der Notwendigkeit von Bekämpfungsmaßnahmen überzeugt.

B. An Blüten

Eine interessante Vergrünung und Verlaubung der Blüten eines „männlichen Kakaobaumes" beschreibt von Faber (1909) aus Bibundi und vermutet, daß sie durch einen Blattfloh verursacht wurde. Praktische Bedeutung kommt diesem Tier nicht zu.

Das letzte gilt in gleicher Weise für die mitunter auch in den Blütenpolstern und Blüten einzeln oder in Gruppen vorhandenen Woll- und Blattläuse. (Vgl. S. 159).

Es mag in diesem Zusammenhange nochmal darauf verwiesen werden, daß alle sodahaltigen Spritzmittel (z. B. Burgunder-Brühe) für Kakaoblüten sehr schädlich sind.

C. An Blättern

Die Blätter des Kakaobaumes werden besonders in der Trockenzeit von vielen tierischen Parasiten angegriffen. Ernstliche Beschädigungen kommen meines Wissens in Kamerun z. Zt. nicht vor.

1. Vereinzelte Skelettier- und Lochfraß-Beschädigungen konnte ich auf vielen Feldern feststellen, ohne aber in den meisten Fällen den Urheber zu finden. An Schmetterlingen, deren Raupen die Kakaoblätter befressen, werden in der mir vorliegenden Literatur aus Kamerun u. a. folgende Arten genannt: Rhopalocampta forestan Cr. (Hesperiidae), Euchromia lethe F. (Syntomidae) und Leiopaxis peraffinis Holl. (Lasiocampidae) nach Zacher (1915); ferner eine unbekannte Limacodide, die nach Preuß (1903) besonders auch durch ihre Brennhaare unangehm ist.

Sollte sich eine Bekämpfung der Schmetterlingsraupen als nötig erweisen, so kommen für ältere Stadien in erster Linie (mit Rücksicht auf die Arbeiter aber besonders vorsichtig anzuwendende) Arsen-Spritzmittel in Frage, während bei jüngeren und empfindlicheren Tieren oft eine Anwendung von 1,5—2%iger Nikotin-Schmierseifen-Brühe oder einer Petroleum-Schmierseifen-Brühe (1 Liter Petroleum, 400 g Seife, 15 Liter Wasser) ausreicht. Bei etwas älteren Stadien verwendet man zweckmäßig Schweinfurtergrün (= Pariser Grün, = Urania-Grün), welches man zur Erhöhung der Schwebefähigkeit der Brühe und zugleich zur Verminderung der Giftwirkung auf die Pflanzenteile einer Kupferkalk- oder, billiger, einer entsprechend hergestellten Eisenvitriolkalk-Brühe zusetzt. Trappmann gibt folgende Vorschrift: Eine Lösung von 1 kg Kupfersulfat in 50 l Wasser wird langsam und unter stetem Umrühren in eine „Lösung" von 120—200 g Schweinfurtergrün und 1,5—2,5 kg Ätzkalk in 50 l Wasser gegossen. Zur Erhöhung der Haftfähigkeit kann noch Schmierseife (750 g) und zur Erhöhung der Haltbarkeit der Brühe noch Zucker (100 g) hinzugefügt werden. Wegen der geringen Schwebefähigkeit dieser Brühe sind Spritzapparate mit eingebautem Rührwerk zu verwenden. In vielen Fällen läßt sich statt des Schweinfurtergrüns das für Menschen weniger giftige Bleiarseniat verwenden, das wegen dieser geringeren Giftigkeit in höheren Konzentrationen angewendet werden kann (zirka 400—500 g auf 100 l) und dann trotz seines auch für die Insekten geringeren Giftwertes wirksamer ist als die Schweinfurtergrünbrühen und sich deshalb auch für die Bekämpfung alter Raupen eignet.

Insgesamt bringen diese Verfahren größere Kosten mit sich, so daß ihre Anwendung nur dann empfohlen werden kann, wenn eine ausreichende mechanische Vernichtung der Raupen nicht möglich ist, oder wenn das Verfahren gegen gleichzeitig in größerem Maße auftretende Pilzschäden ausgenutzt werden kann; ein Fall, der in Kamerun wohl kaum vorkommt, da an den oberirdischen Teilen die Schmetterlingsschäden sich in der Trockenzeit, die Pilzschäden aber in der Regenzeit finden. Durchaus zu empfehlen wäre aber die Anwendung dieser durch den

Arsengehalt auch gegen Wanzen wirksamen Mischbrühe für solche Fälle, wo neben der auftretenden Braunfäule noch Rindenwanzenschäden vorhanden sind. Dabei wäre jedoch besonders streng darauf zu achten, daß die Spritzmittel auch tatsächlich dahin kommen, wo sie wirken sollen, eine Forderung, deren Erfüllung einfach aussieht, bei der Qualität der Arbeiter aber durchaus nicht einfach ist.

Weniger wirksam sind bei der Raupenbekämpfung Bleiarseniatlösungen (200—800 g in 100 l) allein.

2. Ähnliche, aber zur Zeit noch bedeutungslosere Schäden als die durch die Schmetterlingsraupen veranlaßten können an den Kakaoblättern auch durch Käfer verursacht werden. So befressen nach Aulmann (1912) u. a. die Käfer der schon als Engerlinge erwähnten Schizonycha- und Camenta-Arten die Blätter des Kakaobaumes, dasselbe tut die diesen verwandte Enaria melanictera Klg. Zacher (1915) erwähnt den Rüsselkäfer Myllocerus amoenus Hartm. als Blattschädling am Kakao von der Moliwe, von Faber (1907) den Käfer Lycus elegans Bourg.

Über die Bekämpfung der Blatthornkäfer vergleiche den Abschnitt Engerlinge. Die bei größeren Kalamitäten gegen die Käfer selbst gerichteten Maßnahmen bestehen in der Anwendung von Fraßgiften (siehe Raupen S. 158) oder bei kleineren und empfindlicheren Arten in der Verwendung von Berührungsgiften (vgl. S. 137 u. 160).

3. Im ganzen Gebiet findet man ferner an den Triebspitzen und auf den Unterseiten der an ihnen vorhandenen jungen und jüngsten Blätter in Kolonien lebende Blatt- und Wolläuse. Die bewohnten Blätter sind heller als normal entwickelte gleichaltrige und oft mehr oder weniger stark gekräuselt und eingerollt. Sorten mit rötlichen Jugendblättern sollen nach Aussagen einiger Pflanzer stärker befallen werden als die rein grünblättrigen. An den Endtrieben finden sich derartige Kolonien nur selten, und dann zuweilen oberseits an den fast senkrecht herunter hängenden Blättern. Besonders starken Befall zeigen die am Stamm oder auch im Astwerk entspringenden Schößlinge. Blattlauskolonien traf ich schon im Februar an, sie nahmen im Laufe der Folgezeit an Zahl zu. Befall durch Wolläuse stellte ich zuerst auf der Moliwe fest, wo sie auch insgesamt häufiger auftraten als auf den anderen Pflanzungen. Beide Arten, mehr aber die Wolläuse, finden sich in kleinen Gruppen, selten einzeln auch auf den Blütenpolstern und in den Blüten.

Nach Weiler (1933) sind die „Schmierläuse" (= Wolläuse) meist an jungen Pflanzen vorhanden und wie die Rindenwanze sehr regenempfindlich. Daher treten Wanzen und Läuse auf den regenreichen Pflanzungen an der Westseite des Kamerunberges erheblich weniger auf. In der Regenzeit sollen die Läuse fehlen.

Bei den Blattläusen (Aphididae) handelt es sich um die schon seit Busse bekannte Toxoptera camelliae Kalt. (= Toxoptera theobromae Schout., = T. coffeae Nietn.), deren ungeflügelte Tiere dunkelgrün bis schwarzbraun und schwarz, und deren geflügelte Tiere ebenfalls dunkelgrün mit hellererem Abdomen sind. Bei den mit weißen Wachsausscheidungen bedeckten Wolläusen (Coccidae), die den mit Schildern versehenen Schildläusen sehr nahe verwandt sind, handelt es sich um eine der Gattung Pseudococcus angehörende Art, wahrscheinlich Ps. filamentosus Ckll.

Weil diese Läuse größtenteils nur an Wasserreisern vorkommen, die sowieso ausgebrochen oder ausgeschnitten werden, sind Schäden kaum zu verzeichnen. Beim Ausbrechen der Schößlinge wäre es auch ohne viel Mehrarbeit möglich, die befallenen Teile mit den Läusen zu zertreten. Eine Bekämpfung mit chemischen Mitteln scheint mir nicht nötig zu sein. Andernfalls kann man bei starkem Befall, wenigstens solange es sich nicht um zu hohe Bäume handelt, zur Bekämpfung sowohl der Blattläuse als auch der Wolläuse und der wandernden Stadien der Schildläuse Anstriche oder Bespritzungen mit Seifenlösungen, die Nikotin (Derris) oder Petroleum oder Kombinationen beider enthalten, vornehmen (vgl. auch Rindenwanze). Als Einzelmittel werden z. B. vorgeschlagen: 4 Teile Schmierseife werden in heißem Wasser gelöst und nach dem Erkalten dann 2 Teile von käuflichem Tabakextrakt (mit 8—10% Nikotin), 4 Teile Brennspiritus (wenn vorhanden) und so viel Wasser hinzugetan, daß 100 Teile voll werden. Oder nach von Faber: 2,5 kg trockene Tabakblätter 1—2 Stunden lang mit Wasser (15 l) gründlich auskochen, nach dem Erkalten abgießen, 1 : 15 mit Wasser verdünnen und zu je 30 Teilen dieser Tabakabkochung einen Teil einer wässerigen Seifenlösung (1 : 1) hinzutun. Oder: 1 kg Seife in 5 l Wasser heiß lösen, mit dem heißen Gemisch 8 l Petroleum zu einer einheitlichen milchigen Flüssigkeit, ohne erkennbare Petroleumhäutchen an der Oberfläche, verrühren und nach dem Erkalten auf 100 l verdünnen. Alles sind nur allgemeine Vorschriften, die je nach der Zähigkeit des Parasiten in den Mengen der wirksamen Bestandteile verändert werden können.

Für festsitzende Schildläuse dürften diese Mittel gewöhnlich zu schwach sein. Hierzu würde sich gegebenenfalls wohl am besten ein Bepinseln mit verdünnten Obstbaumkarbolineen (5—10%) oder mit Kohlenteerlösungen in Petroleum (0,5 kg : 1 l) eignen.

4. Außer diesen Tieren kommen in Kamerun auch noch einige Pilze als Parasiten oder vielleicht auch nur Bewohner von Kakaoblättern in Frage.

Ganz vereinzelt fand ich in dichten feuchten Beständen der Ekona und Idenau weiße haarförmige Myzelien, sogenannte „Fadenpilze“

(thread blights), die sich gewöhnlich vom Ästchen ausgehend über mehrere Blätter fädig, zuletzt fächerartig ausdehnten. Es handelte sich dabei um einen sehr augenfälligen, nicht fruchtenden Pilz mit gekammerten Hyphen, wie er auch im Urwald mehrfach zu finden war. Die nähere Zugehörigkeit dieser Pilze ließ sich nicht klären. von Faber beschreibt von Kameruner Kakaoblättern ähnliche Pilze als Hypochnus theobromae und von toten Kakaoblättern Marasmius theobromae.

Die meisten Autoren halten diese auf den Blättern vorkommenden Agaricineen für unwichtig. Nur Dade meldet von der Goldküste (1925/26) schweren Befall. Vorausgesetzt, daß es sich bei den Kameruner Pilzen um echte Parasiten handelt, was ich für die von mir beobachteten als sicher annehme, dürfte ein Entfernen und Verbrennen bzw. tieferes Eingraben der erkrankten Blätter bzw. Ästchen zur Bekämpfung genügen und die mitunter vorgeschlagene Behandlung mit Kupfer- oder Schwefelkalkbrühe unnötig sein.

Sehr auffällig sind schwarze Überzüge, die zuweilen auf den Blättern der verschiedensten Pflanzen auftreten. Am Kakao sah ich diese Erscheinung einmal auf der Ekona. Es handelt sich dabei um sogenannte „Rußtaupilze", die sich nur auf solchen Blättern, gleich welcher Art, ansiedeln, welche von den zuckerhaltigen Ausscheidungen von Blatt- oder Schildläusen $\pm$ bedeckt sind. Schädlich sind sie für die Kakaoblätter nur dadurch, daß sie deren normalen Gaswechsel stören. von Faber beschrieb zwei dieser Pilze als Meliola theobromae und Ceratocarpia theobromae (Perisporiaceae) aus Kamerun. Für den Pflanzer sind sie bedeutungslos.

D. An jungen Zweigen.

1. Einen „Stengelspitzenbohrer" erwähnt Preuß (1903) vom Kakao. Die bräunlichen Raupen dieses „Kleinschmetterlings" fressen die Spitzen junger Kakaotriebe aus, wodurch an Jungpflanzen erhebliche Störungen im Wachstum, in der Stammbildung und Verzweigung verursacht werden. Die gleiche Raupe greift nach Preuß auch Erythrina-Arten an, an denen sämtliche Wachstumsspitzen vernichtet werden können. Auf ähnliche Schäden, aber nicht am Kakao, sondern an Erythrinen, machte mich Herr Mylord in Bota aufmerksam; in Mukonje, Ekona, Molyko, Tiko und Mokundange waren diese Erythrinenschäden ebenfalls vorhanden. Bewohnt fand ich die Triebe aber nur in Bota; es gelang leider nicht, den Schmetterling zu züchten. Es könnte möglich sein, daß es sich in beiden Fällen um den gleichen Schädling handelt, doch glaube ich es nicht. Von Erythrinen ist als Triebspitzenbohrer ein Zünsler (Pyralidae) aus Indien bekannt (Terastia egialealis Wlk.); die Kakaoparasiten werden vermutlich

der Gattung Earias (Cymbidae) nahestehen, deren Arten z. T. in ihren ersten Ständen eine ähnliche Lebensweise führen und als überaus schädliche „Kapselwürmer" von der Baumwolle her bekannt sind.

Eine direkte Bekämpfung dieser Tiere mit Arsen-Spritz- oder ähnlichen Mitteln ist wegen ihrer Lebensweise im Inneren von Pflanzenteilen nur dann durchzuführen, wenn man mit diesen Mitteln die abgelegten Eier abtöten kann. Will man daher die Tiere nicht einfach mechanisch durch Abschneiden und Verbrennen vernichten, so ist, bevor sich Bekämpfungsmaßregeln genauer angeben lassen, zunächst die Feststellung der Artzugehörigkeit und der Lebensweise (weitere Wirtspflanzen?) unerläßlich.

2. Als wohl harmlose Bewohner von jüngeren Zweigen sind seit langem zwei ziemlich große, kegelförmige, mit dickem wachsartigen Schilde versehene Schildläuse (Coccidae) aus Kamerun bekannt: eine dunkelrote Art Ceroplastes theobromae Newst. und eine porzellanweiße Ceroplastes Bussei Newst. Außer diesen beiden erwähnt Busse als dritte Art noch Hemilecanium theobromae Newst., die, eng an die Rinde gepreßt, infolge ihrer rindenähnlichen Farbe kaum zu sehen ist. Ich sah vereinzelt außerdem einige weitere, sowohl an Jungzweigen als auch an Blättern vorkommende, noch nicht bestimmte Arten, die m. E. wie die obigen als Schädlinge bedeutungslos sind (vgl. dazu Seabra, 1917/22). Wegen einer Bekämpfung vgl. den Abschnitt Blätter S. 160.

E. An älteren Stämmen und Zweigen

1. An älteren lebenden Stämmen von Kakao und Hevea sah ich mehrfach die schrotschußartig auf die Rinde verteilten Bohrlöcher sowie Gänge von Borkenkäfern (Scolytidae = Ipidae), die sich auch durch das auf der Rinde oder an der Stammbasis vorhandene Bohrmehl verraten. Allgemein ist man heute der Ansicht, daß die Borkenkäfer nur dann einen Stamm besiedeln, wenn er aus irgendwelchen Gründen geschwächt ist, dabei können diese Gründe in der belebten oder in der unbelebten Natur zu suchen sein. Das trifft auch für die von mir beobachteten Rindenbewohner des Kakaobaumes und der Heveen zu, für die sich feststellen ließ, daß die besiedelten Wirtsbäume an Wurzelpilzen, Corticien, Zapfflächenschäden o. dgl. litten. Nach Hagedorn (1912, 1913) kommen als Kakao- oder Heveen-Rindenbewohner für Kamerun in Frage: Xyleborus (Eurydactylus) sexspinosus Motsch. an Kakao, Xyleborus affinis Eichh. (= X. pubescens Zimm.) an Heveen u. a. und Xyleborus camerunus Haged. an Heveen.

Eine direkte Bekämpfung dieser rindenbewohnenden Borkenkäfer scheint mir nicht erforderlich zu sein. Man sollte aber zweckmäßigerweise die bewohnten Brutstellen durch Verbrennen der erkrankten Stämme vernichten; die sicherste Maßnahme gegen ihr Auftreten ist Pflanzungspflege, insbesondere Sauberhalten von totem Material, Düngung usw. Starke Beachtung verdient aber für eventuelle Kaffeekulturen ein weiterer Borkenkäfer, Stephanoderes Hampei Ferr. (= St. coffeae Haged.). Dieser sehr gefährliche „Kaffee-Kirschen-Bohrer" lebt in den Beeren und Bohnen des Kaffeebaumes und ist auch jetzt überall an den vereinzelt vorhandenen Kaffeepflanzen in nicht geringer Zahl vorhanden. Über die Nichteignung von Spritzmitteln zu seiner Bekämpfung, weitere Bekämpfungsmaßnahmen und Schäden auf Java berichtet Friederichs z. B. im „Tropenpflanzer" Bd. 28 (1925).

2. Verschiedentlich wurden — auch aus Kamerun — Termiten als Schädlinge von holzartigen Gewächsen (Kakao, Heveen u. v. a.) genannt. Preuß (1903) berichtet z. B. aus Kamerun, daß die Termiten vom ursprünglich besiedelten trockenen Holz auch in die lebenden Teile eindringen und die Bäume mit Sicherheit zum Absterben bringen; von Faber beobachtete Termiten an wurzelpilzkranken Bäumen, hält sie aber für ± bedeutungslose Sekundärschädlinge. Mir sind Termitenschäden nicht begegnet und auch nicht gemeldet. Daher halte ich eine Bekämpfung der Tiere (vgl. u. a. Tropenpflanzer 1909 S. 291) durch Sondermaßnahmen im Pflanzungsbetrieb nicht für erforderlich.

Andere Termitenarten legen an Stämmen erdbedeckte Gänge an, die, wie manche Ameisen (S. 156), am Kakao den Blütenansatz stören. Sie lassen sich praktisch nur durch mechanisches Zerstören der Nester entfernen.

Sehr auffällige große, den Blütenpolstern ähnliche Wucherungen sind, ebenso wie auch vielfach in der Rinde auftretende, unter dem Namen „Erbsen" bekannte Knoten nicht unmittelbar auf Parasiten zurückzuführen, sondern sie verdanken ihre Entstehung irgendwelchen entwicklungs- oder ernährungsbedingten Störungen (vgl. Hevea-Kropfmasern).

F. An Jungpflanzen.

An Jungpflanzen im Freiland, aber auch an solchen in Pflanzkörben finden sich ebenfalls mancherlei ungebetene Gäste ein. So werden u. a. Ratten, „Spitzmäuse" (?) (sonst Insektenfresser!), Mäuse, Krebse und Schnecken erwähnt, denen man durch Fallen, Giftköder oder Absammeln entgegentreten könnte. An den oberirdischen Teilen schaden dann einige Heuschrecken (vgl. auch Zacher, 1913, 1915, 1917). von Faber beobachtete in Kamerun, daß Zonocerus variegatus L., eine sehr bunte, 4—5 cm große Heuschrecke, die Blätter benagte und auch die Stämmchen ringelte oder ganz abfraß. Ähnlich arbeiten einige Grillen, z. B. frißt Gryllus conspersus Schaum. den Stamm oberhalb der Wurzeln an, das gleiche tut die wie die vorige von Kickxien aus Kamerun gemeldete Heuschrecke Scapsipedus marginatus Afz. nach Zacher (1913, 1917). Als nicht wählerische Schädlinge der Wurzeln kommen neben der häufigen Maulwurfsgrille Gryllotalpa africana P. Beauv., die ich sogar in Pflanzkörben sah, noch Erdraupen (Noctuiden, insbes. Agrotis-Arten; Zacher, 1915) als Wurzelfresser in Frage (vereinzelt ebenfalls in Pflanzkörben von mir beobachtet).

Da alle diese Insekten nicht an bestimmte Wirte angepaßt sind und das gerade Vorliegende fressen, handelt es sich bei solchen Ausfällen immer um Zufallsschäden. Eine Bekämpfung der Tiere mit irgendwelchen Gieß- oder Spritzmitteln kommt m. E. für die Kameruner Verhältnisse nicht in Frage, außerdem sind auch die z. T. sehr beweglichen Tiere selbst bei empfindlichen Schäden in Saat- und Pflanzbeeten zu wenig ortsgebunden und zu zerstreut, so daß man sie nur schlecht erreichen würde.

Es wird daher empfohlen, schon zunächst die Saatbohnen gegen Angriffe begieriger Insekten dadurch zu schützen, daß man sie in einer teigigen Mischung von Petroleum und Holzasche rollt, oder einfach bei der Aussaat mit Holzasche bestreut. Holzasche kann auch später an den Hals der Wurzeln gestreut werden und hält dann Grillen und Erdraupen fern. Maulwurfsgrillen lassen sich durch gutes Kalken verscheuchen. Die Zonocerus und andere Heuschrecken werden am zweckmäßigsten abgesammelt. Bei ernsteren Schäden (vor allem in Saatbeeten bzw. -körben) wird sich für alle Insekten am besten die Anwendung von Giftködern rentieren. Die Giftköder (Vorsicht!) bestehen aus gleichmäßig mit Wasser durchgekneteten, ziemlich festen Pasten aus Kleie, Mehl o. dgl. (1 kg), welche Zucker, Honig, Syrup, Melasse oder ähnliches (100 g) und Schweinfurtergrün oder Arsenik (zirka 20 g) enthalten. Statt der auszulegenden Pasten lassen sich auch mit Gift getränkte (50—100 g Zucker, 10 g Arsenik in 1 Liter Wasser gelöst) Pflanzenteile (Bananenfruchtfleisch, saftige Kräuter u. a.) verwenden, die abends ausgelegt werden. Die Köder sind so auszulegen, daß sie nicht zu schnell austrocknen, daher abends und an schattigen Stellen; im übrigen ist bei allen stark giftigen Arsenmitteln wegen der Vergiftungsgefahr von Mensch und Haustier größte Vorsorge geboten. Für die Bekämpfung von Grillen empfiehlt es sich, die Köder unter Fanghaufen auszulegen, weil sich diese lichtscheuen Tiere gerne unter Krauthaufen und dergleichen sammeln.

Ölpalme

Die Ölpalme (Elaeis guineensis Jacq.) ist von allen tropischen Kulturpflanzen wohl diejenige, die am wenigsten unter Krankheiten und Schädlingen zu leiden hat. Besonders trifft das für die Ölpalme Kameruns zu. Wirtschaftlich ernstlich ins Gewicht fallende Schädigungen sind zur Zeit in Kamerun nicht vorhanden und waren es, wie aus dem fast völligen Fehlen älterer Angaben hervorgeht, auch früher nicht.

Da die Ölpalme in West-Afrika beheimatet ist, hat sie dort zu der gesamten belebten und unbelebten Umwelt einen Gleichgewichtszustand erreicht, der ihren Bestand als Wildpflanze gewährleistet. Wird sie dieses Gleichgewicht auch halten können, wenn sie oder auch ihre auf höheren Ertrag gezüchteten Rassen in größerem Maßstabe in Einzelkultur angebaut werden? Es ist zu erwarten, daß tierische und pflanzliche Feinde ihr wenigstens zunächst auch bei Einzelkultur Schäden ernstlicher Art nicht zufügen werden. Sollten dennoch anfangs größere Schäden auftreten, so wird man deren Ursache weniger in parasitären Erkrankungen zu suchen haben als vielmehr in einer durch die Kulturmaßnahmen erfolgten Störung des mannigfaltigen Wechselspieles zwischen Boden und Pflanze. Jeder auftretenden parasitären Erkrankung, gleichgültig ob sie direkter oder indirekter Natur ist, sollte man aber — wie es ja auch geschieht — ganz besondere Aufmerksamkeit widmen, um auch jedes Übel sofort im Keime ersticken zu können.

1. Wurzelpilze

Die Mehrzahl der bis heute von der Ölpalme bekannten Wurzelpilze gehört zu den mit mehrjähigen Fruchtkörpern ausgestatteten Vertretern der Familie der Polyporaceen. Aus West-Afrika werden als Arten, die auch lebende Ölpalmen zu befallen vermögen, nach Wakefield (1920) gemeldet: Ganoderma, wahrscheinlich tumidum Bres. aus dem Kongogebiet, Ganoderma lucidum Karst. (= Fomes lucidus Fr.) aus Süd-Nigerien und Kabinda und auf Grund von Mitteilungen durch Maublanc und Navel (1920) Ganoderma applanatum Pers. von den Inseln Principe und San Thomé. Fickendey (1929) gibt an, daß in Sumatra außer Ganoderma lucidum auch Rigidoporus microporus und „Fomes lamaoensis" (vgl. S. 126) Ölpalmen befielen, und schließlich beschreibt Sharples (1928) als Wurzelpilz von Kokos- und Ölpalmen noch eine neue Marasmius-Art, M. palmivorus (Agaricaceae) aus Ostindien.

Aus allen Mitteilungen geht mehr oder weniger deutlich hervor, daß der Pilzerkrankung immer eine Verletzung (Anzapfen, Insektenbeschädigung) oder andersartige Schwächung (Alter, Mangelkrankheit) der Pflanze voraufging. Weiterhin handelt es sich in all diesen Fällen weniger um ein Zugrundegehen des Wurzelwerkes als vielmehr um eine Fäule der basalen Stammteile, die sowohl an wenigjährigen als auch an älteren und alten Pflanzen auftreten kann.

Aus Kamerun, wo nach Strunk (1906) die Ölpalme seit dem Jahre 1902 angebaut wird, liegt bisher eine einzige Mitteilung über Wurzelpilzbefall an Ölpalmen vor. Bücher und Fickendey (1929) beobachteten dort, daß die Ölpalme in seltenen Fällen einer Polyporacee, nämlich einer Fomes-Art, vielleicht F. vesiculosus, zum Opfer fiel. Die Fruchtkörper dieses Pilzes sahen sie mehrfach zirka 50 cm über dem Erdboden an sterbenden Palmen; in einem Falle auch im Wurzelwerk einer erkrankten Pflanze. Bei dem plötzlich erfolgenden Absterben biegen sich die Blattwedel nach unten und vertrocknen; die jüngsten Blätter bleiben noch etwa 2 Wochen unentfaltet stehen, werden gelb und knicken dann ebenfalls um. Die Autoren lassen aber die Möglichkeit offen, daß es sich bei diesem Sterben um eine normale Alterserscheinung handelt, bei der der Pilz nur sekundär hinzutritt.

Während meines Aufenthaltes sah ich auf den Pflanzungen von Mabeta, Molyko und der Moliwe alte, aus den Vorkriegsjahren stammende Palmen, die unter ähnlichen äußeren Erscheinungen zugrunde gingen. In den untersuchten Fällen war weder die Anwesenheit von Pilzfruchtkörpern oder Pilzmyzelien noch das Vorhandensein von „Fäulen" oder von Beschädigungen durch Insekten festzustellen, weswegen ich das Sterben dieser Palmen als normales Geschehen ansah. Auf der Moliwe wurden mir dann weiterhin in einem sonst gesunden Bestande einige im Stamm etwa nur etwas über mannshohe Palmen gezeigt, die unter den gleichen Symptomen eingingen. Eine Untersuchung an Ort und Stelle verlief ergebnislos und ebenso auch die eingehende Überprüfung des nach Rostock mitgenommenen verdächtigen Materiales von Wurzel- und Stammteilen. Demnach scheinen mir auch diese Erkrankungen nicht parasitär bedingt zu sein.

Unverkennbare Wurzelpilzschäden wurden mir im freien Feld nur ganz vereinzelt, und nur von jungen, „stammlosen" Palmen bekannt, nämlich ein Fall von der Likomba und drei Fälle von der Moliwe. Eine der Moliwe-Pflanzen ist in den Abbildungen 30 und 34 wiedergegeben, die Likomba-Pflanze in den Abbildungen 32 und 33. Danach äußern sich die Einflüsse der Wurzelpilzerkrankung bei jungen, „stammlosen" Palmen anders als bei älteren Pflanzen, bei denen die Wedel durch den Stamm schon $\pm$ weit über den Erdboden emporgehoben sind. In beiden Fällen zerstört der Pilz — in je nach der Befallsart und -stärke verschieden starkem Ausmaß — die unteren Teile des Stammes, die dann das Bild einer „Fäule" bieten und einen typisch säuerlich-gärigen Geruch ausströmen. Bei jungen Pflanzen dringt das Pilzmyzel sofort auch in die zarten Gewebe des unmittelbar benachbarten Wachstumsscheitels ein und zerstört ihn, bevor die äußeren Teile ernstlich in Mitleidenschaft gezogen worden sind. Das hat zur Folge, daß die inneren, jüngsten Blätter weit früher absterben als die älteren, außen stehenden (Abb. 32, 33, 34). Durch einen Wurzelpilz zerstörte junge „stammlose" Ölpalmen bieten also Bilder, wie sie z. B. Morstatt (1920) für die „Herz-Fäulen" (bud-rot) der Kokospalmen schildert. An alten Ölpalmen kann der Pilz nicht auf den Wachstumsscheitel übergreifen; infolgedessen erfolgt das Absterben der Wedel bei ihnen in umgekehrter Folge, nämlich von außen nach innen fortschreitend. Nach Fickendey (1929) u. a. können an solchen älteren Bäumen die Wedel abknicken und hängen bleiben oder sich auch ablösen, wobei dann an einzelnen Stellen ein brauner stinkender Saft austritt. Ist an solchen Pflanzen das ganze Wurzelsystem angegriffen, so geht die Pflanze, wenn sie nicht ausheilt, stehend ein; ist jedoch nur ein Teil des Wurzelsystemes befallen, so brauchen an der Krone äußere Erscheinungen gar nicht vorhanden zu sein; eines guten Tages stürzt aber die Palme wegen der einseitigen Zerstörung der unteren Stammteile nach der verfaulten Seite hin um.

Bemerkenswert war bei den Kameruner Pflanzen, daß sich die Fäule fast nur auf die Stammbasen beschränkte, die Wurzeln aber kaum in Mitleidenschaft zog. Es waren bei allen Pflanzen nur wenige Wurzeln durch den Pilz zerstört; die übrigen zeigten zwar größtenteils ebenfalls einen Myzelbelag, doch war es dem Pilz nicht gelungen, die Wurzelgewebe zu vernichten. Aus diesem Grunde wurde auch die Moliwe-Pflanze, die mit ihrem Stamm höher stand als die Pflanze auf der Likomba, vom angreifenden Wind nicht, wie es bei den eigentlichen Holzpflanzen der Fall ist, im Wurzelwerk zerrissen, sondern das Umbrechen erfolgte im Stamme selbst. Die Abbildung 33 läßt in dem verfaulten Stammteil das weiße Myzel des Schädlings gut erkennen. Da die Wurzelinfektion in diesen Fällen nur gering war, kann man sich das Zustandekommen der vernichtenden Wirkung des Befalls nur so erklären, daß der Pilz nicht von den Wurzeln hergekommen ist, sondern die Möglichkeit hatte, durch eine Wunde direkt in den Stamm einzudringen. Die wahrscheinlich durch Insekten veranlaßte Wunde selbst war bei den Pflanzen infolge der vorgeschrittenen Fäule der Gewebe nicht mehr feststellbar. Das wird voraussichtlich immer der Fall sein, denn wenn man die Erkrankung schon an den äußeren Symptomen erkennen kann, ist die Zersetzung der Gewebe schon sehr weit vor sich gegangen. Der zuletzt erwähnte Befund bestätigt wiederum die schon mehrfach erwähnte Tatsache, daß an oberirdischen Teilen erkennbare Erkrankungen normalerweise nicht mehr zu heilen sind.

Zur Ermittlung der systematischen Zugehörigkeit des Pilzes wurden mir von der Moliwe freundlichst zwei wurzelpilzverdächtige Stümpfe von jungen Ölpalmen mitgegeben. In Rostock erschienen auf beiden Stümpfen bisher nur die in Abbildung 35 dargestellten Fruchtkörper einer Agaricacee. Ich glaube nicht, daß diese Fruchtkörper zu einem Pilz gehören, der als Erreger von Wurzelfäulen an Ölpalmen in Frage kommt. Einzelne Myzelfäden überzogen zwar die Außenteile der Stümpfe, doch fehlte an diesen jedes Anzeichen einer (sonst ja typischen) Fäule im Stamminneren. Ich nehme vielmehr mit Wakefield (1920) an, daß als Erreger von Wurzelfäulen an Ölpalmen in West-Afrika Polyporaceen mit ausdauernden Fruchtkörpern in Frage kommen, wie ich solche an allen möglichen toten Stämmen vielfach sah.

Die merkwürdige Tatsache, daß die Ölpalme viel weniger Wurzelpilzschäden aufweist als alle übrigen Kulturpflanzen, könnte man vielleicht mit der Annahme erklären, daß die Ölpalme den Wurzelpilzen gegenüber eine ihr wesenseigene innere Resistenz besitzt. Dafür würde, neben der Seltenheit von Wurzelpilzschäden an Ölpalmen überhaupt, auch das mehrfach festgestellte Nichtauftreten von Erkrankungen an Ölpalmen in Mischbeständen, deren andere Partner z. B. Kakao (Idenau) oder Planten (Moliwe) ernstliche Schäden aufwiesen, sprechen. Dem steht die Erfahrung gegenüber, daß verletzte Palmen von Wurzelpilzen vernichtet werden können. Das besagt, daß am Zustandekommen der Widerstandsfähigkeit der Ölpalmen Baueigentümlichkeiten zum mindesten mitbeteiligt sind. Die erhöhte Widerstandsfähigkeit der Ölpalme ließe sich den zweikeimblättrigen Holzpflanzen gegenüber vielleicht dadurch erklären, daß ihr die Fähigkeit zukommt, verloren gegangene Wurzeln schnell und nahezu vollständig durch Neubildung ersetzen zu können. Der Banane gegenüber versagt aber diese Erklärung; in diesem Falle müßte man den erheblich festeren Bau der Palmenwurzeln für die größere Resistenz verantwortlich machen.

Meine Erfahrungen gehen dahin, daß Bau und Regenerationsfähigkeit der Ölpalmenwurzeln beim Zustandekommen der erhöhten Widerstandsfähigkeit den Wurzelpilzen gegenüber mindestens eine ebenso große Rolle spielen wie die innere Resistenz. Stimmen diese Annahmen, so heißt das, daß die sonst gesunde Ölpalme Pilzinfektionen, die sich nur auf das Wurzelwerk beziehen, schnell und ohne größere Einbuße überbrücken kann; ernstliche Schäden entstehen nur dann, wenn es dem Pilz gelingt, in das Stamminnere einzudringen, und das ist nur möglich mit Hilfe von Verwundungen des Stammes. Daraus ergibt sich dann die vom rein

Abb. 32. Wurzelpilzkranke Ölpalme. Die Stammfäule ist an dieser jungen Palme zugleich Herzfäule. Der Pilz hat schon die Basen der Wedel ergriffen, so daß alle abgeknickt sind und platt auf der Erde liegen. (18. 2. 1938.)

Abb. 33. Mittelteil derselben Palme wie in Abbildung 30. Die jüngsten Blätter sind vor den älteren zugrunde gegangen und haben als erste die Verbindung mit dem Stammkörper verloren.

Abb. 34. An Wurzelpilz erkrankte junge Ölpalme, die in der Stammbasis abbrach und umfiel. (8. 4. 1938.)

Abb. 35. Wurzelpilzverdächtige Ölpalmenstümpfe lieferten bei Kultur in feuchter Kammer die dargestellten Fruchtkörper einer wohl nur saprophytischen Agaricacee. (Rostock, 12. 8. 1938.)

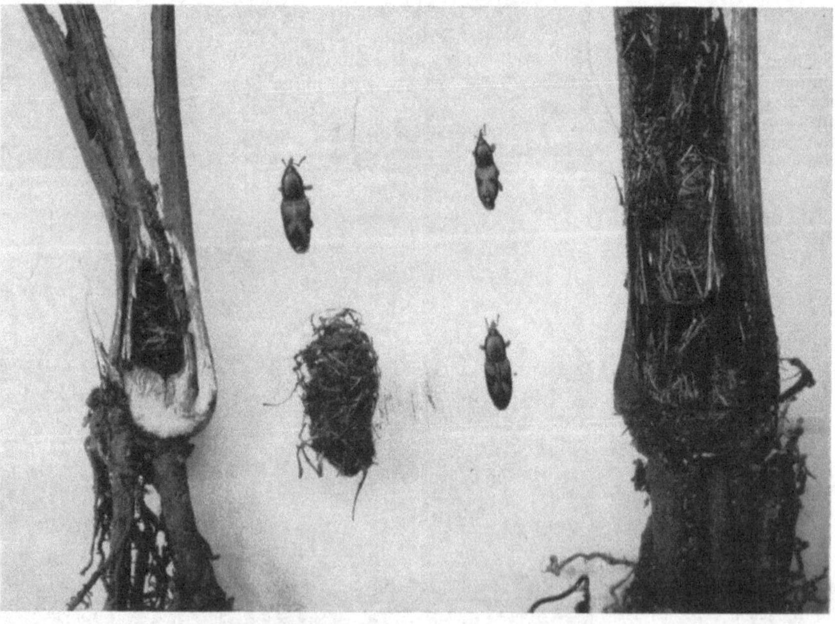

Abb. 36. Zwei junge Ölpalmen, deren Herzteile durch Rhynchophorus-Larven völlig zerstört wurden. In den Pflanzen sind die Puppenwiegen erkennbar. Eine Puppenwiege und drei Käfer (Rhynchophorus phoenicis F.), die aus dem Material gezüchtet wurden. (Kamerun-Material; Rostock, August 1938.)

parasitologischen Standpunkt aus schon in den früheren Abschnitten erwähnte Möglichkeit, wurzelpilzdurchseuchte Felder nach Durchführung der früher geschilderten notwendigen Vernichtungsmaßnahmen am erfolgreichsten mit Ölpalmen zu bepflanzen.

Aus denselben Gründen kommt für die Verhütung von Wurzelpilzschäden in reinen Ölpalmenbeständen neben der Vernichtung des Pilzes besonders dem Vermeiden von Verwundungen der basalen Stammteile eine erhöhte Bedeutung zu. Solche Verwundungen werden weniger durch unvorsichtige Handhabung von Arbeitsgeräten entstehen als durch die im übernächsten Abschnitt geschilderten Käfer. Ihre Bekämpfung ist zugleich der beste Schutz gegen Wurzelpilzerkrankungen. Im übrigen wird es ausreichen, die wenigen vorhandenen wurzelpilzkranken Palmen auszuroden und an Ort und Stelle zu verbrennen. Das gilt allerdings nur unter der Voraussetzung, daß es sich um reine Ölpalmenbestände handelt; werden aber außer Ölpalmen noch andere Nutzpflanzen auf dem gleichen Feld angebaut, so sind zu deren Schutz die beim Kakao genauer geschilderten Maßnahmen wie Isolierung und Durchsonnung des Herdes usw. erforderlich.

Ausgedehntere Wurzelpilzschäden an Ölpalmen sah ich dann in einigen vernachlässigten Keim-Saatbeeten und Pflanzkörben. Die Wurzeln dieser Jungpflanzen waren von einem weißen Pilzmyzel mit gekammerten Hyphen überzogen und ihr Innengewebe — wohl infolge des verhältnismäßig zarten Baues — weitgehend faulig zersetzt. Die oberirdischen Teile der Pflanzen ließen nur noch an den mittleren, in der Knospenlage befindlichen Blättchen die grüne Farbe erkennen, alle übrigen Blätter waren gebräunt und abgestorben, ohne daß sonstige Verletzungen vorhanden waren. Diese Erkrankungen waren m. E. nur auf Unachtsamkeit beim Aufschütten der Beete bzw. Einfüllen der Erde in die Pflanzkörbchen zurückzuführen, denn in allen Fällen ließen sich in dem Erdmaterial reichlich tote Zweigstücke, die mit Pilzmyzel üppig besetzt waren und daher als Infektionsquellen anzusehen sind, nachweisen. Vermeidet man das Vorhandensein solcher Infektionsherde, so ist mit einer Erkrankung der Jungpflanzen durch Wurzelpilze nicht zu rechnen!

2. Nicht-parasitäre Krankheiten

Ich fasse in diesem Abschnitt einige äußerlich verschieden aussehende Krankheiten zusammen, für deren Zustandekommen Parasiten nicht verantwortlich gemacht werden können.

1. Häufiger wurden in Kamerun Palmen beobachtet, die ein von außen nach innen fortschreitendes, mehr oder weniger stark ausgeprägtes

Vergilben der Wedel zeigten (vgl. auch S. 174). In ernsteren Fällen vollziehen die ausgewachsenen Wedel in der gleichen Folge ein verschieden weitgehendes Absenken ihres Blattstieles, das zuweilen zu einem vorzeitigen Abknicken führen kann. Fortgeschrittene Stadien derart erkrankter Palmen bieten dadurch ein typisches Bild, daß die Krone nicht mehr wie im Normalzustande einen einheitlich dichten Kugelausschnitt bildet, sondern sie zeigt statt dessen ein von den noch nicht ausgewachsenen Wedeln gebildetes zentral stehendes Büschel, auf welches ringsum eine breite wedellose Lücke folgt, an die dann erst die älteren Wedel in Form eines Ringes anschließen. Diese Krankheit ist nicht parasitär bedingt (Mangelkrankheit) und kann nur durch Düngung und Bodenpflege behoben werden.

2. Auf eine an Deli-Palmen auftretende und in Kamerun als „Blattfäule" bezeichnete Krankheit wies Herr Mylord-Bota hin. Nach seinen Erfahrungen trat diese Krankheit an den Delipalmen anfangs häufiger auf und schien gefährlichen Charakter anzunehmen. Später nahm sie jedoch von Jahr zu Jahr ab, und z. Zt. sollen nur noch vereinzelte kranke Exemplare vorhanden sein. Die Ursachen dieser Krankheit sind noch ungeklärt. Herrn Mylords Schilderungen nach ähnelt sie der aus Sumatra für 2—5 jährige Palmen beschriebenen „Kronen-Krankheit" (= Kroonziekte). Kronenkranke Pflanzen zeigen u. a. ein Weichwerden der Achse an den noch nicht ausgewachsenen Blättern, was zur Folge hat, daß die Wedel abknicken oder doch in hohem Bogen herabhängen, so daß ihre Spitzen den Boden berühren (vgl. Sprecher von Bernegg, Bd. 2). Da Parasiten nicht nachgewiesen werden konnten und die Pflanzen sich von selbst wieder erholten, scheint eine Stoffwechselkrankheit vorzuliegen. Fickendey (1929) nimmt auf Grund von Versuchen und Beobachtungen an, daß diese „Blattfäule", wie auch er die Krankheit nennt, in solchen Fällen auftrete, in denen das Laubwerk im Verhältnis zum Wurzelwerk zu üppig entwickelt ist. Durch Düngung mit hohen Stickstoffmengen z. B. ließ sich im Versuch dieses Mißverhältnis und auch die anschließende „Blattfäule" erzielen.

Da der Schaden durch diese Krankheit im allgemeinen nicht groß ist, sind nach Fickendey Gegenmaßnahmen nicht erforderlich; er hält es aber für ratsam, stärker erkrankte Pflanzen schon frühzeitig auszumerzen, da gerade sie sehr langsamwüchsig sind.

3. Herr Schmidt-Mokundange erwähnte das vereinzelte Vorkommen einer „Blattstumpf-Krankheit". Bei dieser Krankheit bilden sich statt der normalen Wedel in wechselnder Anzahl mit dichten Federn besetzte und in allen Teilen zurückgebildete, stummelförmige Wedel. Die Stummel sind also von vorneherein vorhanden und treten nicht erst sekundär durch

Abbrechen der Wedelspitzen auf, wie z. B. nach der Blattfäulekrankheit, die zu ähnlichen stummelblättrigen Pflanzen Anlaß geben kann.

Auch diese Erscheinung ist nach den aus Ostindien mitgeteilten Erfahrungen nicht durch Parasiten bedingt, sondern geht auf Ernährungsstörungen zurück und ist daher nur durch Bodenpflege zu heilen.

3. Insekten als Schädlinge der Ölpalme

Ähnlich wie heute die Ölpalme, so galt früher einmal die Kokospalme als Kulturpflanze, die unter Schädlingen und Krankheiten kaum zu leiden hatte. Das hat sich seither geändert. Heute wird die Kokospalme nicht nur durch primäre oder sekundäre „Herz-Fäulen" (vgl. Morstatt, 1920), die durch Bacillus coli (Esch.) Migula, Pythium palmivorum Butl., oder auch durch die uns von der Braunfäule des Kakaos her bekannte Phytophthora Faberi Maubl. (vgl. Tropenpflanzer, Jg. 37, S. 436) hervorgerufen sein können, stark geschädigt, sondern außerdem besonders noch durch Käfer, nämlich Nashornkäfer und Palmenbohrer. Vertreter dieser beiden Käfergruppen werden auch verschiedentlich als Ölpalmenschädlinge angegeben und kommen auch in Kamerun vor.

1. Die den Palmen schädlichen Nashornkäfer gehören größtenteils der Gattung Oryctes (Fam. Dynastidae) an, von der aus West-Afrika Oryctes owariensis Beauv., O. boas F. und O. monoceras Ol. gemeldet werden. Die Larven dieser Käfer leben in verrottendem Pflanzenmaterial, besonders gerne in faulenden Palmenstämmen. Die Käfer fliegen nachts an die Palmenkronen und fressen waagerechte Gänge in die unteren Teile der zarteren Wedel, die dann im Verlaufe des weiteren Wachstums ± verstümmelt erscheinen und auch abknicken können. Zuweilen erreichen diese Gänge auch die zentral stehenden jüngsten Blätter, in denen die Käfer dann abwärts fressen und so zum Herzen gelangen können. Hier zerstören sie den Wachstumskegel, und die Pflanzen müssen infolgedessen unweigerlich eingehen.

Ich sah in Kamerun keine eindeutigen Nashornkäfer-Schäden an Ölpalmen, doch sollen solche nach den Aussagen einiger Pflanzer vorkommen. Eine Anzahl von aus verrottenden Palmen stammenden Nashornkäfer-Engerlingen wurde mir von Eingeborenen, die diese fetten Larven als Leckerbissen schätzen, gebracht. Die Zucht dieser Larven lieferte aber keinen Oryctes, sondern einen verwandten Käfer, nämlich Heteroligus claudius robustus Prell. Diesen 4 bis annähernd 5 cm großen, glänzend braunen Heteroligus (det. Prof. Kuntzen) fing ich auf fast allen Pflanzungen, am häufigsten im Juni, auch abends am Licht. Genaueres über seine Lebensweise, besonders darüber, ob er nach Art der Oryctes die Ölpalmen befällt, konnte ich nicht in Erfahrung bringen. Preuß (1911) erwähnt ihn unter den Schädlingen der Kokospalme nicht. Es bedarf daher der Nachprüfung, ob dieser Käfer und ebenso der aus Kamerun gemeldete und gleichfalls zu den Dynastiden gehörende Archon centaurus Burm. eventuell neben einer Oryctes-Art als Schädlinge der Ölpalme anzusehen sind und für die vorhandenen Nashornkäfer-Schäden mit verantwortlich gemacht werden können.

Die Schädlichkeit der Nashornkäfer beruht nicht allein in den oben geschilderten direkten Fraßschäden an der Pflanze, sondern soll weiterhin und vielfach in erster Linie darin liegen, daß ihre Fraßstellen anderen Schädlingen den Zugang zur Ölpalme erleichtern oder gar erst ermöglichen (vgl. Wurzelpilz und Palmenbohrer).

Erfreulicherweise ist eine Bekämpfung der Nashornkäfer im großen in Kamerun noch nicht erforderlich. Es genügt, wenn man auf den Feldern, in welchen Fraßschäden nachgewiesen wurden, die eventuell vorhandenen Brutstellen des Käfers (faulende Stämme, modernde Komposthaufen, insbesondere von alten Fruchtständen und von Kakaoschalen usw.) von Zeit zu Zeit auf das Vorhandensein von Nashornkäferlarven überprüft und diese gegebenenfalls durch Eingeborene, die den Leckerbissen bestimmt nicht verschmähen werden, absuchen läßt. Sonst gestaltet sich die Bekämpfung des Schädlings schwierig. Es ist dann erforderlich, als vorbeugende Maßnahme alle herumliegenden modernden Pflanzenteile und -haufen bis auf einige wenige, regelmäßige kontrollierte oder auch neu angelegte „Fanghaufen" zu entfernen. Die direkten Bekämpfungsverfahren können sich dann gegen die Käfer selbst oder gegen die Larven richten. Man kann die Käfer ähnlich wie die Larven der Kakaobohrer mechanisch oder mit Hilfe von leicht flüchtigen Stoffen im Inneren der Gänge abtöten oder sie auch durch gärenden Palmensaft bzw. durch Licht anlocken und vernichten. Zweckmäßiger ist aber die Bekämpfung der Larven, indem man versucht, sie in Fanghaufen zu sammeln, um sie dort mit chemischen Mitteln (z. B. Schwefelkohlenstoff) oder auch mit Hilfe des schon bei den Bananen-Engerlingen erwähnten Pilzes Metarrhizium anisopliae unschädlich zu machen. Es hat sich aber gezeigt, daß innerhalb dieser Pilzart Rassen vorhanden sind, die sich in ihrer Wirksamkeit auf verschiedene Käferarten unterscheiden. Es ist also nicht gesagt, daß eine an Engerlinge angepaßte Rasse auch für Nashornkäfer zu verwenden ist, und umgekehrt. Vgl. dazu u. a. Friederichs, 1913, 1919.

2. Als weiterer, für die Ölpalmen schädlicher Käfer kommt der Palmbohrer oder Palmenrüßler, Rhynchophorus phoenicis Fabr. (Curculionidae) (Abb. 36) in Frage. Preuß erwähnt schon 1902, daß in Kamerun

die Larve des Käfers der häufigste Ölpalmenschädling sei, ohne aber den Pflanzen ernstlich zu schaden.

Der rotbraune, mit schwarzen Flecken versehene Käfer ist etwa 15—25 mm groß. Die Weibchen legen ihre Eier an Wunden oder sonstige schwache Stellen, gewöhnlich an den oberen Teil älterer Stämme, nach Morstatt (1914) aber auch in das Herz der Palme. Die ausschlüpfenden, fußlosen Larven fressen Gänge in den oberen Stammteil, die meist von außen-unten nach innen-oben verlaufen. Beschränkt sich die Tätigkeit der Larve allein auf den Stamm, so sind kaum Schäden festzustellen; selbst wenn in einem Stamm mehrere Larven vorhanden sind, sieht die Palme gewöhnlich äußerlich gesund aus, bis sie dann plötzlich vom Winde abgebrochen wird. Gelangt die Larve aber in das Herz, so zerstört sie dieses, und damit ist die Palme unfehlbar verloren. Die ockergelbe Larve verpuppt sich in einem Kokon aus langen groben Palmenfasern (Abb. 36), und nach etwa 6 Wochen oder mehr erscheint der Käfer. Ich fand den Käfer im Freiland nur selten an frischen Wedelschnittstellen (Idenau); zwei Exemplare fing ich Ende Juni auf der Likomba auch abends am Licht.

Es ist vielfach darauf hingewiesen worden, daß der Rüßler unverletzte Palmen nicht zu befallen vermag, sondern daß eine Besiedelung nur durch irgendwelche Wunden erfolgen kann. Für diese Wunden werden in den meisten Fällen Nashornkäfer verantwortlich gemacht. Doch weist Fickendey (1929) darauf hin, daß der Sumatraner Palmbohrer (Rhynchophorus schach F.) es bei der Ölpalme offenbar nicht versteht, die Nashornkäferwunden auszunutzen, und daß dieser Rüsselkäfer infolgedessen in Sumatra keine ernste Gefahr für die Ölpalme darstellt.

Schäden durch den Palmenbohrer sind mir in Kamerun aus im Freiland stehenden Beständen nicht bekannt geworden. Herr Güther gab mir aber von einem Saatbeet der Ekona einige Jungpflanzen, deren zu innerst stehende Blätter gebräunt und vertrocknet waren; nur die ältesten, außen stehenden, waren noch grün. Der mittlere Teil dieser Pflanzen war durch eine fußlose, ockergelbe Larve vollständig zerstört; später verpuppten sich die Larven in einer langfaserigen Wiege und Ende Juli/Anfang August erschienen daraus in Rostock die Käfer, Rhynchophorus phoenicis Fabr. (Abb. 36).

Die Tatsache, daß in dem Saatbeet viele Pflanzen befallen waren, spricht m. E. dafür, daß — wie schon Morstatt u. a. betonten — die Käfer ihre Eier auch an die unverletzten, zarten Gewebe des Wachstumsscheitels ablegen, und daß die Larven imstande sind, unmittelbar in diese Gewebe einzudringen.

Eine Bekämpfung der Larven im Palmenkörper hat wenig Zweck, da man ihre Anwesenheit gewöhnlich erst dann feststellt, wenn eine

Rettung der Pflanze ausgeschlossen ist. Das gleiche trifft m. E. auch für Jungpflanzen zu. Daher sind die kranken Pflanzen mit den Larven zu vernichten. Zur Bekämpfung der hauptsächlich wohl zu Beginn der Regenzeit auftretenden Käfer wird die Anwendung von Ködern empfohlen.

Als Gegenmaßnahme dürfte für Kamerun ganz allgemein das Vernichten der mit Larven besetzten Teile ausreichen. In besonderen Fällen wird man aber auf die Anwendung von Ködern zurückgreifen müssen, die z. B. zum Fernhalten der Käfer von Saatbeeten in einiger Entfernung im Umkreis der Beete aufzustellen wären. Da sich das Ködern mit grellem Licht wohl nur schwer verwirklichen lassen wird, muß man alkoholisch-gärende (nicht sauer-gärende) Palmen- oder gemischte Fruchtsäfte aussetzen und die daran angesammelten Käfer, die wohl hauptsächlich in der Dunkelheit fliegen, mehrmals ablesen und vernichten.

3. Vereinzelt sah ich in Kamerun an Palmwedeln Fraßstellen am Rande der Fiederblätter, die wohl nur von Schmetterlingsraupen herrühren können; den Schädling selbst fand ich nicht. Bücher und Fickendey (1919) nennen die Raupen von Carystus laufella Haw. als Blattfresser von Ölpalmen.

4. Ein gefürchteter Feind der Kokospalme ist in vielen Gebieten die in den Tropen der Alten Welt verbreitete Schildlaus Aspidiotus destructor Sign. (Coccidae, Diaspinae), die auch in West-Afrika (Togo, Sierra Leone) schon erhebliche Schäden an Kokospalmen verursacht hat. Diese Schildlaus befällt nicht nur die Kokospalme, sondern auch andere Palmen und eine Reihe weiterer Pflanzen. In Kamerun ist sie neben einer weiteren, noch unbestimmten, weit häufigeren Schildlaus an Ölpalmen auf den meisten Pflanzungen vorhanden. Man braucht nur die Fruchtstände auf den Sammelstellen genauer in Augenschein zu nehmen, und man wird besonders unten im Fruchtstand an den Früchten und Deckblättern oft genug unter den von Wachsausscheidungen weiß erscheinenden Schildläusen auch den Aspidiotus destructor finden. Die festsitzenden, mit einem Schild versehenen Weibchen beider Arten sitzen in großer Menge nicht nur in den Fruchtständen, sondern kommen auch an den Wedelstielen und auf der Unter-, seltener der Oberseite der Fiederblätter in Reihen längs der Nerven oder in größeren Gruppen vor. Die Tiere entziehen ihrer Unterlage durch Saugen Nahrung. An dickfleischigen Teilen macht sich eine Reaktion der Pflanze kaum bemerkbar, auf den Blättern aber vergilben die besiedelten Stellen und ihre nächste Umgebung.

Massenauftreten oder ernstliche Schäden an Ölpalmen wurden bisher aus Kamerun nicht bekannt und auch von mir nirgends beobachtet; daher ist eine Bekämpfung, die wegen der Widerstandsfähigkeit der durch das Schild geschützten Tiere und wegen der großen Anzahl ihrer Wirtspflanzen recht schwierig ist, für Kamerun nicht nötig.

4. Weitere Schädlinge der Ölpalme

1. Ölpalmen in der Nähe von Ansiedlungen werden fast überall durch Webervögel (Ploceiden) arg mitgenommen. Diese Vögel fertigen aus den Blattfiedern der Palmen ihre kugeligen Nester an und zerstören dabei die ganzen Blattflächen der Wedel (Abb. 31). Da die Webervögel in geschlossenen Pflanzungen nie nisten, und Getreide, das durch sie bedroht sein könnte, im Gebiet nicht angebaut wird, ist von einer Bekämpfung der Tiere abzusehen, zumal sie nicht allein Körnerfresser sind, sondern nebenher auch noch Insekten vertilgen.

2. Wegen der in Keim- und Saatbeeten eventuell auftretenden schädlichen Insekten (Maulwurfsgrillen, Grillen, Erdraupen usw.) kann auf den entsprechenden Abschnitt bei der Besprechung des Kakaos (S. 164) verwiesen werden.

Hevea

Vor dem Kriege wurden zur Kautschukgewinnung in Kamerun verschiedene Pflanzen angebaut. So waren im Jahre 1912 nach Zimmermann (1928) dort auf den Pflanzungen vorhanden:

Kickxia (Funtumia) elastica (Stapf) Preuß	4220 ha
Hevea brasiliensis Müll. Arg.	2804 ha
Manihot Glaziovii Müll. Arg.	83 ha
Ficus-Arten	68 ha
Landolphia-Arten	3,5 ha
Castilloa elastica Cerv.	3 ha

Die wichtigste von diesen Kautschukpflanzen war in Kamerun zunächst die Castilloa elastica. Ihre Kultur mußte aber bald aufgegeben werden, denn schon die jungen Bestände wurden nahezu vollständig von einem Schädling, dem Castilloa-Bohrer (Inesida leprosa F., Cerambycidae) vernichtet. Später gelangte in der Hauptsache die in Westafrika heimische Kickxia zum Anbau, die in der ganzen Vorkriegszeit ihre führende Stellung nicht einbüßte. Die Hevea wurde erst in den letzten Jahren vor Kriegsbeginn in größerem Ausmaße in Kultur genommen. In der Folgezeit, besonders nach dem Tiefstande der Kautschukpreise in den Jahren von 1921 ab, erwies sich dann die Hevea in allen Gebieten, in denen die Außenbedingungen eine normale Entwicklung der Pflanze gewährleisten, als diejenige von allen Kautschukpflanzen, welche allein eine Wirtschaftlichkeit im Pflanzungsbetrieb für sich in Anspruch nehmen kann. Infolgedessen wurde auch in Kamerun der Anbau aller übrigen Kautschukpflanzen aufgegeben; von ihnen finden sich heute nur noch geringe Reste am Rande von anderweitig bepflanzten Feldern. Infolge der ungünstigen wirtschaftlichen Lage unterblieb der Neuanbau von Heveen vielfach, und man findet heute neben einigen Feldern mit jüngeren Pflanzen überwiegend Altbestände aus der Vorkriegszeit, von denen etliche aus verschiedenen Gründen „totgezapft" werden.

Es liegen daher kaum Berichte über die in Kamerun an Heveen auftretenden Schäden vor. Die älteren Mitteilungen, welche über Krankheiten und Schädlinge an Kautschukpflanzen aus Kamerun berichten (Preuß, Busse, von Faber, Zacher u. a.), beziehen sich nicht auf die Heveen, sondern auf die übrigen Kautschukpflanzen, vor allem auf die Kickxien. In diesem Zusammenhang mag aus den genannten Mitteilungen erwähnt sein, daß die Kickxien ganz allgemein stark unter Befall durch Bockkäfer (Phrystola hecphora Thoms., Phrystola coeca Chevr., Phryneta nigropilosa Aur., Monohammus ruspator F.) und auf einigen Pflanzungen auch durch blattfressende Schmetterlingsraupen (Glyphodes ocellata Hamps., Pyralidae; Imbrasia epimethea Drh, Saturniidae) zu leiden hatten. An Ficus-Arten wurde mehrfach der Bockkäfer Petrognatha gigas F. var. spinosa Kolbe als Schädling festgestellt. Da die genannten Tiere zu Gruppen gehören, deren Vertreter gewöhnlich nur einen beschränkten Kreis von miteinander verwandten Wirtspflanzen befallen, ist nicht anzunehmen, daß sie den Heveen gefährlich werden können, sondern sie werden höchstens gelegentlich an ihnen vorkommen. Es wäre aber falsch zu glauben, daß die heute an den Kameruner Heveen ernstlich auftretenden pflanzlichen und tierischen Schädlinge nur an Heveen leben, also mit den Heveen eingeschleppt wären. Soweit ich die Verhältnisse übersehe, handelt es sich bei den anschließend aufgeführten Hevea-Schädlingen um Parasiten, die schon vor der Hevea in Kamerun an anderen Pflanzen vorhanden waren. Ein Teil von ihnen wurde bereits in den vorhergehenden Abschnitten ausführlich erwähnt. Diese brauchen, unter Hinweis auf jene Ausführungen, hier also nur kurz besprochen zu werden.

I. Wurzelpilze

(Vgl. die entsprechenden Ausführungen beim Kakao auf S. 122 u. f.)

Die Hevea wird von Wurzelpilzen viel leichter angegriffen als alle übrigen in Kamerun angebauten Nutzpflanzen; doch geht anscheinend das Wachstum des Pilzes und damit der Verlauf der Erkrankung an den

Abb. 37. Wurzelpilzkranke Hevea. Die zum Beschauer hin verlaufende Wurzel ist durch eine Weißfäule völlig zerstört; oberhalb der Wurzel eine Einbellung des Stammes. In der Mitte, rechts von dem künstlich hervorgerufenen Latexstreifen alte Schimmelfäule-Wunden. (29. 3. 1938.)

Abb. 38. Unterer Stammteil einer absterbenden Hevea. Das unten zu Tage tretende Holz ist von Termiten und anderen Insekten zerstört und von einer saprophytischen (?) Agaricacee, deren Fruchtkörper hervortreten, besiedelt. (14. 4. 1938.)

Abb. 39. Hevea-krone, eben neue Blätter treibend; die noch lichte Krone läßt den starken Mistelbefall erkennen. (28. 2. 1938.)

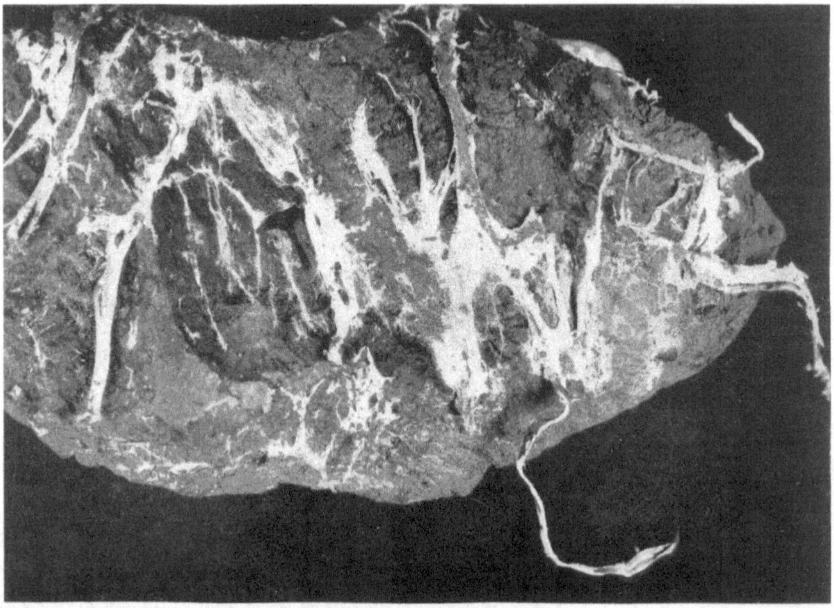

Abb. 40. Erdstück mit einigen rhizomorphen-ähnlichen Myzelfäden, welches in etwa 30 cm Entfernung von einer kranken Hevea-Seitenwurzel aus einem von weiterem Pflanzenmaterial freiem Boden entnommen wurde. Dieses Myzel stand durch erdbekrustete Stränge mit dem Myzel auf der Wurzel in direkter Verbindung.

Abb. 41. Zapffläche einer Hevea mit einem Schimmelfäuleherd, aus dem der Milchsaft in Tropfen hervorquillt und abfließt. Auf der jüngeren Zapffläche zahlreiche „Erbsen". (9. 4. 1938.)

Abb. 42. Einzelne und zu einer großen Gruppe (beim Messer) vereinigte Kropfmasern auf einer alten Zapffläche einer Hevea. (28. 2. 1938.)

Heveen langsamer vor sich als z. B. an entsprechend großen Wurzelsystemen von Kakaobäumen. Befallen werden Pflanzen jeglichen Alters. An jüngeren Pflanzen greift der Pilz auch bei Infektion von nur einer Seitenwurzel bald auf die Hauptwurzel über. Man erkennt sein Vorhandensein gewöhnlich erst dann, wenn an der erkrankten Pflanze plötzlich alle Blätter welk werden, worauf auch bald die ganze Pflanze zugrunde geht. An mehrjährigen Pflanzen (also anscheinend auf erst sekundär vom Pilze befallenen Feldern) nimmt die Infektion ihren Ausgang gewöhnlich von einer Seitenwurzel. In solchen Fällen läßt sich nach den Erfahrungen von Herrn Jarl — dem ich auch an dieser Stelle für seine mannigfache Hilfe bei der Diagnose der Hevea-Krankheiten meinen besten Dank aussprechen möchte — das Vorhandensein des Wurzelpilzes oft schon vor seinem weiteren Umsichgreifen daran erkennen, daß der Querschnitt des Stammes eben oberhalb der Ansatzstellen der Seitenwurzeln nicht wie im Normalfalle rund ist, sondern über der erkrankten Wurzel eine mehr oder weniger scharf ausgeprägte Eindellung aufweist (vgl. Abbildung 37). Diese Tatsache würde, wenn sie allgemein gültig wäre, von besonderer Bedeutung sein. Einerseits ergibt sich daraus die schon auf S. 129 u. f. erörterte Möglichkeit, wertvolle Pflanzen zu retten oder doch noch längere Zeit zu erhalten, ohne die schwierige, von Sharples vorgeschlagene allgemeine Wurzelkontrolle vornehmen zu müssen; oder es wäre, falls sich die Erhaltung der kranken Pflanze nicht lohnen sollte, andererseits möglich, durch sofortige Anlage eines Isolierungsgrabens die Ausbreitung des Myzels zu verhindern und die umstehenden Pflanzen vor Befall zu schützen. Erfolgt eine Infektion aber an der Hauptwurzel, so läßt sich der Befall äußerlich kaum erkennen. Wie bei den Kakaobäumen, wird man die Tätigkeit des Pilzes erst dann bemerken, wenn der Wurzelkopf weitgehend verrottet ist und ein leichter Wind den Stamm umwirft.

Eine Klärung der systematischen Zugehörigkeit der Hevea-Wurzelpilze steht noch aus. Eindeutig zu einem Schädling gehörende Fruchtkörper wurden von mir weder in Kamerun beobachtet, noch traten solche in den Kulturen von kranken Wurzeln hier in Rostock auf. Bei der allgemeinen Anfälligkeit der Heveen für Wurzelpilze ist mit ziemlicher Sicherheit anzunehmen, daß alle bisher von Bananen, Kakao und Ölpalmen genannten Wurzelpilze auch Heveen zu befallen vermögen.

Ein Wurzelpilz jedoch, der an Heveen allerdings nur vereinzelt in Missellele beobachtet wurde, ließ sich auch ohne Fruchtkörper sofort seiner Artzugehörigkeit nach ansprechen, die Hymenochaete noxia Berk. Wie am Kakao (vgl. S. 126), so fand ich seine braune Mischkruste auch nur auf fast verzweigungslosen Hauptwurzeln von jungen, etwa 1—2jährigen Heveen, die unter verhältnismäßig trockenen Bedingungen wuchsen. Die befallenen Wurzeln unterliegen einer „braunen Wurzelfäule", welche dadurch gut gekennzeichnet ist, daß das zu einer pulverig-weichen Masse zersetzte Holz wabenartig von braunen Pilzfäden durchzogen wird. Derart erkrankte Pflanzen sind unrettbar verloren. Ernstliche Schäden durch den nur vereinzelt auftretenden und mit geringem Ausbreitungsvermögen versehenen Pilz habe ich weder in Kakao- noch in Heveabeständen feststellen können. Zu seiner Bekämpfung (vgl. S. 129) genügt daher zunächst die Entfernung und Vernichtung des erkrankten Materiales.

Alle übrigen an Wurzelpilzen erkrankten Heveen zeigten ein weißes, in mehr oder weniger dicken Fäden auf der Rinde grob-netzartig längsverlaufendes Myzel, dessen zarte Hyphen in die Rinde und dann auch in das Holz eindringen. Das Holz verblaßt unter der Einwirkung des Pilzes, verliert seine Festigkeit und bietet das Bild einer trockenen, weißen Wurzelfäule. Später erst breitet sich an manchen Stellen das Myzel auch in Form von dünnen und lockeren Platten zwischen Holz und Rinde aus. Das Außenmyzel kann, wie mehrfache Proben lehrten, den reinen Boden auf längerere Strecken durchwachsen, ohne daß eigentliche Rhizomorphen ausgebildet werden (vgl. Abbildung 40). Diese „weiße Wurzelfäule" konnte in Kamerun auf allen untersuchten Heveafeldern nachgewiesen werden, nämlich in Tiko, Missellele, Mukonje, auf der Moliwe und der Ekona. Ursprünglich hatte ich den Eindruck, als wären die Wurzelpilze an Heveen nicht so häufig wie an Bananen und Kakao, denn die in den Bananen- und Kakaofeldern so auffälligen Sterbelücken waren nur vereinzelt in mehrjährigen, nicht aber in den alten Heveabeständen anzutreffen. Nachdem ich aber von Herrn Jarl auf die Unregelmäßigkeiten des Stammumfanges wurzelpilzkranker Heveen aufmerksam gemacht worden war, ließen sich Pilze und Fäulen auch an vielen alten Einzelpflanzen, die sonstige, auffallende Krankheitsanzeichen an ihren oberirdischen Teilen nicht erkennen ließen, nachweisen. Das Fehlen größerer Sterbelücken in den Altbeständen ist vielleicht folgendermaßen zu erklären. In diesen Beständen kann der Wurzelpilz nicht ursprünglich vorhanden gewesen sein, sonst hätten die Pflanzen schon längst vernichtet sein müssen. Der Pilz ist also erst zu einer späteren Zeit in den Boden gelangt, befällt zunächst nur eine oder mehrere Seitenwurzeln (Abb. 37) und braucht dann mehrere Jahre, ehe eine weitere Ausbreitung erfolgt und sich seine verheerende Wirkung an den alten Bäumen offenbart (vgl. S. 132 die Ausführungen nach Sharples).

Als Erreger solcher Weißfäulen an Heveen wird nach Sharples (1936) der weit verbreitete und auch aus Westafrika bekannte Pilz Rigidoporus microporus v. Overeem (Polyporaceae) angesehen (S. 125). Ob er auch für die Kameruner Schäden verantwortlich zu machen ist, kann noch nicht entschieden werden. Ich vermute, daß die an Heveen vorkommenden Myzelien in der Hauptsache zu einem Pilz aus der gleichen Familie gehören, möchte aber nicht ausschließen, daß auch Pilze mit Lamellen tragenden Fruchtkörpern (Agaricaceen) als Erreger von Weißfäulen an Heveen für Kamerun in Frage kommen. Im Buenga-Vorwerk der Moliwe z. B. sah ich in einem mit Planten durchsetzten Heveabestande eine Sterbelücke, auf der außer den Planten auch die Heveen an Wurzelpilzen zugrunde gegangen waren. Das auf den durch Weißfäule vernichteten Heveen vorhandene Myzel wich in seiner Wuchsform von den sonst an Heveen gefundenen Pilzen ab und glich dem Myzel auf den Planten, was darauf hindeutet, daß diese Schäden durch den zur Gattung Marasmius gehörenden Bananen-Wurzelpilz verursacht wurden. Ein weiterer, allerdings sehr fraglicher Fall ist in der Abbildung 38 wiedergegeben. Die dargestellte Pflanze besaß nur noch wenig lebende Rinde und war sehr schwach beblättert. Praktisch war die Pflanze schon längere Zeit, bevor die Aufnahme erfolgte, aus nicht mehr zu ermittelnden Gründen eingegangen; darauf deuten besonders die weitgehenden, hauptsächlich durch Termiten bedingten Zerstörungen des Holzkörpers hin. Bei den jetzt an der Stammbasis vorhandenen Agaricaceen-Fruchtkörpern wird es sich kaum um einen Schädling, sondern nur um einen Fäulnisbewohner handeln. Ich führe dieses Beispiel besonders aus dem Grunde an, um darauf hinzuweisen, daß derartiges Material Rückschlüsse auf die Krankheitsursachen nicht mehr zuläßt.

Zur Bekämpfung der Wurzelpilze an Heveen sind dieselben Maßnahmen durchzuführen wie gegen die entsprechenden Wurzelpilze des Kakaos (vgl. S. 128). Ausdrücklich sei darauf hingewiesen, daß diese Arbeiten, vor allem die Vernichtungsmaßnahmen, auch in den Altbeständen erforderlich sind. Selbst wenn man den Standpunkt vertritt, daß der zu alten Heveen wegen die Ausführung der Bekämpfungsmaßnahmen überflüssig ist, bleibt doch zu berücksichtigen, daß eine Neubepflanzung des aufgelassenen Feldes nur dann mit Erfolg durchgeführt werden kann, wenn die Wurzelpilze zuvor ausgerottet sind.

II. Rindenfäule, Schwarze-Streifen-Krankheit und Fruchtfäule der Heveen

Die von der Braunfäule und der Rindenfäule des Kakaos her bekannte Phytophthora Faberi ist nicht nur ein Parasit des Kakaobaumes, sondern findet sich nach den Literaturberichten außerdem noch an allen möglichen Kultur- und Wildpflanzen. Am eingehendsten ist von allen weiteren Wirtspflanzen das Vorkommen der Phytophthora an der Hevea untersucht. Danach wird die Phytophthora Faberi Maubl. (= Phytophthora omnivora de Bari p. p., = Phytophthora palmivora Butl. p. p.) für folgende Krankheiten der Hevea verantwortlich gemacht:

1. für die Rindenfäule,
2. für die Streifenkrankheit,
3. für eine Fruchtfäule,
4. für Schäden an jungen Okulationen und Keimpflanzen,
5. für vorzeitigen Blattfall.

Damit ist aber nicht gesagt, daß die genannten Krankheiten in allen Fällen und in allen Gebieten auf die Phytophthora Faberi zurückgeführt werden müssen, sondern es kann die eine oder die andere Krankheit auch durch weitere, nächst oder nahe verwandte Pilze aus den Gattungen Phytophthora (Phyt. meadii Mc Rae, Phyt. heveae Thompson usw.) oder Pythium (Pyth. complectens Braun u. a.) veranlaßt sein.

Aus Kamerun berichtet m. W. als erster Weiler (1933) von Phytophthora-ähnlichen Frucht- und Rindenschäden an Heveen, besonders aus Mokundange; er vermutet, daß neben ungünstigen Witterungsverhältnissen diese Schäden an dem Rückgang der Kautschukerzeugung im Jahre 1929 beteiligt waren. Ich sah, trotzdem die Untersuchungen nicht in der Regenzeit durchgeführt wurden, die Rindenfäule in fast allen untersuchten Hevea-Beständen; die Streifenkrankheit kenne ich vereinzelt nur von Missellele und von der Molive, die Fruchtfäule von der Ekona und aus Tiko. Genauer untersuchen konnte ich konserviertes Material von der Rinden- und von der Fruchtfäule. Beides enthielt ein typisches Peronosporaceen-Myzel, das mit dem Phytophthora-Myzel vom Kakao weitgehend übereinstimmte. Ein Vergleich der Konidien und Konidienträger des Pilzes, die nur an einigen von der Ekona stammenden Hevea-Früchten vorhanden waren, mit solchen von Kakaofrüchten ließ grundlegende Unterschiede gegenüber der Braunfäule-Phytophthora nicht erkennen. Insgesamt stimmen beide Pilze morphologisch gut miteinander überein. Ob sich aber im Rahmen dieser Phytophthora Rassen herausgebildet haben, die auf bestimmte Wirtspflanzen oder gar nur auf bestimmte Teile eines und desselben Wirtes spezialisiert sind, läßt sich nur durch das Experiment an Ort und Stelle entscheiden. In anderen Gebieten durchgeführte Versuche lassen zwar eine Ausbildung von Rassen erkennen, doch verhalten sich diese Rassen im Bezug auf ihre Wirtswahl kaum verschieden (vgl. S. 98, 118 u. besonders Ashby, 1929, Rutgers, 1917 u. a.).

1. Rindenfäule

Die Rindenfäule (Fleckenkrebs, Rindenkrebs, patch canker, claret-coloured bark-canker) der Hevea ähnelt in allem derjenigen des Kakaos sehr (vgl. S. 118). Auch an den Heveen ist die Erkrankung in der ersten Zeit kaum erkennbar. Auf jüngeren Rinden treten äußerlich kaum auffällige, etwas dunkler gefärbte und bei trockenem Wetter leicht eingesenkte Flecke von etwa allseits gleichem Durchmesser auf; an älteren ursprünglichen, seltener auch regenerierten Rinden sind selbst diese Erscheinungen lange Zeit hindurch nicht sichtbar, da sie von einer Borkenschicht bedeckt werden. In allen Fällen wird in den erkrankten Rindengeweben die Ausbildung des Milchsaftes eingestellt, eine Tatsache, die aber auch aus anderen Gründen auftreten kann. Etwas ältere Stadien lassen nach leichtem Abschaben der Kork- bzw. Borkenschichten erkennen, daß der Krankheitsherd sich im Rindeninneren bis zum Holz hin erheblich erweitert. Die angegriffenen Gewebe zeigen statt der normalen weißen bis weißlich-gelben (ursprüngliche Rinde) oder gelblichen bis rötlichgelben (regenerierte Rinde) anfangs eine graubraune Färbung, welche später eine rötlich-braune bis weinrote (claret-coloured) Tönung annimmt. Parallel zu diesen Verfärbungen verläuft eine fortschreitende feucht-faulige Zersetzung der Gewebe. Die Ausdehnung des Pilzmyzels ist mit der Größe des Fäulnisherdes noch nicht gegeben, sondern geht allseits über ihn hinaus. Meist grenzt eine schwarze Linie die Faulstelle von den gesunden Geweben ab. Unter feuchteren Außenbedingungen sondern diese Stadien eine rötlichbraune Flüssigkeit ab, die am Stamme herabfließt, dort vielfach eintrocknet und gewöhnlich dadurch erst das Vorhandensein der Fäulnis verrät. Unter besonders günstigen Entwicklungsbedingungen zerstört der Pilz die Gewebe und mit ihnen das Kambium auf größere Strecken. Solche Stellen trocknen bei weniger feuchtem Wetter schließlich völlig ein, so daß mitunter nach dem Abstoßen der verfaulten Teile das bloße Holz in Flecken, die mehrere Zentimeter Durchmesser haben können, zu Tage tritt. Gegenüber dem Kakao besitzt die Hevea nicht nur in ihrem Kambium, sondern auch in den weiteren jüngsten Rindenschichten eine erhöhte Regenerationsfähigkeit. Daher treten, wenn längere Trockenheit oder andere Umstände das weitere Wachstum des Pilzmyzeles unterbinden, bei den Heveen Regenerationsvorgänge in den angrenzenden gesunden Rindenteilen auf, die den Wundrand umwallen. Bei diesen Regenerationen werden aber nicht nur verhältnismäßig dünnwandige Zellen, wie sie in der normalen Rinde vorhanden sind, gebildet, sondern es entstehen überwiegend derbwandige, holzfarbene Zellen, welche zunächst in Nestern auftreten, im weiteren Verlauf aber miteinander und auch mit dem Holzkörper selbst verwachsen können. So entstehen in der Rinde isolierte oder mit dem Holz zusammenhängende, etwa keilförmige, holzartige Gebilde, die je nach der Befallsintensität verschieden groß sind und eine erhebliche Breite besitzen können. Es ist klar, daß solche Bildungen die Zapfarbeiten stark erschweren, wenn nicht gar verhindern (vgl. S. 189).

Die Rindenfäule tritt an Stämmen und Zweigen verschiedenen Alters auf und findet sich hauptsächlich an ursprünglichen Rinden. Insgesamt sah ich diese Phytophthora-Schäden schon in der Trockenzeit verhältnismäßig häufig. Es ist anzunehmen, daß sich ihre Zahl in der Regenzeit erheblich vermehrt, da erhöhte Feuchtigkeit ein Faktor ist, der die Entwicklung der Phytophthora (S. 102) besonders stark begünstigt. Die wirtschaftlichen Schäden durch die Rindenfäule bestehen nicht nur in einem Verlust an Rindenfläche und einer oft damit verbundenen Produktionsverminderung der benachbarten Rindenteile, sondern beruhen weiterhin darauf, daß die ausheilenden bzw. ausgeheilten Wunden die Zapfarbeiten erheblich erschweren. Sind an einem Baum in etwa gleicher Höhe mehrere Fäulnisherde vorhanden, so besteht die Gefahr, daß der Baum infolge „Ringelung" eingeht. Nicht selten stellen sich an den an Rindenfäule erkrankten Stämmen und Zweigen als Folgeparasiten Borkenkäfer (S. 191) oder auch pilzliche Wundparasiten ein, welche die primär durch die Phytophthora bedingten Zweigsterben oder Spitzendürren beschleunigen können.

Zur direkten Bekämpfung der Rindenfäule kommt für Kamerun, solange nicht Massenbefall vorliegt, allein das Ausschneiden und Abtöten der Fäulnisherde, verbunden mit entsprechender Wundbehandlung, in Frage (S. 120/1). Sharples (1936) empfiehlt, die Herde vor dem Herauslösen mit einem pilztötenden Mittel (5% Izal) zu bestreichen, um etwa vorhandene Konidien oder Luftmyzelien abzutöten (die in Kamerun wohl nur in der Regenzeit, in sehr feuchten Beständen oder in den Morgenstunden nach Regentagen vorhanden sind?). Nach etwa einer halben Stunde wird die Oberfläche leicht abgeschabt, bis der Herd in seiner ganzen Ausdehnung erkannt ist; dabei deutet das Auftreten von Milchsaft auf das Vorhandensein von gesunder Rinde hin. Im Bereiche des gesunden Teiles wird dann der Herd mit einem scharfen mehrmals zu desinfizierenden Messer bis auf das gesunde Holz herausgeschnitten und sofort durch Verbrennen, Werfen in Petroleum oder dgl. unschädlich gemacht. Die Wunde wird mit Teer (keinesfalls aber dem Phenole und Essigsäure enthaltenden Holzteer!) oder besser mit einem Asphalt-Gasöl (= Treiböl)-Gemisch verschlossen. Kupferhaltige Mittel sind nach neueren Auffassungen in im Zapf befindlichen Heveabeständen nicht nur als Wundmittel, sondern überhaupt zu vermeiden. Es besteht immer die Möglichkeit, daß Kupfer- oder Kupfersalzteilchen in die Milch gelangen, und schon kleinste Kupfermengen sollen nach Ansicht einiger Autoren in den fertigen Fellen (= sheets) Klebrigkeit hervorrufen und sie dadurch minderwertig oder unbrauchbar machen.

Bei den Rindenkrankheiten der Heveen tritt die allgemein geltende Tatsache, daß Vorbeugen besser ist als Heilen, besonders klar hervor, denn selbst zur Zufriedenheit ausgeheilte Wunden sind, wenn man die Schäden nur in der Fäule sucht, mit einem größeren Umkreis als Produktionsflächen verloren. Es ist unbedingt erforderlich, gleichzeitig mit der direkten Bekämpfung diejenigen Maßnahmen durchzuführen, welche die Ausbreitung und Entwicklung des Pilzes hintenan halten: Verminderung der Feuchtigkeit durch Schaffung besserer Durchlüftung und intensiverer Durchsonnung.

2. Schwarze-Streifen-Krankheit

Eine weitere, durch eine Phytophthora hervorgerufene Krankheit ist die „Schwarze-Streifen-Krankheit" (Streifenkrebs, Streifenfäule, Streifenkanker, black stripe, cambium rot usw.) der Zapfflächen von Heveen. Ich sah solche Schäden in Kamerun nur selten (Missellele, Molive); Luftmyzelien und Konidien waren, wohl der Trockenzeit wegen, nicht vorhanden, sondern es fanden sich nur die typischen schwarzen Streifen oder Flecke.

Als Erreger der Krankheit werden verschiedene Phytophthora-Arten aus der „Omnivora-Gruppe" genannt (vgl. S. 180). Nach den meisten Autoren tritt die Krankheit gewöhnlich etwa $^1/_2$ Zoll oberhalb des Zapfschnittes auf. Sie ist wie die vorige eine ganze Zeit lang kaum zu erkennen. Kurze, seichte, senkrecht verlaufende Einsenkungen sind die ersten äußerlich sichtbaren, wenn auch wenig augenfälligen Erscheinungen. Unterhalb dieser Dellen finden sich nach dem Abschaben der oberen Lagen dunkle bis schwarze Streifen oder Bänder, die in den tieferen Schichten an Zahl und Ausdehnung zunehmen und sich schon frühzeitig in einer Breite bis zu $^1/_2$ Zoll und einer Tiefe von $^1/_4$ bis $^1/_2$ Zoll in das Holz hinein fortsetzen. Liegen mehrere Infektionsstellen nahe beieinander, so treten geschlossene dunkle Zonen auf, deren Rindengewebe schließlich zu einer schwarzen Masse zerfallen. Sharples stellt im Gegensatz zu Petch fest, daß das Pilzmyzel auch in die schwarzen Streifen des Holzes eindringt; weiterhin bleibt die Frage offen, ob auch diejenigen Formen der Streifenkrankheit, welche über den Zapfschnitt hinaus in die ungezapfte Rinde vordringen, durch den gleichen Pilz oder durch besondere Rassen bzw. Arten hervorgerufen werden. Der Pilz selbst tritt nur in feuchten Morgenstunden in Form eines weißen Hauches von Luftmyzel und Konidienträgern auf, an dessen Zustandekommen aber häufig auch noch weitere Pilze und Bakterien als Wund- oder Folgeparasiten beteiligt sind. Eine genauere Untersuchung der Kameruner Krankheit steht vorläufig wegen Materialmangels noch aus.

Auch diese Krankheit braucht zu ihrer Entstehung und Entwicklung viel Feuchtigkeit. Nach Sharples tritt sie besonders an tiefliegenden Zapfflächen auf und nimmt epidemischen Charakter nur bei übermäßiger Feuchtigkeit an. Daraus ergibt sich schon von selbst als wichtigste Bekämpfungsmaßnahme die Pflanzungspflege. Eine weitere hauptsächlich vorbeugende und im Hinblick auf andere Pilzschäden wohl sowieso allgemein durchgeführte Maßnahme ist außer dem Aussetzen des Zapfens die Behandlung der Zapfflächen mit desinfizierenden und zugleich pilztötenden Mitteln (S. 130). Diese Anstriche sind bei wiederholtem Auftreten des Pilzes nach leichtem Öffnen des Herdes in Zeitabständen von jeweils 4—5 Tagen abermals vorzunehmen. Ein vollständiges Ausschneiden und Vernichten der streifendurchsetzten Rinden- und Holzteile ist schwierig und wohl kaum wirtschaftlich.

3. Fruchtfäulen an Heveen

Die Fäulen der Heveen-Früchte spielen als solche in wirtschaftlicher Hinsicht keine Rolle, denn die Samen, welche ihres Ölgehaltes wegen vielleicht nicht wertlos sind, lassen sich unter den heutigen Verhältnissen in Kamerun in wirtschaftlich rentablem Maße nicht ausnutzen. Erstmalig wird diese Krankheit von Weiler (1933) aus Kamerun gemeldet. Ein besonderes Interesse verdient diese ebenfalls durch Phytophthora Faberi Maubl. hervorgerufene Fäule nur dann, wenn diese Phytophthora imstande sein sollte, in gleicher Weise die Braunfäule des Kakaos oder auch die Rindenfäulen von Kakaobäumen bzw. Heveen zu verursachen. Solange diese Frage nicht geklärt ist, kann ich eine Bekämpfung der Hevea-Frucht-Phytophthora wegen der damit verbundenen großen Schwierigkeiten nicht befürworten. Eine Besorgnis erregende Verminderung des erforderlichen Saatmateriales scheint mir durch die Fruchtfäule nicht bedingt zu sein.

Die Phytophthora befällt auch Heveen-Früchte jeglichen Alters. Die Fäule erscheint gleichzeitig mit der Braunfäule und ist an den Früchten zunächst daran zu erkennen, daß deren rein grüne Farbe in eine uneinheitlich schmutzig- bis schwarzgrüne Farbe übergeht. Das Myzel dringt von der Fruchtschale aus auch in die Samenschale und in die Samenanlagen ein. Die im einzelnen in den Geweben erfolgenden Zerstörungen weichen, besonders im Inneren der Samen, in mancherlei Hinsicht von den von erkrankten Kakaofrüchten her bekannten Erscheinungen ab. Oft sind bei jung befallenen Früchten die Samenanlagen mehr oder weniger vollständig zerstört; solche Früchte bleiben unentwickelt, schrumpfen und vertrocknen am Baum, ein Teil von ihnen fällt aber auch ab. Diese Heveafäule scheint nicht so häufig zu sein wie die Braunfäule. Sie tritt am gleichen Baum meist an vielen Früchten auf, die bald einen vollständigen Myzelbefall aufweisen. Auffällig war das im Vergleich zur Braunfäule seltene Auftreten der Konidienrasen. Sicherlich hängt diese Tatsache mit der viel trocknneren Lage dieser Früchte an ihrer Mutterpflanze zusammen.

Auf der Ekona sah ich an ausgewachsenen Phytophthora-kranken Heveafrüchten auch schwarze Pilzkrusten von verschiedener Ausdehnung in den Fruchtschalen, die wie auch am Kakao dem Pilz Botryodiplodia theobromae Pat. (det. Prof. H. Sydow) angehörten. Derselbe Pilz wurde auch ohne Zusammenhang mit der Phytophthora an ausgewachsenen und äußerlich sonst gesunden, im Inneren aber tauben Heveafrüchten angetroffen. Auch in diesen Fällen wird die Botryodiplodia nur als Schwächeparasit anzusehen sein, so daß eine Bekämpfung nicht erforderlich ist (vgl. die Seiten 117, 140, 190).

III. Die Schimmel-Fäule der Zapfflächen

Wohl in allen Gebieten, wo Heveen gezapft werden, ist auch die Schimmelfäule (Bastfäule, mouldy rot), die die ernsteste Krankheit der Zapfflächen darstellt, vorhanden. Sie findet sich auf den Zapfflächen etwa 1 bis $2^1/_2$ Zentimeter über den Zapfschnitten und wird durch den Pilz Ceratostomella fimbriata (E. et H.) Elliot beziehungsweise durch dessen Konidienform (Sphaeronema fimbriatum (E. et H.) Sacc.) verursacht.

In Kamerun sah ich die Schimmelfäule überall dort, wo sich Heveen im Zapf befanden, besonders häufig in den Beständen, die, weil sie „totgezapft" wurden, nicht mehr in dem sonst üblichen Ausmaß gepflegt wurden. Als erste Anzeichen der Erkrankung machen sich auf der regenerierenden Rinde verschiedengestaltige, eingesunkene Flecke bemerkbar, die bald seitlich miteinander verschmelzen und dann parallel zu der Schnittrichtung verlaufende muldenartige Bänder von unregelmäßigem Umriß und verschiedener Länge darstellen. Das Myzel des Pilzes zerstört die Gewebe der Rinde mit dem Kambium, wobei eine dunkelbraune Verfärbung der betreffenden Teile auftritt. In einem bestimmten Zustande treten aus den angrenzenden latexführenden Geweben Tropfen oder abfließende Bänder von Milchsaft hervor (Abb. 41). Besonders an feuchten Tagen erscheint das Myzel auf der Infektionsstelle in Form eines charakteristischen, dichten, weithin sichtbaren, weißgrünen Schimmelüberzuges, der aus dem Luftmyzel und den Sporen der Sphaeronema besteht. Oft treten auch in Kamerun in diesem Schimmel neben den unterteilten Fäden des eigentlichen Erregers noch weitere Myzelien und auch Bakterien auf, die aber nur als Folgeparasiten oder als Fäulnisbewohner anzusehen sind. In diesem Luftmyzel bilden sich die Fortpflanzungskörper: hyaline, dünnwandige Konidien („Endokonidien"), neben welchen ich vereinzelt auch olivbraune, später dickwandige Konidien („Makrosporen") fand. In anderen Gegenden bildet der Pilz als weitere Fortpflanzungskörper noch Askosporen aus, die in besonderen, bis 0,5 mm großen, schwarzen Behältern (Perithezien, nicht

Pykniden) von langgestielt-kugelförmiger Gestalt entstehen. Ob solche auch an den Kameruner Heveen vorhanden sind, kann noch nicht entschieden werden; in dem von mir untersuchten Material kamen sie nicht vor.

Das Holz wird höchstens oberflächlich angegriffen. Mitunter tritt an ihm eine schwärzliche Verfärbung auf, die sich, ohne daß der Pilz daran unmittelbar beteiligt ist, in Form von zarten Fäden auch oberhalb und unterhalb des Herdes ausdehnen kann. Diese Fäden sind erheblich feiner und intensiver gefärbt als die bei der Streifenkrankheit auftretenden Bänder und sind dadurch ohne Schwierigkeiten von jenen zu unterscheiden. Etwa 3 bis 4 Wochen nach erfolgter Infektion sind alle Rindengewebe vollständig zerstört, so daß das Holz frei zutage tritt. Die Schäden der Schimmelfäule gleichen in diesem Zustande denjenigen Verletzungen sehr, die durch mechanische Beschädigung des Kambiums beim Zapfen entstanden sind.

Die Schimmelfäule wird wie fast alle Pilzschäden durch jedes Mehr an Feuchtigkeit gefördert; außerdem wird ihr Auftreten durch Zapffehler, z. B. zu tiefes Zapfen oder Zapfen von Bäumen mit noch zu junger oder zu dünner Rinde u. dgl. m., erheblich begünstigt. Für ihre Verbreitung sollen neben Wind und Insekten in erster Linie die Zapfer in Frage kommen, die an ihrer Kleidung oder an den Zapfgeräten die Konidien übertragen. Die durch die Schimmelfäule verursachten Schäden bestehen in dem Verlust an Rindenfläche, dem sich eine Verhärtung der Wundränder und eine Latexverminderung in den umliegenden Geweben zugesellen. Im allgemeinen sind diese Zapfflächenverluste erheblich ernster als die durch die Rindenfäule oder die Schwarze-Streifen-Krankheit bedingten Ausfälle; besonders deshalb, weil diese Schäden an eben sich neu bildenden und daher sehr empfindlichen Rinden auftreten, während die zuletzt genannten fast ausschließlich auf ursprünglichen oder seit langem regenerierten Rinden vorkommen.

In diesem Zusammenhange verdient erwähnt zu werden, daß der gleiche Pilz auch ein Schädling der Süßkartoffel (Ipomoea Batatas Poir.) ist, an deren Knollen er eine Schwarzfäule hervorruft. Es ist nicht ausgeschlossen, daß auch diese Krankheit sich in Kamerun findet. Eine Überprüfung dieser Vermutung ist sehr erwünscht. Vielleicht ist diese Ceratostomella der einzige von den bisher aus Kamerun bekannten Heveaschädlingen, der mit Stumps oder mit Süßkartoffeln eingeschleppt wurde (vgl. S. 126, Hymenochaete).

Da besonders in den Tropen jede Verletzung schon an sich eine Wundbehandlung erfordert, gilt das in besonderem Maße für die Zapfflächen der Heveen. In den meisten Pflanzungsgebieten werden die Zapfflächen und auch andere Wunden (vgl. Bekämpfung der Rindenfäule) mehr oder weniger konsequent mit solchen Wundverschlußmitteln behandelt, welche gleichzeitig zur Bekämpfung von pilzlichen und anderen Schädlingen geeignet sind. Dazu kommen in erster Linie die Emulsionen von bestimmten, in ihrer Wirkung bekannten „wasserlöslichen" Karbolineum-Präparaten in Frage. Sharples (1936) erwähnt gute Erfolge bei Verwendung von 20%igen Lösungen von Agrisol bzw. Brunolinum Plantarium oder auch von 3%igen Lösungen des Izal, welches aber in stärkeren Konzentrationen schon schädigend wirkt. Nach den Erfahrungen der WAPV. bewährt sich von deutschen Präparaten zum gleichen Zwecke z. B. das Dendrin. (Vgl. S. 121).

Die schon normalerweise beim jeweiligen Zapfen von Zeit zu Zeit als Vorbeugungsmaßnahmen erfolgenden Anstriche sind, falls die Schimmelfäule auftritt, ein- bis zweimal zu wiederholen, und zwar in Zeitabständen von etwa je 10 Tagen, dem Zeitraum, der unter normalen Bedingungen verstreicht, bevor der Pilz zur Bildung von Konidien übergeht. Erscheint dann im Verlaufe von weiteren 10 Tagen kein Schimmel mehr, so kann mit dem Zapfen, das die ganze Zeit über zu unterbleiben hat, wieder begonnen werden. Bei regelmäßiger Behandlung der Zapfflächen sind ganz allgemein größere Schimmelschäden nicht zu befürchten. Unter den allgemeinen Kulturmaßnahmen ist als wichtigste das Niederhalten des Unterwuchses zu nennen.

IV. Rindenbräune und Kropfmasern der Heveen

1. Die Rindenbräune

Die Rindenbräune (brauner Innenbast, brown bast, bruine binnenbast) ist eine Krankheit, welche nicht durch Parasiten, sondern durch innere Störungen im Stoffwechsel der Pflanze hervorgerufen wird. Über die genaueren Ursachen gehen im einzelnen die Meinungen weit auseinander (vgl. Zimmermann, 1929), doch lassen sie sich wohl im allgemeinen in dem Begriff „Erschöpfung durch Überzapfen" zusammenfassen. Das Auftreten dieser Krankheit ist von der Beschaffenheit der Einzelpflanze abhängig, kann daher nicht vorausgesehen werden und tritt in den Beständen in sehr wechselndem Ausmaße auf. Da die Erkrankung etwa mit dem Stoffverlust ansteigt, leiden gute Produzenten oft mehr als schlechte; aus dem gleichen Grunde sind auch die Schäden in der Trockenzeit größer als in der Regenzeit. Eine rechtzeitige Feststellung des Vorhandenseins der Rindenbräune ist nicht leicht und gelingt eigentlich nur auf der angeschnittenen Rinde. Erkrankte Rinden fallen dadurch auf, daß auf den Schnittstellen der Ausfluß von Milchsaft mehr oder weniger vollständig unterbleibt. Statt der normalen gelblichweißen Färbung zeigen leicht erkrankte Rindengewebe braun verfärbte Streifen oder Flecke; in schwereren Fällen kann die ganze Rinde eine bräunlich- bis schwärzlich-graue

Tönung aufweisen. Solche Krankheitsherde nehmen vielfach große Flächen ein; sie breiten sich besonders in Richtung des Verlaufes der Milchsaftschläuche schnell aus und können auch auf die stärkeren Wurzeln übergreifen.

An vielen Kameruner Heveen waren bald leichtere, bald schwerere, selbst schwerste Schäden festzustellen, ohne aber in den jüngeren Beständen zu ernstlichen Befürchtungen Anlaß zu geben.

Zur Verringerung von ursprünglich auftretenden, leichten Rindenbräune-Schäden empfiehlt es sich, die Zapfstellen etwa alle 14 Tage daraufhin kontrollieren zu lassen. Vereinzelt vorhandenen leichteren Erkrankungen kann man vielfach wirksam schon dadurch begegnen, daß man die Zapffläche vermindert oder mit dem Zapfen für etwa 3—4 Wochen aussetzt; selbst bei häufigem Auftreten leichter Schäden läßt sich ein Erfolg mitunter schon durch Schonung mit nachfolgendem Wechsel des Zapfsystemes erreichen. Schwieriger ist die Ausführung von direkten Heilmaßnahmen bei ernsteren Erkrankungen. Zu diesem Zweck werden verschiedene Methoden vorgeschlagen (vgl. Zimmermann, 1929; Petch, 1921; Sharples, 1936 u. a.), die darauf abzielen, den Herd entweder zu isolieren und durch oberflächliches Bloßlegen auszutrocknen, oder aber man muß ihn nach der Isolierung ohne Verletzung des Kambiums vollständig entfernen. In allen Fällen ist die Ausdehnung des Herdes zunächst durch vorsichtiges Abschaben zu ermitteln. Zur Isolierung führt man in der gesunden Rinde einen in etwa halber Rindentiefe ringsum verlaufenden Schnitt mit dem Zapfmesser aus und zieht dann den Schnitt mit einem schmalen Messer in der entstandenen Rinne bis auf das Holz durch. Bei kleineren Flecken braucht nur die äußere kranke Rinde entfernt zu werden, damit die innere vertrocknen kann. Das Zapfen kann bei etwa von $^1/_3$ auf $^1/_4$ verringerter Zone fortgesetzt werden. Sharples weist jedoch darauf hin, daß die Rindenbräune über Isolationsschnitte hinweggehen kann, woraus sich für diese Fälle die Nutzlosigkeit der Isolation ergibt. Liegen größere Flecke vor, so entfernt man nach Isolierung des Herdes alle erkrankten Rindenteile mit Hilfe eines der Stammwölbung entsprechend zurechtgebogenen angeschärften Bandeisens. Dabei ist tunlichst die gesunde Rinde, besonders aber das Kambium zu schonen und nach einer kurzen Pause zum Abtrocknen die Wundfläche mit neutralem Baumwachs zu bestreichen (z. B. Wachs 50%, Vaseline 25%, weiches Paraffin 25%; oder vgl. S. 121). Das Zapfen hat so lange zu unterbleiben, als man gezapft haben würde, wenn die Stellen nicht erkrankt wären. In ganz ernsten Fällen, wenn das Abschaben der Rinde nicht mehr ohne Schaden für das Kambium ausgeführt werden kann, wird nach Isolierung des Herdes bei stärkeren Rinden zunächst die äußere Borke entfernt, dann nach längerer Zeit die ganze Rinde bis auf das Kambium in einzelnen Streifen von etwa 5 bis 7,5 Zentimeter Breite abgeschält und die Wunde mit Baumwachs verschlossen. Diese „Schäl- oder Streifenmethode" hält Sharples zwar für umständlich, aber für vorteilhaft. Ein weiteres Verfahren besteht darin, die erkrankte Rinde etwa zur Hälfte zu entfernen und die offene Wunde mit heißem Teer zu bestreichen; dieses Verfahren wird von Sharples abgelehnt.

2. Kropfmasern

Kropfartige Auswüchse kommen in Kamerun an den Rinden der Heveen zum Teil recht häufig vor. Mit der Rindenbräune ist ihnen gemeinsam, daß sie ihre Entstehung Stoffwechselstörungen verdanken, zu denen der Anstoß durch innere oder auch äußere Faktoren aus der unbelebten wie der belebten Natur erfolgt sein kann. Daher ist in sehr vielen Fällen die eigentliche Ursache nicht zu ermitteln. Es handelt sich bei diesen Kropfmasern (Holzknollen, Knollenmasern, burrs) um Gebilde, die durch Wucherung von anormalen Teilungsgeweben entstehen, welche in überwiegender Anzahl verholzendes Zellenmaterial produzieren. Solche sekundären Teilungsgewebe bilden sich in der Rinde oft nach Verletzungen des Kambiums durch den Menschen (beim Zapfen, durch Einstechen von Becherhaltern u. dgl.) oder durch tierische bzw. pflanzliche Parasiten (z. B. an Wundrändern bei Schimmelfäule, Rindenfäule, Streifenkrankheit u. a., vgl. Abb. 42). Nicht selten entstehen sie auch im Zusammenhang mit der Rindenbräune. Kleinere bis etwa 1 cm große Kropfmasern, die man auch als „Erbsen" (pea disease) oder „Maserknöllchen" bezeichnet, können sich auch ohne Kambiumverletzung, gewöhnlich im Anschluß an eine gummöse Degeneration einiger Zellen, frei in der Rinde entwickeln und durch weiteres Wachstum später mit dem Holz in Verbindung treten. Erbsen bilden sich oft auch im Anschluß an eingekapselte, nicht mehr entwicklungsfähige Knospen.

Eine direkte Bekämpfung der Kropfmasern, die bei gruppenweisem Vorkommen das Zapfen nicht nur für die besiedelten Teile, sondern auch für die dazwischen liegenden Flächen unmöglich machen, ist nur möglich, solange sie noch nicht mit dem Stammholz in Verbindung stehen. Als Gegenmaßnahme schneidet man entweder die Maserknöllchen mit einem Messer aus, ohne dabei das Kambium zu verletzen, oder man kann die hervortretenden rundlichen Knöllchen durch einen kurzen seitlichen Hammerschlag entfernen. Die bloßgelegten Ansatzstellen sind mit einem Wundverschlußmittel zu behandeln. Die Bekämpfung festgewachsener Knollen dürfte außerordentlich schwierig und daher nicht zweckmäßig sein; durch regelmäßige Wundpflege aber lassen sich nach allen vorliegenden Erfahrungen die Schäden in erträglichen Grenzen halten.

V. Die Spitzendürre

Für die an Heveen auftretenden Spitzendürren (die back diseases) und ähnlichen Zweigsterben gilt das gleiche, was für dieselben Krankheiten des Kakaos gesagt wurde (S. 140). Auch an den abgestorbenen Triebspitzen der Heveen findet sich in vielen Fällen der Pilz Botryodiplodia theobromae Pat. (= Diplodia cacaoicola P. Henn. usw.), der von einigen älteren Autoren als Erreger der Krankheit, heute aber höchstens als Beschleuniger von anderweitig verursachten Sterbeerscheinungen angesehen wird. Petch hält den Pilz Gloeosporium alborubrum Petch für den eigentlichen Erreger dieser Krankheit; an dem Kameruner Material war jedoch der Pilz nicht vorhanden. Gerade die Tatsache, daß die Spitzendürre an den Heveen in Kamerun erheblich weniger auftrat als an dem für Besonnung empfindlicheren Kakao und ebenfalls nicht allgemein mit der Botryodiplodia verknüpft war, deutet darauf hin, daß der Pilz nicht als ursprünglicher Erreger der Krankheit angesprochen werden kann, sondern nur ein Folgeparasit ist, der sich auf gesund aussehende Teile auszubreiten vermag. Auf das Vorkommen desselben Pilzes an Hevea-Früchten wurde schon S. 185 hingewiesen.

Eine direkte Bekämpfung des Pilzes scheint mir nicht möglich und auch nicht erforderlich. Regelmäßige Pflanzungs- und Baumpflege sind die gegen die Spitzendürre auszuführenden Maßnahmen.

VI. Misteln

Misteln (Loranthus-Arten) auf Heveen sah ich in Kamerun recht oft und zuweilen in großer Anzahl (Abbildung 39). Das vollständige Ausschneiden der mit Mistelsträngen durchsetzten Zweigteile gestaltet sich durch die Höhe der Heveakronen schwierig, bleibt aber doch das einzig mögliche Mittel, um den Mistelbesatz zu vermindern. Die Mistelschäden sind an den Heveen vermutlich höher als am Kakao, denn der Stoffentzug durch die Misteln erfolgt in gleichem Maße auch in der Ruheperiode der Heveen nach dem Blattfall (November bis April), also in der Trockenzeit, die zugleich die Zeit der stärksten Beanspruchung der Heveen ist. Ein völliger Abschuß der die Misteln verbreitenden Vögel dürfte unmöglich sein, auch stehen diesem Verfahren anderweitige Bedenken entgegen (vgl. S. 148).

VII. Die Giftpilzkrankheit

Die im einzelnen auf S. 149 erwähnte Giftpilzkrankheit (pink disease) habe ich an Heveen in Kamerun nur an einigen jüngeren Pflanzen in Missellele ohne die Necator-Form des Pilzes gesehen. Es ist nicht klar, ob der schon 1907 von von Faber beobachtete Erreger, Corticium salmonicolor Berk. et Br., durch Heveen oder durch andere Pflanzen in Kamerun eingeschleppt wurde. Befall und Entwicklung des Pilzes verlaufen an Heveen und Kakao im Prinzip gleichartig. Bemerkenswert ist, daß an den Heveen die Anwesenheit des Spinnengewebe-Stadiums schon frühzeitig dadurch verraten wird, daß die erkrankten Gewebe reichlich Milchsaft absondern.

Bei der Bekämpfung (vgl. S. 150) ist besonders darauf zu achten, daß das mitunter rissige und pulverige rosarote Myzel mitsamt den Sporen durch einen Anstrich mit einem Öl-Teer-Gemisch (80% Kohlenteer, 20% rohes Erdöl, Treiböl o. dgl.) vor dem Abschaben unschädlich gemacht wird. Überaus merkwürdig ist die Tatsache, daß der Pilz, der z. B. in Ostindien gerade die Heveen sehr schädigt, in Kamerun bisher ernstlich nicht aufgetreten ist. Welche Gründe dafür ausschlaggebend sein mögen, ist unbekannt. Eine nähere Untersuchung dieser Tatsache ist recht wichtig.

VIII. Borkenkäfer

An Heveen waren in Kamerun Borkenkäferschäden häufiger zu beobachten als an Kakaostämmen (vgl. S. 162). Hagedorn (1911/12, 1913) stellte als an Heveen lebende Borkenkäfer (Scolytidae-Ipidae) für Kamerun folgende Arten fest: Xyleborus affinis Eichh., Xyleborus camerunus Hageb. und Xyleborus ambasius Hageb.; Zacher (1915) fügt als Hevea-schädling von der Pungo-Sungo-Pflanzung noch den Käfer Xylopertha picea Ol. (Bostrychidae, Anobiidae) hinzu und nennt als dessen Feinde die beiden Käfer Cylindrus fasciatus Ol. (Cleridae) und Teretiosoma saginatum (Histeridae).

Die Borkenkäfer befallen nach den Erfahrungen Fickendeys und Hagedorns in Kamerun gesunde Heveen nicht; hingegen sind Stellen, an denen durch Zapffehler das Holz freigelegt wurde, immer gefährdet. Ich traf Borkenkäferbefall an Heveen verhältnismäßig selten und nur im Zusammenhang mit Pilz- oder Zapfflächenschädigungen an und halte die Tiere daher nicht für ernstliche Hevea-Schädlinge. Ihre Bekämpfung könnte man dadurch vornehmen, daß bewohnte Stämme verbrannt werden, oder daß man nach Entfernung eventuell herumliegender Stämme und Äste frisch geschlagene Heveen als Fangkloben aufstellt und nach Besiedelung vernichtet.

IX. Weitere Schädlinge der Heveen

1. Von einigen Termiten-Arten wird angegeben, daß sie an lebenden Bäumen zunächst tote Teile besiedeln, von dort aus in die lebenden Gewebe eindringen und dadurch die Bäume zum Absterben bringen können.

Heveen, welche von Termiten bewohnt waren, habe ich in Kamerun nur selten gesehen, und zwar handelte es sich dabei immer um Bäume, die schon aus anderen Gründen (bes. Wurzelpilz) als Todeskandidaten anzusehen waren (vgl. Abbildung 38). Ich bin daher der Ansicht, daß die in dem besuchten Gebiet vorkommenden Arten nicht als eigentliche Schädlinge zu betrachten sind. Sollten dennoch in Kamerun ernstliche Schäden durch Termiten vorkommen, so könnte man ihre Bekämpfung etwa durch nachfolgende Methoden vornehmen: Ausgraben und Töten der Königin; Ausräuchern der Bauten durch Einpumpen der Dämpfe eines Gemisches von Arsenik und Schwefel (7 Teile + 1 Teil), das wohl wirksamste und billigste Verfahren; durch Ausstreuen von Giftködern usw. (vgl. Tropenpflanzer 1909 S. 291). Eine sehr wichtige Maßnahme gegen Termitenbefall ist es, durch das Bestreichen der alten Wunden mit Kohlenteer oder mit Asphaltgemischen dafür zu sorgen, daß die Termiten Eintrittsstellen an den Bäumen nicht vorfinden.

2. „Bohrkäfer", deren Larven in Heveen leben, scheinen in Kamerun sehr selten zu sein, denn ich weiß nur von einem Fall eines solchen Vorkommens, über welchen Zacher (1915) kurz berichtet (vgl. S. 176).

3. An häufigeren Blattschädigungen ist mir nur eine auf Spinnmilben (Tetranychidae) zurückzuführende, vom Mittelnerven aus nach oben und seitlich fortschreitende Bräunung der Blätter aufgefallen. Die auf den Blattunterseiten lebenden Tiere würden sich mit Nikotin, Derris oder Petroleum enthaltenden Seifenemulsionen wirksam bekämpfen lassen, was ich aber für zunächst noch nicht nötig halte.

Der in Ostindien große Schäden verursachende Hevea-Meltau, Oidium heveae Steinmann, ist nach meinen Erfahrungen in Kamerun nicht vorhanden; auch auf Jatropha- und Manihot-Arten wurden Oidien nicht gefunden. Wenn ich den Pilz hier erwähne, so u. a. aus dem Grunde, um darauf hinzuweisen, daß kupferhaltige Spritzmittel sich gegen alle Meltaupilze als unwirksam erwiesen; zu ihrer Bekämpfung kommen in erster Linie schwefelhaltige Mittel (Schwefelkalkbrühe) in Frage (vgl. Tropenpflanzer 1929, S. 221).

4. Auf die in Kamerun in Saatbeeten von Kautschukpflanzen auftretenden Schädlinge weisen Strauß (1906) und Zacher (1913) hin. Ich hatte keine Gelegenheit, solche Saatbeete genauer zu untersuchen, verweise daher auf die obigen Arbeiten, deren wichtigste Ergebnisse bereits auf S. 163/4 erwähnt wurden.

5. Herr Jarl zeigte mir mehrfach Felle (sheets), welche rötlich oder dunkelviolett gefärbte, wenige Millimeter große Flecke enthielten, die sich als pilzhaltig erwiesen. Das mir vorliegende Material war für eine Klärung der näheren Beschaffenheit dieser „Schimmel" nicht geeignet. Ich würde gerne weiteres Material untersuchen. Da diese Flecke sowohl in geräucherten

Abb. 43. Die etwa 6jährigen, als Schattenspender in einem jungen Kakaobestand gezogenen Pflanzen der Albizzia moluccana sterben aus nicht ersichtlichen Gründen reihenweise ab. (Tiko, 30. 5. 1938.)

als auch in nicht geräucherten, versandfertigen Fellen auftraten, kann dem Räuchern eine ausreichende pilztötende Wirkung nicht zugeschrieben werden. Über die tatsächliche Bedeutung dieser Schimmel und die Wirkungen eventueller Gegenmittel habe ich kein abgeschlossenes Bild gewonnen. Ich kann deshalb auch nicht entscheiden, ob die Vorschläge, der Latex als Gegenmittel Paranitrophenol, Chinosol oder Natriumfluorid o. a. zuzusetzen, empfohlen werden können. Über eventuelle weitere Schäden an Fellen gibt z. B. ein Referat im Tropenpflanzer 1917 S. 321 Auskunft.

Gründünger- und Schattenpflanzen

In diesem letzten Abschnitt erwähne ich nur besonders auffällige Beschädigungen und solche Parasiten, die als wirkliche Schädlinge anzusehen sind. Die nach meinem Dafürhalten vom wirtschaftlichen Standpunkt aus belanglosen Parasiten dieser Leguminosen werde ich in einer besonderen, späteren Abhandlung zusammen mit den an Nebenkulturpflanzen und Pflanzungsunkräutern beobachteten Insekten und Pilzen besprechen.

I. Gründüngerpflanzen

Als Gründüngerpflanzen kamen bisher in Kamerun in der Hauptsache strauchartige Leguminosen in Frage, und zwar handelt es sich um Arten aus den Gattungen Crotalaria, Leucaena, Tephrosia, Cassia, Mimosa und Indigofera. Daneben waren in zweiter Linie noch Leguminosen von krautiger Beschaffenheit vorhanden, nämlich Calopogonium, Centrosema und Pueraria.

Von ihnen werden in erster Linie Leucaena, aber auch Tephrosia und Crotalarien in ihren unterirdischen Teilen durch weiße Pilzmyzelien befallen, die sicherlich der einen oder der anderen Art der bisher erwähnten Wurzelpilze angehören. Wenn auch die an diesen Pflanzen auftretenden Schäden zunächst bedeutungslos erscheinen, so kann doch die Rolle, welche diese Pflanzen als Träger und Überträger der Wurzelpilze spielen, nicht außer acht gelassen werden. Es ist vom parasitologischen Standpunkt aus dringend anzuraten, auf wurzelpilzverdächtigen Feldern von einer Verwendung gerade dieser Gründünger Abstand zu nehmen. Vorhandene erkrankte Pflanzen sind unter Berücksichtigung der bei Wurzelpilzen nötigen Maßnahmen auszumerzen.

Leucaena wies außerdem keine Parasiten auf. An Crotalarien und in vier Fällen auch an Tephrosien ließen sich ferner an den oberirdischen Teilen weiße Myzelien nachweisen, welche die Rinde besiedelten und die über der Infektionsstelle liegenden Teile stark in Mitleidenschaft zogen.

Es handelte sich dabei um nichtfruchtende Stadien eines Pilzes aus der Gattung Corticium, welchen ich, wie beim Kakao (S. 148) erwähnt wurde, als zum Corticium salmonicolor Berk. et Br. gehörig betrachte. Eine Bekämpfung der Pilze wird am besten durch Abschneiden und Verbrennen des betreffenden Materiales und durch Auslichten der Gründüngerbestände vorgenommen.

An Gründünger-Cassien, Mimosen und Indigoferen wurden Schäden nicht festgestellt.

Auf einigen Feldern der Ekona fielen in Pueraria-Beständen einzelne Gruppen von Pflanzen durch kleinere, gelblichgrüne und bald welkende Blätter auf. Die Untersuchung lehrte, daß die Stengel von einem sterilen Pilzmyzel mit septierten Hyphen lokal befallen waren, welches sich von dem Salmonicolor-Myzel durch seine leicht gelbliche Farbe und größere Dichte unterschied. Das Myzel brachte an den Befallsstellen den Stengel und damit auch die weiter spitzenwärts gelegenen Teile zum Verwelken und zum Absterben. Ob man dieser Erkrankung durch Verbrennen der befallenen Pflanzen Herr werden kann, oder ob man mit kupferhaltigen Spritzmitteln gegen sie vorgehen muß, wird durch Erfahrungen an Ort und Stelle zu entscheiden sein.

Sehr auffallende silbrigweiße, oberseitige Platzminen fanden sich stellenweise auf den Blättern der nur vereinzelt vorhandenen Tephrosien in großer Menge. Sie werden durch die Raupen eines Kleinschmetterlings aus der Familie der Gracilariiden erzeugt. Ähnlich auffallende silbrige, oberseitige Platzminen, die von karotinroten Gracilariidenraupen bewohnt waren, traten auch an Calopogonium, Centrosema und Pueraria hier und da in größerer Anzahl auf. Alle diese Blattbeschädigungen spielen m. E. eine völlig nebensächliche Rolle.

Sowohl die jungen als auch die älteren und die reifen Hülsen aller Gründüngerpflanzen mit Ausnahme der Leucaenen waren vielfach von Raupen befallen, die die Samen zerfraßen, und welche teils Schmetterlingen, teils Käfern angehörten. Es ist bei der allgemein wohl ausreichenden Samenproduktion dieser Pflanzen anzunehmen, daß ernstliche Schäden durch die Tiere nicht entstehen.

II. Schattenpflanzen

Als Schattenpflanzen fanden in Kamerun in größerem Ausmaße nur Leguminosen aus den Gattungen Erythrina und Albizzia Verwendung. Einige Cassia-Arten, die zu gleichem Zweck vorgesehen waren, sah ich in Anzuchtbeeten.

Die Albizzia moluccana Miq. (= Alb. falcata Baker) verhält sich in Kamerun recht eigenartig. Ursprünglich wachsen die Pflanzen sehr gut, aber etwa vom 6. Jahre ab beginnen sie ohne ersichtlichen Grund abzusterben (Abbildung 43). Einwirkung von Parasiten konnte in keinem Falle nachgewiesen werden und war auch schon deswegen nicht wahrscheinlich, weil in diesem Alter die Mehrzahl aller Pflanzen eingeht, obgleich sie im einzelnen unter ganz verschiedenen Bedingungen und an verschiedenen Standorten leben. Die Ursachen dieses Sterbens sind völlig unklar; daher lassen sich auch irgendwelche Gegenmaßnahmen nicht angeben. Mehrfach wird auch aus anderen Gebieten angegeben, daß diese Albizzia ein hohes Alter in Pflanzungen nicht erreicht (Sprecher von Bernegg, 1934; vgl. auch Tropenpflanzer, Jg. 36, S. 336).

Die Erythrinen, vereinzelt auch die Albizzien zeigten auf manchen Feldern starken Befall durch Wurzelpilze mit weißem Myzel, deren Bekämpfung mit Rücksicht auf die Hauptkulturpflanzen erforderlich ist. Ein bereits von Preuß (1903) genannter Schmetterling, dessen Raupe die Triebspitzen junger Erythrinen Schößlinge in einer Länge von 20—30 cm ausfrißt und vernichtet, wurde schon S. 161 erwähnt. Besonders in Anzuchtbeständen machen sich durch ihn erhebliche Schäden bemerkbar. Bevor sich aber spezielle Bekämpfungsmethoden angeben lassen, ist eine Klärung der Lebensweise dieses noch nicht gezüchteten Schmetterlings erforderlich. Dasselbe gilt für einige Hymenopteren aus der Familie der Eulophiden, deren Larven in Gallen in den Blättern der Erythrinen leben. Wenn auch diese Gallen oft in großer Anzahl an den Blättern vorhanden sind, so sehe ich dennoch in diesen Wespen keine ernstlichen Schädlinge. In der ganzen Beobachtungszeit (Mitte März bis Mitte Juni) waren neben jungen auch verlassene Gallen vorhanden, woraus ich schließen möchte, daß auch die Blätter, welche verlassene Gallen tragen, nicht besonders viel früher abfallen als die gesunden und somit trotz des Befalls ihren Zweck erfüllen.

In einem kleinen Anzuchtbestand auf dem Pungo-Vorwerk der Ekona waren die Erythrinen von einer blaßgelben Chrysomelide (Monolepta spec., det. Prof. Kuntzen) nahezu kahl gefressen. Von den derberen Blättern fraßen die Käfer die grünen Gewebe zunächst vorwiegend unterseits, dann auch beiderseits bis auf die gesamte Nervatur weg; an zarteren Blättern blieben nur die Mittelrippen mit den kräftigsten Seitennerven erster Ordnung stehen. Eine Bekämpfung der Käfer wird am zweckmäßigsten in der Zeit des ersten Auftretens mit Arsen-Spritzmitteln auszuführen sein.

Schriften-Verzeichnis

Ashby, S. F. (1929). Strains and taxonomy of Phytophthora palmivoria Butler (Ph. Faberi Maubl.). Transact. Brit. Mycol. Soc. 14.

Aulmann, G. (1911). Entomologische Rundschau 28.

Aulmann, G. (1911/13). Fauna der deutschen Kolonien. Reihe 5. Berlin 1911/13. Heft 3. Schädlinge des Kakaos (1912).
Heft 5. Schädlinge der Kautschukpflanzen (1913).

Briton-Jones, H. R. (1934). The diseases and curing of cacao. London 1934.

Bücher, H. und E. Fickendey (1919). „Die Ölpalme." Berlin 1919.

Busse, W. (1905). Reisebericht der pflanzenpathologischen Expedition des Kolonialwirtsch. Komitees nach West-Afrika. Tropenpflanzer 9, S. 25.

Busse, W. (1905). Reisebericht III der pflanzenpathologischen Expedition des Kolonialwirtsch. Komitees nach West-Afrika. Tropenpflanzer 9, S. 247.

Busse, W. (1906). Bericht über die pflanzenpathologische Expedition nach Kamerun und Togo 1904/05. Tropenpflanzer 10, Beiheft 4/5.

Chalot, M. (1899). Die Kakaokultur in Viktoria. Tropenpflanzer 3.

Dade, H. A. (1927). Economic significance of cacao pod disease and factors determining their incidence and control. Gold Coast Dept. Agric. Year Book No. 6.

Dade, H. A. (1927). Collar crack of cacao, Armillaria mellea (Vahl) Fr. Gold Coast Dept. Agric. Year Book. No. 5.

Dade, H. A. (1928). A comparison of the pathogenity of various strains of Phytophthora Faberi Maubl. on cacao pods in the Gold Coast. Gold Coast Dept. Agric. Year Book No. 13.

Dade, H. A. (1928). The relation between diseased cushions and seasonal outbreak of „black pod" disease of cacao. Gold Coast Dept. Agric. Year Book No. 13.

Dade, H. A. (1929). Further notes on cushion canker of cacao. Gold Coast Dept. Agric. Year Book. No. 16.

Eichinger, A. (1912). Bekämpfung der Kaffeewanze. Pflanzer 8.

Faber, F. C. von (1905). Tropenpflanzer 9.

Faber, F. C. von (1907). Über Verlaubung von Kakaoblüten. Berichte d. Deutsch. Botan. Gesellsch. 25.

Faber, F. C. von (1907). Bericht über die Pflanzenpathologische Expedition nach Kamerun. Tropenpflanzer 11.

Faber, F. C. von (1908). Untersuchungen über die Krankheiten des Kakaos. I. Über den Hexenbesen der Kakaobäume in Kamerun. II. Über die Krebskrankheit des Kakaos in Kamerun. Arbeit. a. d. Kaiserl. Biol. Anstalt f. Land- u. Forstwirtschaft 6.

Faber, F. C. von (1909). Die Krankheiten und Parasiten des Kakaobaumes. Arbeit. a. d. Kaiserl. Biol. Anstalt f. Land- u. Forstwirtschaft 7, 1910.

Fickendey, E. (1912). Gummifluß des Kakaobaumes. Tropenpflanzer 16.

Fickendey, E. und H. N. Blommendaal (1929). „Ölpalme." Wohltmann Bücher, Bd. 7.

Friederichs, K. (1913). Über den gegenwärtigen Stand der Bekämpfung des Kakaokrebses (Rindenfäule) in Samoa. Tropenpflanzer 17, S. 571.

Friederichs, K. (1913). Über den gegenwärtigen Stand der Bekämpfung des Nashornkäfers (Oryctes rhinozeros L.) in Samoa. Tropenpflanzer 17, S. 538.

Friederichs, K. (1918). Bericht über den staatlichen Pflanzenschutzdienst in Deutsch-Samoa 1912—1914. Tropenpflanzer 18, Beiheft 5.

Friederichs, K. (1919). Studien über Nashornkäfer als Schädlinge der Kokospalme. Zeitschr. f. angew. Entomologie 6, Beiheft 1.

Hagedorn, M. (1911/12). Borkenkäfer (Ipidae), welche in Kautschukbäumen leben. Revue zoologique africaine. T. 1.

Hagedorn, M. (1913). Borkenkäfer (Ipidae), welche tropische Nutzpflanzen beschädigen. Tropenpflanzer 17.

Van Hall, C. J. J. (1932). „Cacao." London, 1932.

Hollrung, M. (1914/15). Gedanken über einige neuzeitliche Erkrankungen an tropischen Nutzgewächsen. Tropenpflanzer 18.

Kaden, O. F. (1933). Erfahrungen mit Kupferkalkbrühen als Bekämpfungsmittel der Braunfäule von Kakaofrüchten in Westafrika. Gordian, 1933. Heft 917. (ref. Tropenpflanzer 1934, S. 349.)

Kaden, O. F. (1933). Untersuchungsergebnisse über nichtparasitäre Kakaokrankheiten in San Thomé und Principe. Tropenpflanzer 36.

Kaden, O. F. (1934). Die Bekämpfung des Kakaothripses unter neuzeitlichen Gesichtspunkten. Tropenpflanzer 37.

Kaden, O. F. (1934). Der Schnitt des Kakaobaumes und sein besonderer Zweck, die Krankheitsverhütung. Tropenpflanzer 37.

Kervégant, D. (1935). Le bananier et son exploitation. Paris 1935.

Kuntze, H. A. (1938). Literatur über tropische Nutzpflanzen und deren Krankheiten und Schädlinge. Mitteilgn. a. d. Biol. Reichsanst. f. Land- und Forstwirtschaft. Heft 56.

Ludwigs, K. (1914/15). Zur Frage nach dem Zusammenhang zwischen Braunfäule und Kakaokrebs. Tropenpflanzer 18, S. 333.

Ludwigs, K. (1920). Wurzelpilze an Kakao. Tropenpflanzer 23.

Ludwigs, K. (1934). Hexenbesen an Kakaobäumen. Tropenpflanzer 37.

Marcinowski, K. (1901). Parasitisch und semiparasitisch an Pflanzen lebende Nematoden. Arbeit d. Kaiserl. Biol. Anst. f. Land- u. Forstwirtschaft 7.

Maublanc, A. und H. C. Navel (1920). Sur une maladie du palmier à huile aux îles San-Thomé et Principe produite par un champignon (Ganoderma applanatum Pers.). Agronomie coloniale, Bd. 6, IV.

Morstatt, H. (1913). Die Vertilgung der Erdraupen. Pflanzer 9.

Morstatt, H. (1914). Planzer 10.

Morstatt, H. (1920). Die Herzfäule der Kokospalmen. Tropenpflanzer 23, Beiheft 3.

Morstatt, H. (1929): Krankheiten und Schädlinge der tropischen Kulturpflanzen und deren Bekämpfung. Tropenpflanzer 32. (Betr. Kaffee-Schädlinge und -Krankheiten vgl. Tropenpflanzer 38—40, 1935—1937).

Morstatt, H. (1938). Die Bedeutung der Pflanzenkrankheiten und Schädlinge für die Anbaumöglichkeiten tropischer Kulturpflanzen. Tropenpflanzer 41.

Petch, T. (1921). The diseases and pests of the rubber tree. London 1921.

Poppius, B. (1911/12). Die afrikanischen Arten der Miriden-Gattung Helopeltis Sign. Revue zoologique africaine 1.

Preuß, P. (1902). Über Schädlinge der Kokospalme. Tropenpflanzer 6.

Preuß, P. (1903). Über Pflanzenschädlinge in Kamerun. Tropenpflanzer 7.

Preuß, P. (1911). Über Schädlinge der Kokospalme. Tropenpflanzer 15.

Preyer, A. (1902). Schädigung von Bananen durch Nematoden. Tropenpflanzer 6.

Rant, A. (1912). Über die Djamoer oepas-Krankheit und über das Corticium javanicum Zimm. Bullet. Jardin Botan. de Buitenzorg 2, Sér. 4.

Reppens, J. L. (1936). La production de la Banane au Cameroun. Publ. Inst. nat. Etud. agronom. Congo Belge. Sér. techn. 7. (ref. Rev. appl. Mycol. 16, 1937).

Ruschmann, W. (1929). „Banane". Wohltmann Bücher, Band 8.

Rutgers, A. A. L. (1917). Hevea Kanker. III. Meded. Labor. v. Plantenziekten Batavia, No. 28.

Schmitt, R. (1932). Kultur und Absatz von Derris elliptica Benth. Tropenpflanzer 35.

Seabra, A. F. de (1917/22). Etudes sur les maladies et les parasites du Cacaoyer et d'autres plantes cultivées à San Thomé. Mém. Soc. Portugaise des Sci. natur. Sér. Zool. 1917—1922.

Sharples, A. (1928). Palm diseases in Malaya. The Malayan Agric. Journ. Kuala Lumpur. XVI. No. 9—10.

Sharples, A. (1936). The diseases and pests of the rubber tree. London 1936.

Sorauer, P. (1925 u. f.). Handbuch der Pflanzenkrankheiten. Herausgegeben von O. Appel, Berlin, Bd. 1 (1934), Bd. 2 (1928), Bd. 3 (1932), Bd. 4 (1925), Bd. 5 (1932).

Sprecher von Bernegg, A. (1929—1936). Tropische und subtropische Weltwirtschaftspflanzen, ihre Geschichte, Kultur und volkswirtschaftliche Bedeutung. 1. Teil (1929): Stärke- und Zuckerpflanzen, 2. Teil: (1929): Ölpflanzen, 3. Teil (1934/36): Genußpflanzen.

Steinmann, A. (1927). Diseases and pests of Hevea brasiliensis in the Netherlands Indies. Buitenzorg, 1927.

Strauß, A. (1906). Über die Kickxiakultur in Kamerun. Tropenpflanzer 10.

Strunk, L. (1906). Die chemischen Mittel zur Bekämpfung der Rindenwanze in Kamerun. Tropenpflanzer 10.

Strunk, L. (1906). Venezuela-Kakao in Kamerun. Tropenpflanzer 10.

Strunk, L. (1906). Zur Ölpalmenkultur. Tropenpflanzer 10.

Trappmann, W. (1927). Schädlingsbekämpfung. Grundlagen und Methoden im Pflanzenschutz. Leipzig 1927.

Wakefield, E. M. (1920). Diseases of the Oil Palm in West Africa. Bullet. Roy. Botan. Gardens Kew 1920.

Weiler, C. (1933). Wirtschaftsgeographie des britischen Mandats Kamerun. Tropenpflanzer 36.

West, J. (1936). Black pod of Cacao. 11. Bull. Agric. Dept. Lagos, 1936.

Winkler, H. (1905). Einige tierische Schädlinge an Kakaofrüchten. Zeitschr. f. Pflanzenkrankheiten und Pflanzenschutz 15.

Zacher, Fr. (1912). Afrikanische Fruchtfliegen. Tropenpflanzer 16.

Zacher, Fr. (1913). Notizen über Schädlinge tropischer Kulturen. Tropenpflanzer 17, S. 131, S. 305.

Zacher, Fr. (1915). Beiträge zur Kenntnis der west-afrikanischen Pflanzenschädlinge. Tropenpflanzer 18.

Zacher, Fr. (1917). Notizen über Schädlinge tropischer Kulturen. X. Tropenpflanzer 20.

Zeller, T. (1925). „Kakao". Wohltmann Bücher, Bd. 1.

Zimmermann, A. (1928). Kautschuk, Guttapercha und Balata (Kautschukgruppe). In Wiesner, J. v.: Die Rohstoffe des Pflanzenreiches, Band 2. Leipzig, 1928.

Zimmermann, A. (1929). Die Rindenbräune von Hevea. Tropenpflanzer 32.

Zwingenberger, C. (1903). Die Kakaorindenwanze in den Pflanzungen des Bezirks Victoria zu Kamerun. Tropenpflanzer 7.

Stichwort-Verzeichnis

CHEMISCHE UNTERSUCHUNG VON KAMERUNBÖDEN

Gutachtlicher Bericht im Auftrage der Gruppe Deutscher Kolonialwirtschaftlicher Unternehmungen

Von **Kurt Utescher**

Zur chemischen Untersuchung gelangten zunächst 18 Profile von je 2—6 Horizonten, insgesamt 55 Bodenproben. Zweck der Untersuchung war in erster Linie, Aufschluß über den Nährstoffzustand dieser Böden und ihren landwirtschaftlichen Wert zu gewinnen, um daraus Folgerungen für ihre Düngung und sonstige Behandlung ziehen zu können.

Tabelle I enthält die Zusammenstellung dieser Böden mit Angaben über die Bodenart und die bei ihrer Entnahme an Ort und Stelle gemachten Beobachtungen.

I. Methodik

Bei der Auswahl der Untersuchungsmethoden war vor allem maßgebend, daß sie eine Beurteilung der Bodenproben in obengenanntem Sinne innerhalb kurzer Zeit ermöglichen sollten, da die Bedürfnisse der Praxis keinen langen Aufschub gestatten. Weitgehende Rücksicht mußte weiter auf die beschränkte Menge der einzelnen Proben genommen werden, die ihrerseits durch die große Ausdehnung der Versuche und die naturgegebenen Schwierigkeiten bei ihrer Entnahme bedingt war. Ganz allgemein ist zunächst in bezug auf die chemische Untersuchung von Böden und die Übertragung ihrer Ergebnisse auf die Praxis zu sagen, daß man hierbei nach allen bisherigen Erfahrungen die Erwartungen keineswegs zu hoch spannen und vor allem keine detaillierten Düngerezepte von unfehlbarer Höchstwirkung verlangen darf. Diese sind zwar schon oft gegeben und stets mit Freuden begrüßt worden, aber vom Rezept bis zum verbürgten Erfolg ist ein weiter Weg. Man darf hierbei nicht vergessen, daß es einfach unmöglich ist, alle in der Natur wirksamen, oft erst in langen Zeiträumen spürbar werdenden Faktoren im Laboratorium zu berücksichtigen, daß die großen Unterschiede der wesentlich klimabedingten oder vom Ausgangsmaterial beeinflußten Bodenbildungen eine Verallgemeinerung von vornherein verbieten, und daß schließlich die Eigenschaften eines Bodens auch auf begrenztem Raume einem häufigen, oft sogar tiefgreifenden Wechsel unterworfen sein können, dessen Ausschaltung einen praktisch kaum möglichen Umfang der Probenahme erfordern würde. Hinzu kommt, daß einmal die Bodenart weitgehende Berücksichtigung

Tabelle I

Nr.	Tiefe der Entnahme dm	Beobachtungen bei der Probenahme (Domke)	Art der Proben (Behrend/Utescher)
		Profil I	
6	0—2	Obere Schichten leuchtend rotbraun; mäßige oder geringe Fruchtbarkeit. Der ganze Berg locker aufgeschüttet, leicht nachrutschend.	Wie 4, mit zahlreichen feinen Pflanzenwurzeln
5	4—5		Wie 4, grobstückiger
4	10		Rostroter, sandig-lehmiger Zersatz
3	20	Dichter Bewuchs von Farnen, Gräsern, Kompositen, Gesträuch, dünnere Bäume	Wie 1, noch etwas dunkler
2	40		Wie 1, aber rost- bis schwarzbraun
1	60		Aschenlava, licht blaugrau, stellenweise bräunlicher Anflug. Stark porös (schaumig), hirse- bis haselnußgroß
		Profil II	
7	0—1,5	Kakao mittleren Wachstums. Albizzia zygia als Schattenbaum. Unkräuter: viel Paspalum conjug. und eine andere Art; Aracee; Melanthera sp., Emilia sp., Ipomoea. Boden mit Lavabrocken aller Größen durchsetzt	Schwarzbraun, krümelig, nur noch wenige bis erbsengroße feste Gesteinsbrocken, einige Pflanzenwurzeln
8	2—3		Wie 9, noch dunkler, mit einigen Pflanzenwurzeln
9	5—7		Wie 10, dunkelbraun
10			Graubrauner, feinkörniger, lehmiger Sand mit gerollten Basaltbrocken (bis Haselnußgröße)
		Profil III	
11	0—2	Kakao zwischen Planten; schlechtes Wachstum. Unkräuter: Paspal. conjug., Bidens sp., Melanthera sp.	Wie 12, aber krümlig
12	2—4		Wie 13, etwas dunkler
13	5—7		Brauner Lehm mit wenig Pflanzenwurzeln
		Profil IV	
14	0—1	Bananen; vegetatives Wachstum gut, aber geringer Fruchtertrag	Wie 15, stark durchwurzelt
15	5		Wie 16, etwas weniger dicht; ganz wenig Wurzelfasern
16	10		Brauner, dichter Lehm

Nr.	Tiefe der Entnahme dm	Beobachtungen bei der Probenahme (Domke)	Art der Proben (Behrend/Utescher)
		Profil V	
17	0—1	Bananen gut. Kakao kränklich (ca. 3 jährig).	Wie 18, etwas poröser und lockerer, durchwurzelt
18	5	Als Schattenpflanzen Leucaena glauca. als Boden-	Wie 19, ein wenig sandiger
19	10	bedecker Calopogonium muc.	Zäher, sehr dichter Lehm, verschwindend Wurzelfasern, einige runde Sandkörnchen
		Profil VI	
20	—	Der harte Laterit ist mit gipsigen (?) Einsprengungen durchsetzt	
		Profil VII	
21	0—1		Wie 22, noch etwas lockerer und mehr durchwurzelt
22	6	Kranke Stelle	Wie 23, etwas sandiger und besser durchwurzelt
23	10		Brauner, sehr dichter Lehm, verschwindend Wurzelfasern
		Profil VIII	
24	0—1	Bananen, guter Ertrag (ca. 650 Bündel pro ha)	Wie 25, stärker durchwurzelt und lockerer
25	5		Wie 26
26	10		Gelbbrauner, sandiger krümeliger Lehm, durchwurzelt
		Profil IX	
27	0—1	Bananen, Stelle mit kränk-	Wie 28
28	5	lichen Pflanzen (Älchen (?), Wurzelschimmel (?)), Boden	Wie 29, etwas lockerer, Stich ins Olivgrüne
29	10	ohne Drainage, oberflächlich gehackt, fast „clean weeding"	Gelblich-brauner, dichter Lehm, viel Pflanzenmaterial
		Profil X	
30	0—1	Hevea brasil., schlechtes Wachstum	Brauneisenkonkretionen, hirsekorn- bis haselnußgroß, in grauem sandigen Ton
31	8		Wie 30, aber mehr toniges Material

Nr.	Tiefe der Entnahme dm	Beobachtungen bei der Probenahme (Domke)	Art der Proben (Behrend/Utescher)
		Profil XI	
32	0—1		Wie 33
33	1—2	Hevea brasil., gutes Wachstum	Wie 34, stärker durchwurzelt
34	2—4		Grauer, sandiger Lehm, krümelig, verschwindend Wurzelfasern
			Wie 36
35	8		Grauer, sandiger, rotgeflammter Ton
36	9		
		Profil XII	
37	0—1	Grape-fruit-Anpflanzung (Citrus decum.).	Wie 39, aber dunkelbraun, stärker durchwurzelt
38	2—4	Wenig befriedigend, ungleiches Wachstum, kränkliches Aussehen, spärlicher Fruchtansatz	Wie 39
39	5—7		Gelbbrauner, lockerer, krümeliger Lehm, durchwurzelt
40	7—9		Brauner Lehm mit Brocken (bis Walnußgröße) von zersetztem Eruptivgestein; durchwurzelt
		Profil XIII	
41/42		Fällt aus	
		Profil XIV.	
43	0—2	Kakao und Planten mittleren Wachstums. Boden ohne Blöcke und Geröll. Längere Zeit nicht gehackt, nur scharpiert. Unkräuter: Tradesc. sp., Schwertgras, Paspal. conj. u. a. spec.	Wie 45, Stich ins Graue, stärker durchwurzelt
44	5— 7		Wie 45
45	8—10		Brauner, sandiger Ton, schwach durchwurzelt
		Profil XV	
46	0—1	Kakao (1930), schlechter Bestand. Unkräuter: dichte Decke von Paspal. conj., viel Elefantengras	Dunkelbrauner, krümeliger, sandiger Lehm. Stich ins Graue, einige unzersetzte Basaltbrocken, wenig Wurzelfasern
			Wie 48, etwas lehmiger
47	5		Kantige Basaltbrocken in gelbem sandigem Lehm mit Eisenkonkretionen
48	10		

Nr.	Tiefe der Entnahme dm	Beobachtungen bei der Probenahme (Domke)	Art der Proben (Behrend/Utescher)
		Profil XVI	
49	0—1	Kakao (1929) und Bananen (nach 1929), schlechter Bestand.	Wie 51, stärker durchwurzelt, einzelne Eisenkonkretionen
50	5	Unkräuter: dichter Bestand von Adlerfarn und Elefantengras	Wie 51
51			Gelbbrauner, schwach sandiger Lehm, krümelig einige Wurzelfasern
		Profil XVII	
52	0—1	Kakao, schlechtes Wachstum, Planten als Schattenpflanzen, geringer Fruchtansatz. Einige Erythrina glauca.	Wie 53, aber krümelig, stark durchwurzelt
53	5	Unkräuter: dichte Decke von Paspal. conj., Farne	Graubrauner, stark sandiger Lehm mit abgerollten Basaltbröckchen, schwach durchwurzelt
		Profil XVIII	
54	0—1	Junger Kakao (ca. 50 bis 120 cm hoch), fast eingehend.	Wie 55, krümelig, etwas mehr durchwurzelt
55		Unkräuter: dichter Teppich von Paspal. conj., einige Horste Elefanten- u. Schwertgras. Boden seit langem nicht gehackt, wohl ungenügende Durchlüftung!	Brauner, schwach sandiger Lehm, verschwindend Wurzelfasern

verlangt und daß zweitens die besonderen Anforderungen der verschiedenen Nutzpflanzen an den Säuregrad des Bodens wie an Art und Menge der einzelnen Nährstoffe ganz verschieden sind.

Dankenswerte kritische Übersichten über die dem Chemiker zur Verfügung stehenden Methoden zur Nährstoffuntersuchung von Böden haben uns in neuerer Zeit W.-U. Behrens[1]) und R. Thun[2]) gegeben, in denen auch sie nachdrücklich auf die obengenannten Schwierigkeiten hinweisen. Speziell im Hinblick auf Kameruner Böden spricht sich W. Kettner[3]) in gleichem Sinne aus. Unter voller Würdigung der Unmöglichkeit, auf

[1]) W.-U. Behrens: „Die Methoden zur Bestimmung des Kali- und Phosphorsäurebedarfs landwirtschaftlich genutzter Böden." Berlin 1935.

[2]) R. Thun: „Die wichtigsten Methoden zur Nährstoffuntersuchung des Bodens und ihr Wert für die praktische Landwirtschaft." (Sammelreferat); „Biedermanns Zentralblatt", N. F. 6, S. 161—176 und 481—497, Leipzig 1936.

[3]) W. Kettner: „Düngungsfragen am Kamerunberg"; „Der Deutsche Kulturpionier", 38, S. 11—18, Berlin 1938.

Tabelle

Nr.	Tiefe der Entnahme	Hygroskop. H_2O bei 105° %	Glühverlust %	pH	Humus %	N %	C:N	P_2O_5 in 1%iger Zitronens. mg auf 100 g Boden	P_2O_5 gesamt in Königswasser mg auf 100 g Boden	P_2O_5 relativ %	K_2O in 1%iger Zitronens. mg auf 100 g Boden	Fe_2O_3 in konz. HCl %
	1	2	3	4	5	6	7	8	9	10	11	12
												Profil I
6	0—2	8,27	7,50	5,5	4,38	0,57	4,4	3,2	390,0	0,8	38,4	19,05
5	4—5	9,66	9,38	5,8	1,52	0,49	1,8	2,5	339,8	0,7	24,4	21,35
4	10	9,91	9,86	6,0	0,79	0,056	8,2	1,7	378,9	0,5	10,5	21,67
3	20	9,80	7,60	7,1	—	—	—	7,0	443,0	1,6	20,8	13,57
2	40	11,31	8,39	6,5	—	—	—	7,5	426,5	1,8	17,7	13,97
1	60	5,30	4,41	6,7	—	—	—	217,5	491,3	44,3	11,5	kein Material
												Profil II
7	0—1,5	8,61	10,32	5,3	7,89	0,55	8,3	4,4	485,8	0,9	40,4	14,92
8	2—3	9,04	11,37	5,2	4,05	0,40	5,9	3,7	438,5	0,8	42,3	15,47
9	5—7	9,61	10,95	5,1	2,75	0,21	7,7	10,0	515,9	1,8	11,8	12,38
10	8—10	9,79	10,14	5,2	0,19	0,098	1,1	11,1	384,1	2,9	16,1	13,81
												Profil III
11	0—2	7,67	10,92	4,6	4,65	0,37	7,2	3,9	392,6	1,0	14,4	14,77
12	2—4	7,76	11,32	4,1	2,70	0,32	6,8	3,6	479,1	0,8	11,8	15,24
13	5—77	8,06	12,16	4,2	1,80	0,22	4,7	1,9	448,5	0,4	8,0	15,00
												Profil IV
14	0—1	4,86	11,43	5,4	3,29	0,38	5,0	2,1	401,4	0,5	22,8	17,74
15	5	4,87	11,42	4,6	1,41	0,17	4,8	1,1	429,4	0,3	8,5	17,74
16	10	4,79	11,34	4,5	1,37	0,19	4,2	1,2	449,8	0,3	8,7	17,38
												Profil V
17	0—1	4,51	9,06	5,1	1,67	0,15	6,3	11,4	465,0	2,4	10,5	18,33
18	5	4,75	8,82	4,5	1,08	0,21	3,0	11,1	574,0	1,9	7,4	19,29
19	10	5,31	10,09	4,0	0,45	0,091	2,9	12,4	625,0	2,0	9,0	18,09
												Profil VI
20	—	4,92	12,07	4,0	0,39	0,034	5,7	0,7	379,1	0,2	6,7	17,50
												Profil VII
21	0—1	5,59	10,98	4,1	2,37	0,19	7,3	1,0	321,3	0,3	7,4	17,86
22	6	5,82	10,81	4,3	1,41	0,098	8,3	0,9	339,8	0,3	8,0	18,45
23	10	5,78	11,44	4,2	0,67	0,081	4,8	0,7	356,0	0,2	8,0	17,86

IIa

Austauschbare Basen n. Knop: 50 g Boden 48 Std. mit 100 ccm NH_4Cl-Lösung. ($5 g NH_4Cl$ in $1 l H_2O$) geschüttelt.

In Millimol auf 100 g Boden					In Äquivalentprozenten						
CaO	MgO	K_2O	Na_2O	Summe	CaO	MgO	K_2O	Na_2O	M II (CaO, MgO)	M I (K_2O, Na_2O)	K_2O: Na_2O
13	14	15	16	17	18	19	20	21	22	23	24
(Mäßige oder geringe Fruchtbarkeit)											
2,696	1,290	0,275	0,260	4,521	59,6	28,5	6,1	5,8	88,1	11,9	1:0,9
3,290	0,994	0,150	0,266	4,700	70,0	21,1	3,2	5,7	91,1	8,9	1:1,8
3,409	1,345	0,125	0,300	5,179	65,9	25,9	2,4	5,8	91,8	8,2	1:3,0
3,231	3,056	0,127	0,369	6,783	47,6	45,0	1,9	5,5	92,6	7,4	1:2,9
3,945	2,589	0,150	0,380	7,064	55,9	36,6	2,1	5,4	92,5	7,5	1:2,5
2,839	1,398	0,137	0,321	4,695	60,5	29,8	2,9	6,8	90,3	9,7	1:2,3
(Kakao mittl. Wachstums)											
2,525	0,952	0,379	0,180	4,036	62,6	23,6	9,4	4,4	86,2	13,8	1:0,5
2,390	0,774	0,242	0,211	3,617	66,1	21,4	6,7	5,8	87,5	12,5	1:0,9
2,154	0,337	0,129	0,208	2,828	76,2	11,9	4,6	7,3	88,1	11,9	1:1,6
2,026	0,238	0,213	0,191	2,668	76,0	8,9	8,0	7,1	84,9	15,1	1:0,9
(Kakao, schlechtes Wachstum)											
2,194	0,421	0,138	0,148	2,901	75,6	14,5	4,8	5,1	90,1	9,9	1:1,1
1,382	0,087	0,149	0,081	1,699	81,5	5,1	8,7	4,7	86,6	13,4	1:0,5
1,602	0,110	0,109	0,154	1,975	81,1	5,6	5,5	7,8	86,7	13,3	1:1,4
(Bananen gut, geringe Fruchtbarkeit)											
1,538	0,0510	0,278	0,181	2,048	75,1	2,5	13,6	8,8	77,6	22,4	1:0,7
0,713	—	0,161	0,149	1,023	69,7	—	15,7	14,6	69,7	30,3	1:0,9
0,650	—	0,154	0,123	0,927	70,1	—	16,6	13,3	70,1	29,9	1:0,8
(Bananen gut, Kakao kränklich)											
1,177	0,397	0,162	0,115	1,851	63,6	21,5	8,7	6,2	85,1	14,9	1:0,7
0,570	0,109	0,125	0,082	0,886	64,3	12,3	14,1	9,3	76,6	23,4	1:0,7
0,602	0,044	0,116	0,125	0,887	67,9	5,0	13,1	14,0	72,9	27,1	1:1,1
0,335	0,079	0,098	0,104	0,616	54,4	12,8	15,9	16,9	67,2	32,8	1:1,1
(Kranke Stelle)											
0,484	0,022	0,116	0,113	0,735	65,9	3,0	15,8	15,3	68,9	31,1	1:1,0
0,314	—	0,109	0,093	0,516	60,9	—	21,1	18,0	60,9	39,1	1:0,9
0,285	0,074	0,154	0,095	0,608	46,9	12,2	25,3	15,6	59,1	40,9	1: ,6

Tabelle

Nr.	Tiefe der Entnahme	Hygroskop. H_2O bei 105° %	Glühverlust %	pH	Humus %	N %	C:N	P_2O_5 in 1%iger Zitronens. mg auf 100 g Boden	P_2O_5 gesamt in Königswasser mg auf 100 g Boden	P_2O_5 relativ %	K_2O in 1%iger Zitronens. mg auf 100 g Boden	Fe_2O_3 in konz. H Cl %
	1	2	3	4	5	6	7	8	9	10	11	12
Profil VIII												
24	0—1	4,81	12,45	5,1	1,72	0,16	6,2	10,5	574,8	1,8	10,5	17,86
25	5	5,14	10,57	4,6	1,51	0,11	7,7	6,3	674,8	0,9	8,5	16,43
26	10	5,03	10,79	4,7	1,27	0,087	8,5	7,2	600,1	1,2	7,4	16,07
Profil IX												
27	0—1	5,68	10,56	4,1	2,04	0,15	7,7	0,9	258,4	0,3	5,6	17,74
28	5	5,62	11,33	4,3	1,69	0,11	8,9	0,8	256,1	0,3	6,7	19,05
29	10	6,36	10,45	4,3	1,41	0,12	6,9	0,7	269,1	0,3	5,4	15,83
Profil X												
30	0—1	3,67	9,08	6,1	0,76	0,11	3,9	3,4	332,0	1,0	12,0	8,33
31	8	4,49	9,70	5,3	0,38	0,084	2,6	1,4	345,8	0,4	9,5	8,93
Profil XI												
32	0—1	3,94	8,22	4,1	2,17	0,17	7,6	2,7	176,6	1,5	6,7	2,14
33	1—2	3,74	8,41	4,0	1,71	0,14	7,1	2,2	135,5	1,6	4,9	2,38
34	2—4	3,17	7,81	3,9	0,86	0,078	6,4	0,6	136,2	0,4	4,4	2,14
35	8	2,92	7,66	4,1	0,73	0,056	7,6	0,6	110,5	0,5	6,9	2,86
36	9	2,76	7,26	3,8	0,12	Sp.	—	0,5	98,0	0,5	5,9	2,38
Profil XII												
37	0—2	9,93	11,08	4,6	5,42	0,31	10,2	7,2	98,9	7,3	19,5	14,52
38	2—4	10,34	13,37	4,4	2,63	0,21	7,4	6,9	236,4	2,9	9,0	15,71
39	5—7	10,82	13,00	4,5	2,68	0,18	8,5	5,9	341,0	1,7	13,3	16,55
40	7—9	11,18	13,11	4,8	1,64	0,20	4,8	8,3	298,9	2,8	13,3	18,93
Profil XIII												
41	Fallen aus.											
42												
Profil XIV												
43	0—2	9,32	11,56	4,6	4,07	0,34	6,9	10,9	666,0	1,6	25,1	13,81
44	5—7	11,03	12,01	4,2	1,96	0,20	5,7	19,8	817,6	2,4	17,8	13,55
45	8—10	10,48	11,99	4,2	1,87	0,19	5,6	19,2	761,1	2,5	21,6	13,70

II b

Austauschbare Basen (n. Knop: 50 g Boden, 48 Std. mit 100 ccm NH_4Cl-Lösung (5 g NH_4Cl in 1 l H_2O) geschüttelt.)

In Millimol auf 100 g Boden					In Äquivalentprozenten						
CaO	MgO	K_2O	Na_2O	Summe	CaO	MgO	K_2O	Na_2O	M II (CaO, MgO)	M I (K_2O, Na_2O)	K_2O: Na_2O
13	14	15	16	17	18	19	20	21	22	23	24
					(Bananen gut)						
1,269	0,044	0,132	0,234	1,679	75,6	2,6	7,9	13,9	78,2	21,8	1:1,8
0,396	—	0,125	0,135	0,656	60,3	—	19,1	20,6	60,3	39,7	1:1,1
0,460	—	0,109	0,100	0,669	68,6	—	16,3	14,9	68,8	31,2	1:0,9
					(Bananen kränklich)						
0,428	—	0,098	0,191	0,717	59,7	—	13,7	26,6	59,7	40,3	1:1,9
0,438	—	0,091	0,157	0,686	63,9	—	13,2	22,9	63,9	36,1	1:1,7
0,357	—	0,107	0,123	0,587	60,8	—	18,2	21,0	60,8	39,2	1:1,2
					(Hevea schlecht)						
1,548	0,069	0,127	0,158	1,902	81,4	3,6	6,7	8,3	85,0	15,0	1:1,3
1,462	0,018	0,135	0,129	1,744	83,8	1,0	7,8	7,4	84,8	15,2	1:1,0
					(Hevea gut)						
1,312	—	0,102	0,099	1,513	86,7	—	6,7	6,6	86,7	13,3	1:1,0
0,756	0,179	0,082	0,118	1,135	66,6	15,8	7,2	10,4	82,4	17,6	1:1,4
0,521	0,179	0,078	0,104	0,882	59,1	20,3	8,8	11,8	79,4	20,6	1:1,3
0,906	0,347	0,096	0,096	1,445	62,8	24,0	6,6	6,6	86,8	13,2	1:1,0
0,357	0,159	0,072	0,129	0,717	49,8	22,2	10,0	18,0	72,0	28,0	1:1,8
					(Grape-fruit wenig befriedigend)						
1,248	0,545	0,268	0,051	2,112	59,1	25,8	12,7	2,4	84,9	15,1	1:1,9
0,678	0,169	0,148	0,084	1,079	62,8	15,7	13,7	7,8	78,5	21,5	1:0,6
0,599	0,149	0,211	0,051	1,010	59,3	14,8	20,9	5,0	74,1	25,9	1:0,2
0,264	0,079	0,213	0,048	0,604	43,7	13,1	35,3	7,9	56,8	43,2	1:0,2
					(Kakao und Planten mittleren Wachstums)						
1,334	0,585	0,238	0,225	2,382	56,0	24,6	10,0	9,4	80,6	19,4	1:0,9
0,742	0,109	0,215	0,135	1,201	61,8	9,1	17,9	11,2	70,9	29,1	1:0,6
0,692	0,005	0,256	0,076	1,029	67,2	0,5	24,9	7,4	67,7	32,3	1:0,3

Tabelle

Nr.	Tiefe der Entnahme	Hygroskop. H_2O bei 105° %	Glühverlust %	pH	Humus %	N %	C:N	P_2O_5 in 1%iger Zitronens. (mg auf 100 g Boden)	P_2O_5 gesamt in Königswasser (mg auf 100 g Boden)	P_2O_5 relativ %	K_2O in 1%iger Zitronens. mg auf 100 g Boden	Fe_2O_3 in konz. H Cl %
	1	2	3	4	5	6	7	8	9	10	11	12
											Profil XV	
46	0—1	8,42	9,31	5,3	3,07	0,25	7,1	5,4	408,7	1,3	22,3	13,10
47	5	8,97	10,27	5,1	1,96	0,19	5,8	2,5	480,6	0,5	11,8	16,90
48	10	9,71	10,27	5,0	1,15	0,13	5,3	2,6	492,8	0,5	7,7	15,95
											Profil XVI	
49	0—1	8,48	10,70	4,3	2,88	0,22	7,4	3,4	497,5	0,7	19,1	14,77
50	5	8,99	11,04	4,0	1,84	0,19	5,6	3,8	551,9	0,7	6,2	14,05
51	10	9,52	11,33	3,9	1,15	0,12	5,5	4,8	578,7	0,8	4,6	13,81
											Profil XVII	
52	0—1	10,33	7,80	6,2	4,93	0,31	9,2	14,8	428,2	3,5	117,5	7,74
53	5	12,00	9,07	5,8	3,31	0,23	8,3	20,3	342,6	5,9	173,4	6,43
											Profil XVIII	
54	0—1	13,19	9,80	4,9	2,45	0,19	7,4	11,5	684,4	1,7	63,4	14,77
55	8	7,84	10,91	4,5	1,21	0,13	5,3	19,6	992,9	2,0	37,2	12,27

Grund von Bodenuntersuchungen allein Schlüsse auf die zweckmäßigste Düngung zu ziehen, erkennt er aber andererseits auch die große Bedeutung von Bodenanalysen als Grundlage für zweckmäßige Düngeversuche voll an.

Unter Berücksichtigung der vorstehend angeführten Gesichtspunkte sind die an den vorliegenden Proben auszuführenden Untersuchungen ausgewählt worden. Ihre Ergebnisse sind in Tabelle II a—c zusammengestellt worden. Ihre Bewertung im einzelnen muß sich natürlich zunächst auf Erfahrungen mit Böden unserer Klimata stützen, die auf tropische Böden nicht ohne weiteres übertragen werden können. Andererseits erscheint dies als der einzige Weg, Anhaltspunkte für die Behandlung der Kameruner Böden bzw. die Grundlagen für die Anstellung exakter Versuche zu gewinnen. Umgekehrt werden deren Ergebnisse wieder die praktische Auswertbarkeit der chemischen Analysen auf eine breitere und festere Grundlage stellen. Ein wertvoller Anfang in dieser Richtung ist bereits durch die örtlichen Wachstumsbeobachtungen bei der Probenahme gemacht worden, deren wechselseitige Beziehungen zu den Analysen-

IIc

Austauschbare Basen (n. Knop: 50 g Boden, 48 Std. mit 100 ccm NH_4Cl-Lösung (5 g NH_4Cl in 1 l H_2O) geschüttelt).

In Millimol auf 100 g Boden					In Äquivalentprozenten						
CaO	MgO	K_2O	Na_2O	Summe	CaO	MgO	K_2O	Na_2O	M II (CaO MgO)	M I (K_2O_2 Na_2O)	K_2O: Na_2O
13	14	15	16	17	18	19	20	21	22	23	24
Moliko. Bolifamba G 9 (Kakao schlecht)											
2,007	0,090	0,250	0,118	2,465	81,5	3,6	10,1	4,8	85,1	14,9	1 : 0,5
2,240	0,103	0,174	0,110	2,627	85,3	3,9	6,6	4,2	89,2	10,8	1 : 0,6
2,332	0,106	0,131	0,138	2,707	86,2	3,9	4,8	5,1	90,1	9,9	1 : 1,1
Moliko. Bolifamba 7 (Kakao und Bananen schlecht)											
0,891	0,278	0,180	0,135	1,484	60,1	18,7	12,1	9,1	78,8	21,2	1 : 0,8
1,241	0,198	0,078	0,090	1,607	77,2	12,3	4,9	5,6	89,5	10,5	1 : 1,2
0,713	0,248	0,082	0,132	1,175	60,7	21,1	7,0	11,2	81,8	18,2	1 : 1,6
Moliko 40 (Kakao schlecht)											
2,125	1,240	0,797	0,166	4,328	49,1	28,7	18,4	3,8	77,8	23,2	1 : 0,2
1,697	0,496	0,593	0,087	2,837	59,1	17,3	20,6	3,0	76,4	23,6	1 : 0,2
Moliko 55 (Junger Kakao, fast eingehend)											
1,619	0,645	1,221	0,191	3,676	43,8	17,6	33,4	5,2	61,4	38,6	1 : 0,2
1,805	0,392	0,352	0,087	2,641	68,4	15,0	13,3	3,3	83,4	16,6	1 : 0,3

ergebnissen uns der Klärung der fraglichen Verhältnisse entschieden um vieles näher bringen.

Im einzelnen wurden folgende Methoden angewandt:

1. Bestimmung der hygroskopischen Feuchtigkeit bei 105° und des Glühverlustes (ausschließlich Feuchtigkeit, Humus und Stickstoff; CO_2 ist in keiner Probe vorhanden).

2. Bestimmung des pH-Wertes durch elektrometrische Messung in n/10 KCl-Lösung.

3. Bestimmung der Austausch- und hydrolytischen Azidität (vgl. Anmerkung 4, S. 61). Sie konnte wegen Materialmangels nur an einigen wenigen Proben vorgenommen werden (Tab. III).

Bekanntlich ist ein Boden, der deutliche Austauschazidität zeigt, so weitgehend versauert, daß wohl unter allen Umständen eine Kalkdüngung erforderlich ist. Diese braucht jedoch bei nicht besonders säureempfindlichen

[4]) O. Lemmermann: „Methoden für die Untersuchung des Bodens"; 1. Beiheft zur „Zeitschrift für Pflanzenernährung, Düngung und Bodenkunde", Berlin 1932.

Tabelle III

Kalkbedarf

Probe Nr.	Tiefe der Entnahme dm	PH	Voraussichtlich erforderlich $CaCO_3$ dz/ha
	1.	2.	3.
	I. Austausch-Azidität (u. Daikuhara)		
32	0—1	4,1	33
33	1—2	4,0	57
[34	2—4	3,9	68
49/50	0—5	4,0—4,3	37
54	0—1	4,9	4
	II. Hydrolytische Azidität		
[10	8—10	5,2	59
30	0— 1	6,1	40
[48	10	5,0	52

Pflanzen keinesfalls bis zur Aufhebung der hydrolytischen Azidität zu gehen. Erfahrungsgemäß empfiehlt es sich auch, die zur Beseitigung der Azidität erforderliche Kalkmenge nicht auf einmal zuzusetzen, sondern sie auf mehrere Jahre zu verteilen.

Man kann natürlich nach stöchiometrischen Regeln aus der Titration berechnen, wieviel Gramm kohlensaurer Kalk oder Branntkalk 100 g Boden zur Neutralisation der Azidität bedürfen, und damit unter Annahme einer Krumentiefe von 20 cm ein Düngungsrezept je Hektar geben (vgl. Anm. 5, S. 120/121). Diese Berechnung ist in Tabelle III, Sp. 3, durchgeführt.

Sinngemäß hätte die Bestimmung nur bis zur Tiefe von 2 dm zu erfolgen, wobei die Auswaschung in die unteren Horizonte unberücksichtigt bleibt. Da aber nur von wenigen Krumen genügend Material vorhanden war, wurden einige tiefere Horizonte mit herangezogen, die sich nach der chemischen Analyse kaum von den höheren unterschieden. Die Berechnung nach Daikuhara (Austauschazidität) würde also die mindestens anzuwendende Kalkmenge ergeben. — Die Bestimmung der hydrolytischen Azidität und ihre Auswertung wurde nur bei den schwach sauren Proben ausgeführt, bei denen keine nennenswerte Austauschazidität zu erwarten war; sie hat eine Neutralisation bis zum Neutralpunkt zum Ziele. Bei künftigen Untersuchungen wird sich empfehlen, beide Bestimmungen nebeneinander vorzunehmen, vorausgesetzt, daß die Probenmenge ausreicht. Wo wegen Materialmangels beide Bestimmungen über-

[5]) Vgl. H. Kappen: „Die Bodenazidität", S. 88—137, Berlin 1929.

haupt unterbleiben mußten, kann die pH-Zahl, wenn man die Werte der Tabelle II zum Vergleich heranzieht, einen ersten Anhalt für den Kalkbedarf geben. Es muß aber hier nochmals ausdrücklich betont werden, daß diese Werte nur einen Anhalt geben können und ihrer Stützung durch den exakten Versuch bedürfen. Die Reaktion zwischen Kalk und Boden ist eben ein bedeutend komplizierterer Vorgang, als eine einfache Neutralisation, und wie die umfangreiche Arbeit[6]) der von Lemmermann gegründeten Arbeitsgemeinschaft zeigt, ist es schon für die Böden Deutschlands fast unmöglich, eine sichere Düngungsvorschrift für die Kalkung zu geben; die Schwierigkeiten mehren sich natürlich, wenn man unsere Erfahrungen auf die Böden anderer Klimata zu übertragen versucht.

4. Bestimmung des Humus nach Knop und des Stickstoffs nach Kjeldahl. Das Verhältnis von Kohlenstoff zu Stickstoff im Humus (Sp. 7) gestattet einen Rückschluß auf den Zersetzungsgrad der humosen Substanzen (vgl. Anm. 4., S. 51). Danach kann man bis zu einem C/N-Verhältnis von 12 von gut zersetztem Humus sprechen, ein Wert, der in keinem Falle überschritten wird.

5. Bestimmung des leichtlöslichen Anteils an Phosphorsäure und Kali (vgl. Anm. 4., S. 71—74).

Am verbreitetsten ist hierfür in Deutschland z. B. jedenfalls die Keimpflanzenmethode nach Neubauer. Ihre Anwendung verbot sich bei unseren Untersuchungen von vornherein, da das Probematerial nicht ausgereicht hätte. Auch Zeit- und Personalmangel wären entscheidend mit ins Gewicht gefallen. Man darf auch nicht vergessen, daß die Keimpflanzenmethode als Nährstoff-Lösungsmittel zwar die Pflanzenwurzel benutzt, trotzdem aber eine konventionelle Methode bleibt. (Nach einem uns zugegangenen Bericht kam übrigens auf der Tagung der Deutschen Bodenkundlichen Gesellschaft in Bad Salzbrunn am 16. 9. 38 zur Sprache, daß sich für tropische Böden das Neubauer-Verfahren vorläufig nur schlecht anwenden lasse.) Behrens (Anm. 1., S. 85) weist auch mit Recht darauf hin, daß die Technik dieser Methode komplizierter und die an Arbeitsaufwand und Sorgfalt der Ausführung zu stellenden Anforderungen größer sind als bei den chemischen Methoden. Als einer gleichfalls gut durchgeprüften und bewährten Methode bedienten wir uns daher der Zitronensäuremethode nach Lemmermann-Fresenius, die wesentlich geringere Anforderungen an Material- und Zeitaufwand stellt.

Es bleibt zu erwägen, ob künftig, wenn größere Proben zur Verfügung stehen, der Mehraufwand an Zeit und Arbeitskraft in Kauf zu nehmen

[6]) O. Lemmermann: „Untersuchungen über das Kalkbedürfnis der Böden durch Laboratoriumsmethoden und Düngungsversuche." 2. Beiheft zur „Zeitschrift für Pflanzenernährung, Düngung und Bodenkunde", Berlin 1933.

und der Neubauer-Methode der Vorzug zu geben ist. Diese Frage ist nicht so unbedingt zu bejahen, wenn auch bezüglich der Kalibedürftigkeit bei der Zitronensäuremethode erst geringere Erfahrungen vorliegen. Da in jedem Falle unsere hiesigen Erfahrungen nur unter starkem Vorbehalt auf die afrikanischen Böden übertragen werden können und der exakte Versuch ihre Fundierung sicherstellen muß, so ist u. E. nichts gegen die Beibehaltung der hier zunächst angewandten Methodik einzuwenden. In diesem Sinne äußerte sich auch Behrens (Anm. 1., S. 86), wenn er sagt, daß dort, wo die Keimpflanzenmethode noch nicht in solchem Maße eingeführt ist, wie bei uns, die technisch leichter zu handhabenden chemischen Methoden größere Aussicht haben, den ersten Platz einzunehmen.

Für die Auswertung der Ergebnisse der Zitronensäuremethode wird noch die relative Löslichkeit der Phosphorsäure berechnet, d. h. der prozentuale Anteil der zitronensäurelöslichen an der Gesamtphosphorsäure. Aus Tabelle II, Sp. 10, ist zu ersehen, daß der hierfür geforderte Wert von 20% in keinem Falle auch nur annähernd erreicht wird, und es scheint, als ob der Begriff der relativen Löslichkeit bei den tropischen Böden unberücksichtigt bleiben oder aber wesentlich modifiziert werden muß. Die späteren Untersuchungen und Versuche werden jedenfalls hierüber Klarheit schaffen.

Um einen ungefähren Anhalt für die in Gestalt künstlichen Düngers zuzuführenden Mengen an Phosphorsäure und Kali zu bekommen, kann man zunächst so verfahren, daß man, unter Berücksichtigung der heimischen Erfahrungen wie der Beobachtungen an Ort und Stelle, den Unterschied gegenüber den in jeder Beziehung einwandfreie Kulturen liefernden Böden als die erforderliche Düngergabe für einen schlechten Boden ansieht. Aus dieser Differenz in Milligramm je 100 g Boden und der Konzentration des anzuwendenden Düngers an leichtlöslichem P_2O_5 und K_2O läßt sich dann dessen Menge errechnen, wenn man berücksichtigt, daß bei 20 cm Krumentiefe das durchschnittliche Gewicht der Ackerkrume eines Mineralbodens rund $3 \cdot 10^6$ kg je Hektar beträgt. Auf die anzubauende Pflanzenart muß hierbei natürlich Rücksicht genommen werden, und im übrigen gilt auch hier das schon wiederholt über die Aufstellung von Düngerezepten Gesagte.

6. Bestimmung des Eisengehaltes durch Kochen mit konz. Salzsäure.

Die bekannte Erscheinung, daß tropische Böden trotz eines an sich ausreichenden Phosphatgehaltes in den meisten Fällen ein ausgesprochenes Düngebedürfnis für Phosphorsäure zeigen, wird zumeist auf ihren hohen Gehalt an Eisenoxyd zurückgeführt, das die Phosphorsäure in schwer aufschließbarer, den Pflanzen unzugänglicher Verbindung festlegt.

Es war daher von Interesse, an Hand der vorliegenden Ergebnisse nachzuprüfen, ob sich hierbei eine Gesetzmäßigkeit erkennen läßt. Hierzu wurde die auf 1 Fe_2O_3 entfallende Menge leichtlöslicher Phosphorsäure zu ihrer Gesamtmenge in Beziehung gesetzt (s. Tabelle IV). Zur leichteren Übersichtlichkeit wurde bei den einzelnen Profilen der Mittelwert gebildet, wozu man berechtigt ist, da in ihnen die Einzelwerte annähernd von derselben Größenordnung sind.

Man erkennt, daß im großen ganzen eine Abhängigkeit wohl besteht, d. h. daß im allgemeinen um so mehr P_2O_5 von der Zitronensäure gelöst wird, je mehr Phosphorsäure insgesamt im Verhältnis zum Eisen vorhanden ist. Eine streng durchgeführte Gesetzmäßigkeit ist aber nicht nachweisbar, denn einige Profile fallen deutlich aus dem Rahmen: Bei Profil V und XII ist relativ viel mehr und bei Profil XI bedeutend weniger Phosphorsäure leichtlöslich, als nach Maßgabe der übrigen Profile entsprechend ihrem auf 1 Fe_2O_3 bezogenen Gehalt an Gesamtphosphorsäure zu erwarten wäre.

Eine Erklärung für diese Unstimmigkeit kann zunächst noch nicht gegeben werden. Sie beruht vielleicht auf Unterschieden im Gehalt an Kieselsäure, die ja ihrerseits nicht ohne Einfluß auf Erscheinungen am Boden ist, die in der Hauptsache auf die Wirksamkeit des Eisens zurückgeführt werden, wie z. B. die Bodenfärbung[7]). Es wäre denkbar, daß auch die Stärke der Lateritisierung hierbei eine Rolle spielt. Da diese möglichenfalls auch andere chemische Bodeneigenschaften beeinflußt, erschien ihre Ermittlung durch Bestimmung der freien, in verdünnter Lauge löslichen Tonerde[8]) ratsam. Aus Tabelle V ist ersichtlich, daß bis auf das Liegende von Profil I sämtliche Bodenproben deutliche Lateritisierung zeigen. Diese ist im allgemeinen recht gleichmäßig, die gelöste Tonerde beträgt 3—4%. Ein wesentlich höherer Gehalt ist nur in den Profilen XII und XIV festzustellen, in etwas geringerem Maße bei Profil II.

Die Stärke der Lateritisierung hat einen erkennbaren Einfluß weder auf die Löslichkeit der Phosphorsäure noch auf die übrigen chemischen Bodeneigenschaften, möglichenfalls wird er durch die übrigen großen Verschiedenheiten der einzelnen Proben überdeckt. Er dürfte sich jedoch in bezug auf den physikalischen Bodenzustand durch Erhöhung der Porosität und damit auf die Wasserhaltung bemerkbar machen.

---

[7]) Vgl. K. Utescher: „Die Abhängigkeit der Bodenfarbe vom Eisen- und Humusgehalt"; „Zeitschrift für Pflanzenernährung, Düngung und Bodenkunde", 26, S. 257—270, Berlin 1932.

[8]) Vgl. P. Pfeffer und K. Utescher: „Der Nachweis lateritischer Verwitterung und die Bestimmung der freien Tonerde im Boden"; ebenda 33, S. 257—290, Berlin 1934.

Tabelle IV

Profil	Nr.	mg P_2O_5 auf 1% Fe_2O_3	Mittel	P_2O_5 in 1%iger Zitronensäure mg/100 g Boden	Mittel
I	6	20,5		3,2	
	5	15,9		2,5	
	4	17,5		1,7	
	3	32,6		7,0	
	2	30,5	23,4	7,5	4,4
II	7	32,6		4,4	
	8	28,4		3,7	
	9	41,7		10,0	
	10	27,8	32,6	11,1	7,3
III	11	26,6		3,9	
	12	31,5		3,6	
	13	28,7	28,9	1,9	3,1
IV	14	22,6		2,1	
	15	24,2		1,1	
	16	25,9	24,2	1,2	1,5
V	17	25,4		11,4	
	18	29,8		11,1	
	19	34,6	29,9	12,4	11,6
VI	20	21,7		0,7	
VII	21	18,0		1,0	
	22	18,4		0,9	
	23	19,9	11,6	0,7	0,9
VIII	24	32,2		10,5	
	25	41,0		6,3	
	26	37,4	36,9	7,2	8,0
IX	27	14,6		0,9	
	28	13,5		0,8	
	29	17,0	15,0	0,7	0,6
X	30	39,9		3,4	
	31	38,8	39,4	1,4	2,4
XI	32	82,5		2,7	
	33	57,9		2,2	
	34	63,6		0,6	
	35	38,6		0,6	
	36	41,7	56,8	0,5	1,3
XII	37	6,8		7,2	
	38	15,0		6,9	
	39	20,6		5,9	
	40	15,8	14,6	8,3	7,1
XIII	41/42	Fallen aus			

Profil	Nr.	mg P_2O_5 auf 1% Fe_2O_3	Mittel	P_2O_5 in 1%iger Zitronensäure mg/100 g Boden	Mittel
XIV	43	48,2		10,9	
	44	60,3		19,8	
	45	55,6	54,7	19,2	16,6
XV	46	31,2		5,4	
	47	28,4		2,5	
	48	30,9	30,2	2,6	3,5
XVI	49	33,7		3,4	
	50	39,3		3,8	
	51	41,9	38,3	4,8	4,0
XVII	52	55,3		14,8	
	53	53,3	54,3	20,3	17,6
XVIII	54	46,3		11,5	
	55	50,7	48,5	19,6	15,6

7. Bestimmung der austauschbaren Basen nach Knop. Je 50 g Boden wurden mit 100 ccm einer Chlorammoniumlösung (5 g NH_4Cl in 1 l Wasser) in einem Stöpselzylinder während 48 Std. häufig durchgeschüttelt und dann filtriert. Im Filtrat werden die Basen Kalk Magnesia, Kali und Natron wie üblich bestimmt. Bei ärmeren Böden empfiehlt sich Anwendung der doppelten Menge.

Bei dieser Arbeitsweise erfaßt man nur einen Teil der insgesamt gegen Chlorammonium austauschbaren Basen. Will man ihre Gesamtsumme, einschließlich des austauschbaren Wasserstoffs, erfassen, so verfährt man nach der Methode Schollenberger, die nach unseren bisherigen Erfahrungen die einwandfreiesten Ergebnisse liefert. Hierbei wird der Boden in besonderen Durchlaufapparaten erschöpfend mit einer Ammoniumazetatlösung behandelt. Für Massenuntersuchungen ist diese Methode jedoch zu umständlich und zeitraubend. Sie erfordert eine ganze Reihe von Vorarbeiten, bei sehr schweren und besonders bei „dichtschlämmenden" Böden ist der Auslaugungsprozeß entsprechend langwierig und darnach nimmt das Eindampfen der Filtrate (mindestens $1^1/_2$ l) und die Zerstörung des Ammoniumazetates noch viel Platz und Zeit in Anspruch. Wir haben uns daher mit der Bestimmung nach Knop begnügt und glauben auf Grund unserer früheren Arbeiten sagen zu können, daß ihre Ergebnisse eine ausreichende Kenntnis von dem Zustand der austauschbaren Basen vermitteln.

Berücksichtigung verdient zunächst natürlich die Gesamtmenge der austauschbaren Basen. Von großer Bedeutung für den physikalischen Bodenzustand ist weiter das gegenseitige Verhältnis der einzelnen Basen

Tabelle V
Stärke der Lateritisierung

Profil u. lfd. Nr.		Bei ½stünd. Kochen in 1%ig. NaOH gelöst SiO_2 %	Al_2O_3 %	$SiO_2 : Al_2O_3$
I	6	1,35	3,24	0,71 : 1
	5	1,09	3,07	0,60 : 1
	4	1,25	3,17	0,66 : 1
	3	—	—	—
	2	—	—	—
	1	[1,38]	[0,95]	[2,46 : 1]
Mittel		1,23	3,16	0,66 : 1
II	7	1,12	3,14	0,60 : 1
	8	1,22	5,09	0,41 : 1
	9	0,69	6,84	0,17 : 1
	10	1,16	6,37	0,31 : 1
Mittel		1,05	5,36	0,37 : 1
III	11	0,84	2,82	0,50 : 1
	12	0,92	3,57	0,44 : 1
	13	1,24	4,55	0,46 : 1
Mittel		1,00	3,65	0,47 : 1
IV	14	1,31	2,98	0,74 : 1
	15	1,38	3,57	0,65 : 1
	16	1,61	3,64	0,75 : 1
Mittel		1,33	3,40	0,71 : 1
V	17	1,26	2,90	0,74 : 1
	18	1,25	3,45	0,61 : 1
	19	1,24	3,36	0,63 : 1
Mittel		1,28	3,24	0,66 : 1
VI	20	1,50	3,19	0,80 : 1
VII	21	1,69	3,32	0,81 : 1
	22	1,66	3,95	0,71 : 1
	23	1,53	3,65	0,71 : 1
Mittel		1,63	3,64	0,74 : 1
VIII	24	1,45	3,87	0,64 : 1
	25	0,96	3,47	0,47 : 1
	26	1,11	3,68	0,51 : 1
Mittel		1,17	3,67	0,54 : 1
IX	27	1,40	3,38	0,70 : 1
	28	0,91	2,99	0,52 : 1
	29	1,60	3,87	0,70 : 1
Mittel		1,30	3,41	0,64 : 1
X	30	2,07	3,60	0,97 : 1
	31	1,42	2,71	0,89 : 1
Mittel		1,75	3,10	0,93 : 1
XI	32	1,56	2,72	0,97 : 1
	33	1,41	3,43	0,70 : 1
	34	1,55	2,96	0,89 : 1
	35	1,68	2,42	1,18 : 1
	36	2,28	3,54	1,38 : 1
Mittel		1,70	3,01	1,02 : 1
XII	37	0,74	2,45	0,51 : 1
	38	0,90	8,65	0,18 : 1
	39	0,46	8,01	0,097 : 1
	40	0,60	10,55	0,096 : 1
Mittel		0,68	7,41	0,22 : 1
XIV	43	0,64	5,69	0,19 : 1
	44	0,60	8,12	0,13 : 1
	45	0,80	8,06	0,17 : 1
Mittel		0,68	7,29	0,16 : 1
XV	46	1,82	3,26	0,95 : 1
	47	0,92	2,81	0,55 : 1
	48	1,27	3,12	0,69 : 1
Mittel		1,34	3,06	0,73 : 1
XVI	49	1,45	3,34	0,73 : 1
	50	1,26	3,96	0,54 : 1
	51	1,27	4,41	0,50 : 1
Mittel		1,33	3,87	0,59 : 1
XVII	52	2,55	5,73	0,75 : 1
	53	1,6	3,68	0,81 : 1
Mittel		2,16	4,70	0,78 : 1
XVIII	54	1,60	4,18	0,65 : 1
	55	1,16	4,71	0,47 : 1
Mittel		1,38	4,45	0,56 : 1

Tabelle VI
Mechanische Analyse

Profil und Nr.	Tiefe der Entnahme dm	Gesamtgewicht der Probe g	Über 2 mm in Prozenten der Gesamtprobe	In Prozenten des Feinbodens unter 2 mm: 1. 2—1 mm	2. 1—0,5 mm	3. 0,5—0,2 mm	4. 0,2—0,1 mm	5. 100—50 μ	6. 50—20 μ	7. 20—10 μ	8. unter 10 μ	Summe
I					17,6		30,6		17,2		34,6	100,0
4	10	198	0,0	3,8	5,8	8,0	14,60	16,0	11,2	6,0		
					28,8		28,3		14,4		28,5	100,0
5	4—5	205	0,5	6,0	9,2	13,6	13,0	15,3	10,8	3,6		
					32,0		26,1		16,4		25,5	100,0
6	0—2	188	2,7	9,1	11,0	11,9	13,5	12,6	10,7	5,7		
IV					12,7		15,1		11,0		61,2	100,0
14	0—1	180	0,0	0,9	4,1	7,7	6,8	8,3	8,6	2,4		
VII					23,7		23,9		18,4		34,0	100,0
21	0—1	185	0,0	1,4	10,1	12,2	12,8	11,1	10,6	7,8		
VIII					25,5		25,6		13,8		35,1	100,0
24	0—1	195	0,0	1,9	10,4	13,2	12,5	13,1	11,2	2,6		
					6,4		15,6		25,3		52,7	100,0
25	5	180	0,0	0,8	1,5	4,1	4,4	11,2	14,5	10,8		
X					31,5		17,7		11,2		39,6	100,0
30	0—1	600	50,4	11,2	10,6	9,7	9,0	8,7	9,2	2,0		
XI					15,0		15,6		19,1		50,3	100,0
32	0—1	240	0,0	0,7	5,9	8,4	7,8	7,8	10,8	8,3		
					9,0		12,1		12,2		66,7	400,0
33	2	240	0,0	0,5	2,9	5,6	5,6	6,5	10,6	1,6		
					18,1		23,8		18,0		40,1	100,0
34	4	510	0,0	1,1	5,8	11,2	12,4	11,4	10,3	7,7		
XII					40,9		24,4		13,8		20,9	100,0
37	0—2	190	0,0	4,2	17,4	19,3	13,2	11,2	8,8	5,0		
					21,1		27,2		16,2		35,5	100,0
38	2—4	295	0,0	0,8	8,1	12,2	10,7	16,5	13,7	2,5		
					9,3		18,0		18,2		54,5	100,0
39	5—7	180	0,0	0,2	2,1	7,0	8,2	9,8	10,9	7,3		

im Austauschkomplex. Wir wissen dies besonders aus den Arbeiten von Hissink, und eigene Untersuchungen haben es häufig bestätigt. Für die Bedeutung dieser Frage auch bei tropischen Böden bringt Hackemann[9]) ein deutliches Beispiel.

Erfahrungsgemäß findet man bei einem gut krümeligen Boden rund 90% zweiwertige Basen und etwa gleiche Anteile von Kali und Natron. Geringerer Gehalt an zweiwertigen Basen oder starkes Zurücktreten des Kali gegenüber dem Natron, dessen Jonen stärkere Hydratation und dessen Verbindungen leichtere hydrolytische Spaltbarkeit zeigen, sind die Anzeichen einer nicht einwandfreien Bodenbeschaffenheit. Hierbei kann einer der beiden Faktoren wirksam sein, meist treten beide gleichzeitig auf. Ihre Wirkung äußert sich darin, daß der Boden zur Einzelkornstruktur neigt, bei starker Durchfeuchtung schlüpfrig bis fließend wird und leicht dichtschlämmt. Die Folge hiervon ist, daß die Pflanzenwurzeln großen Ausbreitungswiderstand finden und daß die Gas- und Wasserzirkulation im Boden sehr erschwert, wenn nicht ganz unmöglich gemacht wird.

8. Mechanische Analyse. Bei den Proben, die genügend groß waren, wurde noch die Korngrößenverteilung mittels der Schlämmanalyse nach Kopecky bestimmt (Tabelle VI). Hierbei hat sich gezeigt, daß die einzelnen Böden wohl einen verschieden hohen Gehalt an feinsten Anteilen unter 10 µ aufweisen. Derselbe schwankt je nach dem mehr sandigen oder tonigen Charakter des Bodens zwischen 21 und 67%, aber im übrigen haben sämtliche Korngrößenbilder den gleichen Charakter, so daß aus ihnen Rückschlüsse auf abweichende Herkunft oder Entstehungsweise nicht gezogen werden können. Bei späteren Untersuchungen können daher wohl die mechanischen Analysen mit Rücksicht auf Zeit- und Materialersparnis am ehesten fortfallen.

II. Ergebnisse der chemischen Untersuchung

Ein Blick auf die Zusammenstellung der Ergebnisse, die die chemische Untersuchung der einzelnen Profile geliefert hat (Tabelle II), zeigt zunächst ganz allgemein folgendes:

1. Es überwiegt die saure Bodenreaktion, die sich meist in mäßigen Grenzen hält, nur in einigen Fällen kann von starker Versauerung gesprochen werden. Kalkbedarf liegt also fast durchweg vor, eine Reserve an kohlensaurem Kalk ist in keinem Falle zu verzeichnen.

2. Die Oberkrumen und teilweise auch die tieferen Schichten scheinen mit wenig Ausnahmen hinreichend mit Humus und Stickstoff

[9]) F. Hackemann: „Die Untersuchung von Böden warmer Länder. Unter besonderer Berücksichtigung Deutsch-Ostafrikas"; „Der Tropenpflanzer", 40, S. 154—166, Berlin 1937.

versorgt zu sein; seine Erhaltung und rechtzeitige Ergänzung ist natürlich eine dringende Aufgabe.

3. Trotz eines an sich ausreichenden Phosphatgehaltes erscheint die Belieferung mit Phosphorsäure, wenn wir unseren heimischen Maßstab anlegen, in keinem Fall sichergestellt. Es ist aber sehr wohl möglich, daß hier schon bei einem etwas tieferen Punkt dem Phosphatbedarf genügt ist; die weiteren Untersuchungen werden hierüber jedenfalls Klarheit schaffen.

Die geringe Ausnutzbarkeit der vorhandenen Phosphorsäure ist, wie oben gezeigt, in erster Linie auf den hohen Eisengehalt der Böden (meist 12—20% Fe_2O_3) zurückzuführen, aber eine streng gesetzmäßige Abhängigkeit besteht nicht, sondern es müssen noch andere Faktoren wirksam sein (SiO_2, Stärke der Lateritisierung u. a.).

4. Der Zustand der Kaliversorgung ist — wieder nach unseren heimischen Erfahrungen — im allgemeinen nicht so ungünstig, wie derjenige der Phosphorsäurelieferung.

5. Das gleiche gilt von dem zur Verfügung stehenden Gesamtvorrat an leichtlöslichen Nährstoffbasen. Ihr gegenseitiges Verhältnis gibt jedoch mehrfach zu Bedenken bezüglich des physikalischen Bodenzustandes Veranlassung, so daß eine intensivere Bodenbearbeitung, Kalk- und auch Kalizufuhr erforderlich erscheinen.

Die einzelnen Profile zeigen folgendes Bild:

Profil I zeigt eine auffallend geringe Beteiligung der Anteile unter 10 μ an der Zusammensetzung des Feinbodens (s. Tabelle VI). Wahrscheinlich werden die feineren Anteile — soweit sich das von hier aus ohne Kenntnis der Örtlichkeit beurteilen läßt — immer wieder stark fortgeschwemmt, so daß nur das Bodenskelett zurückbleibt. Dieser Umstand, im Verein mit der lockeren Aufschichtung des porösen Materials, dürfte eine durchaus unzureichende Wasserhaltung zur Folge haben. Wenn sich hier Abhilfe schaffen ließe, bietet das Bodenmaterial an sich gute Aussichten. Offensichtlicher Mangel herrscht nur an Phosphorsäure, im übrigen ist es das einzige Profil, dessen Reaktionsgrad durchweg an den Neutralpunkt heranreicht, und außerdem das mit der Höchstmenge an austauschbaren Nährstoffbasen in gutem Verhältnis zueinander. Auch die noch gar nicht verwitterte Lava der untersten Horizonte verfügt über genügende Mengen leicht zugänglicher Silikate. Gut zersetzter Humus ist bis zu 40—50 cm Tiefe ausreichend vorhanden.

Profil II ist ebenfalls nur schwach sauer, daher in geringem Maße kalkbedürftig. Durch Kalkzufuhr könnte auch das Verhältnis der zweiwertigen zu den einwertigen Basen (Tabelle II, Sp. 22/23) und damit die Krümelung noch etwas verbessert werden. Die starke Phosphorsäurebedürftigkeit könnte durch tiefere Bodenbearbeitung bis zu einem gewissen Grade ausgeglichen werden, ohne daß die Stickstoff- und Kaliversorgung darunter wesentlich leiden würden.

Profil III ist im Vergleich zu dem vorhergehenden ziemlich sauer, so daß neben gleichem Phosphorsäurebedarf ein erheblicher Kalkmangel vorliegt. Nach heimischen Maßstäben ist auch Kalimangel festzustellen, spätere Profile zeigen aber bei etwa 10 mg K_2O noch gutes Bananenwachstum, so daß diese Menge im allgemeinen noch als ausreichend angesehen werden dürfte. Genügend Humus ist bis in 70 cm Tiefe vorhanden.

Profil IV. Die Versauerung ist, namentlich in der Oberkrume, geringer als beim vorhergehenden Profil. Trotzdem ist eine Kalkung ratsam, da sich infolge Zurücktretens der zweiwertigen Basen eine deutliche Verdichtung im Untergrund bemerkbar macht. Der Phosphorsäurebedarf ist noch höher, als im vorhergehenden Profil, dagegen ist neben genügendem Stickstoffvorrat auch die Kalimenge, wenigstens der Krume, als ausreichend anzusehen.

Profil V. Der Reaktionszustand ist gegenüber dem von Feld C 3 (Profil IV) etwas nach der sauren Seite verschoben. Schwächer ist weiter die Humus-Stickstoff-Versorgung und der Vorrat an leichtlöslichen Nährstoffbasen. Die Kaliversorgung dürfte, wie ein Vergleich mit Profil VIII zeigt, das auch guten Ertrag an Bananen liefert, für diese gerade noch ausreichend sein. Das gleiche gilt von der Phosphorsäure, die in fast zehnfacher Menge gegenüber Feld C 3 löslich ist. — Dies Feld bedarf daher vorzugsweise der Kalkung und intensiverer Bodenbearbeitung, um das gegenseitige Basenverhältnis auch im Untergrund zu verbessern und damit der Bodenverdichtung zu begegnen.

Profil VI ist sehr sauer und so arm an Humus, Phosphorsäure und Nährstoffbasen, insbesondere an Kalk, daß diese Stelle zur landwirtschaftlichen Nutzung kaum in Frage kommt.

Profil VII (kranke Stelle) ist ziemlich stark sauer, nährstoff- und besonders sehr phosphorsäurearm. Die dringend erforderliche Kalkung hätte neben Beseitigung der Azidität besonders noch die Aufgabe, den zweiwertigen Basenanteil im Austauschkomplex zu stärken und so, verbunden mit intensiverer Bodenbearbeitung, die besonders im Untergrund festzustellende Bodenverdichtung zu beheben.

Profil VIII ist in jeder Beziehung wesentlich besser. Es ist nicht ganz so sauer und nährstoffreicher. Die Versorgung mit Kali und

Phosphorsäure entspricht, wie oben gesagt, etwa der von Profil V und scheint für die Banane ausreichend zu sein. Durch entsprechende Kalk- und Kaligabe könnte der Reaktionszustand noch weiter verbessert und der drohenden Bodenverdichtung vorgebeugt werden, denn der geringe Anteil zweiwertiger Basen und das Überwiegen des Natron in der Krume gegenüber dem Kali geben in dieser Beziehung zu Bedenken Anlaß. Bodenbearbeitung, evtl. Drainage, können die obigen Maßnahmen unterstützen.

Profil IX (schlechte Stelle). Hier gilt das bereits bei Profil VII Gesagte, nur in noch stärkerem Maße; bis auf den Humus herrscht Mangel an sämtlichen Nährstoffen. Insbesondere kommt hier noch ein Überwiegen des Natrons im Austauschkomplex hinzu, so daß bessere Bodenpflege erforderlich ist. — Es könnte fraglich erscheinen, ob diese beiden armen Böden kostspielige Meliorationsarbeiten überhaupt lohnen, aber das kann von hier aus nur angedeutet und nicht beurteilt werden.

Profil X (Hevea schlecht) ist nur schwach sauer und bezüglich der Nährstoffbasen einigermaßen in Ordnung. Offensichtlicher Mangel herrscht jedoch an Humus. Zu berücksichtigen ist weiter, daß der Gehalt an Feinboden, dem wesentlichen Nährstoffträger, nur etwa 50% des Gesamtbodens beträgt und damit beträchtlich hinter dem der übrigen Proben zurückbleibt. Der Boden ist noch sehr wenig aufgeschlossen.

Profil XI (Hevea gut) ist im Gegensatz zu dem vorhergehenden ziemlich stark sauer und dementsprechend etwas schlechter mit Kalk und Kali versorgt. Dafür ist der Humusgehalt wesentlich höher. Der Phosphorsäuremangel ist gleich groß.

Profil XII ist bis in die untersten Horizonte ziemlich gleichmäßig ausgebildet. Es ist sauer und daher kalkbedürftig, auch die lösliche Phosphorsäure liegt anscheinend unter dem Grenzwert. Wird diesen beiden Mangelerscheinungen abgeholfen, so dürfte dieser Boden bei guter Bearbeitung ertragreich sein.

Profil XIII. (Fällt aus.)

Profil XIV ist nach dem Ergebnis der chemischen Untersuchung in etwa gleichgutem Nährstoffzustand wie die oben beschriebenen Profile V und VIII. Es ist lediglich etwas saurer, dafür aber toniger und entsprechend nährstoffreicher. Hier scheint also nur eine Kalkung und intensivere Bodenbearbeitung erforderlich zu sein.

Profil XV ist nur schwach sauer und mit Nährstoffbasen hinreichend versorgt, nur Phosphorsäuremangel ist festzustellen.

Profil XVI ist stark sauer und entsprechend basenärmer, als das vorhergehende Profil. Neben dem dadurch bedingten Bedarf an Kalk und

Kali (dies ist nur in der Oberkrume ausreichend vorhanden) besteht, wenn man das ganze Profil berücksichtigt, etwa der gleiche Phosphorsäuremangel.

Profil XVII. Dieser Boden ist kaum als sauer zu bezeichnen und fällt durch seinen Reichtum an Nährstoffbasen gegenüber allen vorhergehenden Proben auf. Auch die verfügbare Phosphorsäure dürfte nach dem bisherigen ausreichend sein. In geringem Maße treten die zweiwertigen Basen zurück. — Ein ausgesprochener Nährstoffmangel ist also chemisch in keiner Beziehung festzustellen; es fehlt diesem Boden, soweit die vorliegende Probe für eine größere Fläche maßgeblich ist, nur an intensiver Bodenbearbeitung und Pflege.

Profil XVIII. Hier gilt ungefähr dasselbe, was zu dem vorhergehenden Profil gesagt wurde, nur in verstärktem Maße. Die stärkere Versauerung und der offenbare Kalkmangel lassen eine stärkere Kalkzufuhr und vor allem eine intensivere Bodenpflege dringend erforderlich erscheinen.

Die Betrachtung der einzelnen Profile hat gezeigt, daß die vorgenommenen chemischen Untersuchungen eine Reihe von Kriterien geliefert haben, die das unterschiedliche Wachstum auf den verschiedenen Böden erklärlich machen und gleichzeitig den Weg zur Abhilfe bzw. Verbesserung des augenblicklichen Zustandes weisen. Eine gewisse Unsicherheit in der Beurteilung entsteht, wie bereits betont, dadurch, daß man die heimischen Erfahrungen nicht ohne weiteres auf die vorliegenden Proben übertragen darf, und daß fraglich bleibt, wieweit diese für das gesamte bearbeitete Gebiet maßgebend sind. Durch Einbeziehung weiterer Profile in die Untersuchung wird die Beurteilung sehr an Sicherheit gewinnen. Hierbei ist besonderer Wert darauf zu legen, daß die Ergebnisse der chemischen Untersuchung in ausreichendem Maße zu den Beobachtungen an Ort und Stelle in Beziehung gesetzt werden können.

Der Weg, der bisher bei der Untersuchung eingeschlagen wurde, kann unseres Erachtens beibehalten werden. Nicht unbedingt erforderlich erscheint die mechanische Analyse, auch auf die Bestimmung des Eisengehaltes kann verzichtet werden. Dagegen wäre es wünschenswert, wenn in jedem Falle die Austausch- und möglichst auch die hydrolytische Azidität bestimmt werden könnte, um den Kalkbedarf sicherer beurteilen zu können. Hierfür müßten künftig größere Proben entnommen werden. Dies hätte auch den Vorteil, daß für die einzelnen Bestimmungen eine größere Einwage genommen werden könnte. Diese mußte bisher meist unter der sonst üblichen bleiben, worunter die Zuverlässigkeit der erhaltenen Werte natürlich leidet.

Während es für den Anfang erforderlich war, auch die tiefsten Horizonte in die Untersuchung einzubeziehen, da sie u. a. bei der Meliorierung von

Bedeutung sein konnten, kann sich diese künftig auf die obersten 4—6 dm beschränken, denn nach den bisherigen Erfahrungen treten nach der Tiefe zu nur geringe Unterschiede auf.

III. Düngeversuche

In welcher Weise die durch chemische Untersuchung gewonnenen Ergebnisse für die Anstellung von Düngeversuchen nutzbar gemacht werden können, ist unter I. schon mehrfach angedeutet worden.

Die erste hierbei zu klärende Frage ist die nach der Art des anzuwendenden Düngemittels. Das Wichtigste hierüber ist schon von Kettner (l. c.) gesagt worden, daß nämlich bei Tropenböden die langsamer wirkenden und schwerer löslichen Mittel trotz ihrer häufig geringeren Konzentration den Vorzug verdienen.

Für die Kalkung ist daher ein nicht zu fein gemahlener Kalkstein oder Marmor zu empfehlen. Den späteren Angaben ist ein Material mit einem Gehalt von 90% $CaCO_3$ zugrunde gelegt. Bei größerer oder geringerer Reinheit ist nur eine einfache Umrechnung erforderlich.

Als Phosphorsäurelieferant empfiehlt Kettner das langsam wirkende, schwer lösliche, kalkhaltige Thomasmehl; sein Gehalt an zitronensäurelöslicher Phosphorsäure beträgt etwa 18%. Zur Ersparnis von Frachtkosten empfiehlt sich vielleicht, das gleichfalls kalkhaltige 25%ige Rhenaniaphosphat zu verwenden. Der Gehalt dieser beiden Düngemittel an wirksamer Phosphorsäure verhält sich also wie 100 : 139. Die späteren Angaben sind auf Rhenaniaphosphat berechnet.

Für die Kalidüngung gibt Kettner dem Kainit vor den hochprozentigen Salzen den Vorzug. Hierbei ist zu bedenken, daß dieser 30—35% Chlornatrium enthält. Eine weitere Natronzufuhr würde aber besonders bei den Böden, die an sich schon im Austauschkomplex einen Überschuß von Natron gegenüber dem Kali haben (z. B. Profil VIII und IX) und infolgedessen zur Verdichtung neigen, sehr bedenklich sein. Besser geeignet scheint daher das schwefelsaure Kali zu sein. Es enthält als 90%iges Salz rund 50% K_2O, gegenüber 12—15% im Kainit. Außerdem ist das Sulfat wesentlich schwerer löslich als das Chlorid und unschädlich für chlorempfindliche Pflanzen. Dies beides läßt es auch dem hochprozentigen „Kalidüngesalz“ überlegen erscheinen, dessen wesentlicher Bestandteil Chlorkalium ist und das daneben rund 20% Chlornatrium enthält.

Für die Böden, in denen Magnesia im Austauschkomplex stark zurücktritt oder praktisch verschwindet (z. B. Profil IV und VII—X) wäre Anwendung von schwefelsaurer Kalimagnesia (rund 30% Kali und

10% Magnesia) zu empfehlen, um Pflanzenschädigungen durch Magnesiamangel vorzubeugen.

Es ist natürlich durchaus denkbar, daß andere als die hier genannten Gründe stärker ins Gewicht fallen und ein anderes Düngemittel empfehlenswerter erscheinen lassen, etwa eine der verschiedenen Nitrophoska-Mischungen, einen dolomitischen Kalkstein o. ä. Dann hat man nur nötig, den jeweiligen Gehalt an wirksamer Substanz in Rechnung zu stellen, um von dem einen auf das andere Mittel umzurechnen.

Als anorganischer Stickstoffdünger kommt in erster Linie Kalkstickstoff in Frage, der rund 20% Stickstoff enthält. Bei hinreichender Kalkung ist aber auch gegen die Verwendung des gleichwertigen Ammonsulfates nichts einzuwenden.

Die Berechnung der versuchsweise anzuwendenden Düngergaben ist unter der Annahme einer Krumentiefe von 20 cm erfolgt. Soll die Melioration bis zu einer Tiefe von 30 cm stattfinden, ist die anderthalbfache Menge erforderlich.

Die vorgesehenen Kalkgaben dürften die für nicht besonders säureempfindliche Pflanzen unbedingt erforderliche Menge darstellen. — Eine geringe Kalkgabe empfiehlt sich auch bei den nur ganz schwach sauren Böden zur Erhaltung des Reaktionszustandes und des Gleichgewichtes der ein- und zweiwertigen Basen im Austauschkomplex.

Zur Berechnung des Kali- und Phosphorsäure-Bedarfs ist der durchschnittliche Gehalt des Bodens an Leichtlöslichem bis zu 3 dm Tiefe zugrunde gelegt. Wo die Probenahme diese Horizonttiefe nicht gerade erfaßt hat, ist für die unter der Krume liegenden Schichten der Durchschnittsgehalt bis zu 4 oder 5 dm in Rechnung gestellt worden, wodurch im allgemeinen das Ergebnis nicht wesentlich beeinflußt wird.

Mit I ist diejenige Düngemenge bezeichnet, die den an 10 mg/100 g Boden fehlenden Betrag an Kali oder Phosphorsäure zu liefern bestimmt ist, mit II die zur Erhöhung auf 15 mg Kali bzw. 20 mg Phosphorsäure erforderliche Menge. Nach den bisherigen Feststellungen schienen, wie oben bereits ausgeführt, 10 mg der unterste Grenzwert zu sein. 20 mg P_2O_5 und 15 mg K_2O sind erfahrungsgemäß die Mindestwerte für unsere heimischen Böden.

Die stärkere Kaligabe wird sich neben entsprechender Kalkung besonders überall da empfehlen, wo die Gesamtsumme der austauschenden Basen verhältnismäßig gering ist. Dies wären vor allem die Profile V und VII—IX.

Sollen mit Rücksicht auf die Gestehungskosten am Verbrauchsort oder aus anderen Gründen Düngemittel angewandt werden, die einen anderen Gehalt an leichtlöslichem K_2O bzw. P_2O_5 haben, so ist, wie oben angedeutet,

Tabelle VII

Düngeversuch

Profil	CaO $CaCO_3$ [1]) (90%ig) dz/ha	P_2O_5 Rhenaniaphosphat (25%ig) I. dz/ha	P_2O_5 II. dz/ha	K_2O a) Kaliumsulfat (50%ig) b) Kaliummagnesiumsulfat (30%ig) I. dz/ha	K_2O II. dz/ha	N Kalkstickstoff dz/ha
I	0— 10	8,4	20,4	—	—	—
II	10— 20	7,2	19,2	—	—	—
III	50— 60	7,4	19,4	—	0,9 (a)	—
IV	40— 50	10,3	22,3	—	1,5 (b)	—
V	45— 55	—	10,6	1,0 (a)	4,0 (a)	5—7
VII	60— 70	10,8	22,8	2,0 (b)	6,5 (b)	4—6
VIII	45— 55	2,8	14,8	0,6 (b)	4,1 (b)	5—7
IX	60— 70	11,0	23,0	3,3(b)	7,8 (b)	5—7
X	10— 20	8,4	20,4	—	4,2 (b)	8—10
XI	90—100	9,8	21,8	2,8 (a) oder 4,2 (b)	5,8 (a) oder 8,7 (b)	3—5
XII	50— 60	3,5	15,5	—	—	—
XIV	50— 60	—	—	—	—	—
XV	10— 20	7,2	19,2	—	—	—
XVI	70— 80	7,8	17,8	—	—	—
XVII	0— 10	—	—	—	—	—
XVIII	20— 30	—	—	—	—	3—5

nur eine einfache Umrechnung erforderlich. Das gleiche gilt, wenn der anzustrebende Gehalt an beiden oder, wie bereits gesagt, die Meliorationstiefe erhöht werden sollen.

Ein Versuch mit Stickstoffdüngung wird sich überall da empfehlen, wo der Stickstoffgehalt weniger als 0,2% beträgt, der Humusgehalt also im allgemeinen unter 2% liegt.

Unter Berücksichtigung des oben Gesagten und ausdrücklichem Hinweis auf die einleitend hierzu, insbesondere über den Wert von „Düngerezepten" gemachten Ausführungen, sind die Vorschläge für einen Düngeversuch der Kürze und Übersichtlichkeit halber in einer Tabelle (VII) zusammengestellt. Wenn mit Rücksicht auf den erforderlichen Aufwand die Düngung in der Praxis vielleicht an der unteren Grenze des Wirksamen gehalten werden muß, so empfiehlt es sich jedenfalls, in die Versuche auch noch höhere Gaben als die für die einzelnen Stoffe errechneten mit einzubeziehen. Auch eine weitere Staffelung innerhalb der Grenzwerte dürfte vorteilhaft sein.

Daß der Erfolg der Düngeversuche auch chemisch kontrolliert werden muß, ist bereits gesagt worden.

---

[1]) Auf 2—3 Jahre zu verteilen; regelmäßige Nachprüfung der Azidität.

FSC
www.fsc.org
MIX
Papier | Fördert gute Waldnutzung
FSC® C083411

Kolibri 360 GmbH
Ferdinand-Jühlke-Straße 7
99095 Erfurt, Deutschland
produktsicherheit@kolibri360.de